QUANDO

Daniel H. Pink

Quando
Os segredos científicos do timing perfeito

TRADUÇÃO
Cássio de Arantes Leite

Copyright © 2018 by Daniel H. Pink
Todos os direitos reservados incluindo o direito de reprodução por inteiro ou em parte de qualquer forma.
Publicado mediante acordo com a Riverhead Books, um selo da Penguin Publishing Group, uma divisão da Penguin Random House LLC.

Grafia atualizada segundo o Acordo Ortográfico da Língua Portuguesa de 1990, que entrou em vigor no Brasil em 2009.

Título original
When: The Scientific Secrets of Perfect Timing

Capa
Alceu Chiesorin Nunes

Fotografias © Daniel H. Pink
Todos os gráficos são de autoria de Tanya Maiboroda

Preparação
Raphani Margiotta

Índice remissivo
Probo Poletti

Revisão
Ana Maria Barbosa
Dan Duplat

Dados Internacionais de Catalogação na Publicação (CIP)
(Câmara Brasileira do Livro, SP, Brasil)

Pink, Daniel H.
    Quando : os segredos científicos do timing perfeito / Daniel
H. Pink ; tradução Cássio de Arantes Leite. – 1ª ed. – Rio de
Janeiro : Objetiva, 2018.

Título original: When: The Scientific Secrets of Perfect Timing.
ISBN 978-85-470-0059-2

    1. Administração do tempo 2. Psicologia cognitiva 3. Tempo
– Aspectos psicológicos 4. Tempo – Percepção I. Título.

18-14393	CDD-158.1

Índice para catálogo sistemático:
1. Administração do tempo : Psicologia aplicada   158.1

[2018]
Todos os direitos desta edição reservados à
EDITORA SCHWARCZ S.A.
Praça Floriano, 19, sala 3001 — Cinelândia
20031-050 — Rio de Janeiro — RJ
Telefone: (21) 3993-7510
www.companhiadasletras.com.br
www.blogdacompanhia.com.br
facebook.com/editoraobjetiva
instagram.com/editora_objetiva
twitter.com/edobjetiva

O tempo não é a coisa principal. É a única coisa.
Miles Davis

Sumário

Introdução: a decisão do capitão Turner 9

PARTE 1: O DIA

1. O padrão oculto da vida cotidiana 17
   "Por continentes e fusos horários, tão previsível quanto as marés oceânicas,
   era a mesma oscilação diária — um pico, uma baixa e a retomada."

2. Poentes e café quente: o poder da pausa para o cafezinho,
   a promessa do almoço e por uma sesta moderna 52
   "Um crescente corpus científico deixa isso evidente. Pausas não são sinal
   de preguiça, mas de força."

PARTE 2: INÍCIOS, FINS E ENTRE UMA COISA E OUTRA

3. Inícios: começando direito, recomeçando e começando junto 87
   "A maioria de nós sempre aceitou a ideia de que os inícios são importantes.
   Hoje a ciência do timing revelou que eles são ainda mais poderosos do que
   suspeitávamos. Inícios permanecem conosco por muito mais tempo do que
   percebemos; seus efeitos nos acompanham até o fim."

4. Pontos médios: o que velas de Chanucá e o mal-estar da meia-idade podem nos ensinar sobre motivação................................115

"Quando chegamos a um ponto médio, às vezes nos abatemos, mas outras vezes damos um salto. Uma sirene mental nos alerta de que desperdiçamos metade do nosso tempo."

5. Fins: maratonas, chocolates e o poder da pungência................................141

"Porém, quando os fins se tornam evidentes — sempre que entramos em uma última etapa de algum tipo —, apontamos nossos lápis vermelhos existenciais e riscamos qualquer pessoa ou coisa não essencial."

PARTE 3: SINCRONIZANDO E PENSANDO

6. Rápido e devagar — duas formas de sincronizar: os segredos do timing coletivo................................171

"Sincronizar nos proporciona bem-estar — e sentir-se bem ajuda as engrenagens de um grupo a funcionar com mais eficiência. O entrosamento com os outros também nos leva a *fazer* bem — e fazer bem melhora a sincronização."

7. Pensando em tempos verbais: algumas palavras finais................................202

"A maioria das línguas do mundo marca os verbos usando tempos verbais — sobretudo passado, presente e futuro — para transmitir significado e revelar pensamentos. Quase toda frase que pronunciamos vem matizada com o tempo."

Leitura complementar................................211
Agradecimentos................................213
Notas................................215
Índice remissivo................................241

Introdução: a decisão do capitão Turner

Às 12h30 do sábado 1º de maio de 1915, um luxuoso transatlântico partiu do Pier 54 no rio Hudson, em Manhattan, com destino a Liverpool, na Inglaterra. Parte dos 1959 passageiros e tripulantes a bordo do enorme navio britânico sem dúvida sentia certo mal-estar — embora menos causado pelo movimento das ondas que por causa dos tempos em que viviam.

A Grã-Bretanha estava em guerra com a Alemanha, após a Primeira Guerra Mundial ter estourado no verão anterior. A Alemanha tinha acabado de declarar as águas adjacentes às ilhas Britânicas, pelas quais esse navio tinha de passar, como zona de guerra. Nas semanas anteriores à partida, a embaixada alemã nos Estados Unidos chegou a publicar anúncios nos jornais americanos advertindo futuros passageiros de que os que entrassem nessas águas "em navios da Grã-Bretanha ou seus aliados, o fazem por sua própria conta e risco".[1]

Poucos, porém, cancelaram a viagem. Afinal, esse navio fizera mais de duzentas travessias transatlânticas sem sofrer um único incidente. Era um dos maiores e mais velozes navios de passageiros do mundo, equipado com telégrafo sem fio e inúmeros botes salva-vidas (graças em parte às lições aprendidas com o *Titanic*, que naufragara três anos antes). E, talvez o mais importante, no comando estava o capitão William Thomas Turner, um dos homens mais calejados do setor — aos 58 anos, um sujeito rude com uma carreira repleta de glórias e "o físico de um armário".[2]

Os cinco primeiros dias de travessia no Atlântico foram tranquilos. Mas em 6 de maio, quando a gigantesca embarcação se aproximava da costa irlandesa, Turner recebeu a informação de que submarinos alemães, os U-boots, patrulhavam a área. Ele deixou imediatamente o convés do capitão e se posicionou na ponte de comando, de modo a esquadrinhar o horizonte e se preparar para tomar decisões rápidas.

Na manhã da sexta-feira, 7 de maio, a cerca de 160 quilômetros da costa, uma espessa cerração desceu sobre o navio, levando Turner a reduzir a velocidade de 21 para quinze nós. Ao meio-dia, porém, o nevoeiro se dissipara, e Turner pôde observar o litoral ao longe. O céu estava limpo. O mar, calmo.

Entretanto, à uma da tarde, sem que o capitão ou a tripulação soubessem, o comandante do submarino alemão Walther Schwieger avistou o navio. E na hora seguinte, Turner tomou duas decisões inexplicáveis. Primeiro, aumentou a velocidade para dezoito nós, mas não para a velocidade máxima de 21 nós, mesmo dispondo de visibilidade segura e águas tranquilas e sabendo que podia haver U-boots à espreita. Durante a viagem, assegurara aos passageiros que iria acelerar a embarcação, porque na velocidade máxima o transatlântico podia facilmente superar qualquer submarino. Segundo, por volta das 13h45, a fim de calcular sua posição, Turner executou um método chamado *four-point bearing*, manobra que levou quarenta minutos, em vez de utilizar um método mais simples que teria levado apenas cinco minutos. E por causa disso, Turner teve de pilotar o navio em linha reta, em vez de percorrer um curso em zigue-zague, que era a melhor maneira de se esquivar dos submarinos e fugir de seus torpedos.

Às 14h10, um torpedo alemão atingiu o navio a estibordo, abrindo um imenso rombo no casco. Um verdadeiro gêiser de água do mar cuspiu uma chuvarada de equipamentos arruinados e peças do navio sobre o convés. Minutos depois, uma sala da caldeira inundou, depois outra. A destruição provocou uma segunda explosão. Turner foi derrubado pela amurada afora. Os passageiros gritavam e se atiravam nos botes salva-vidas. Então, apenas dezoito minutos após ter sido atingido, o navio foi a pique e começou a afundar.

Após presenciar a devastação que provocara, o comandante do submarino, Schwieger, seguiu para alto-mar. Ele acabara de afundar o *Lusitania*.

Quase 1200 pessoas morreram no ataque, incluindo 123 dos 141 americanos a bordo. O incidente agravou a Primeira Guerra Mundial, reescreveu as regras da batalha naval e posteriormente ajudou a arrastar os Estados Unidos para o conflito. Mas o que de fato ocorreu nessa tarde de maio, um século atrás, permanece um mistério. As duas sindicâncias abertas logo após o ataque foram insatisfatórias. Oficiais britânicos obstruíram a primeira, para não revelar segredos militares. A segunda, chefiada por John Charles Bigham, um jurista britânico conhecido como Lord Mersey, que também investigara o desastre do *Titanic*, isentou o capitão Turner e a companhia de navegação de toda culpa. E mais, dias após o encerramento das audiências, Lord Mersey rejeitou o caso e se recusou a receber honorários por seus serviços, dizendo: "O caso do *Lusitania* foi um negócio amaldiçoado e sujo!".[3] Durante o século passado, jornalistas se debruçaram sobre recortes de jornal e diários de passageiros, e mergulhadores sondaram os destroços do naufrágio à procura de pistas sobre o que de fato aconteceu. Livros e documentários recheados de especulações continuam a ser produzidos.

Teria a Grã-Bretanha intencionalmente levado o *Lusitania* a uma situação perigosa, ou mesmo conspirado para afundar o navio, a fim de induzir os Estados Unidos a entrar na guerra? Estaria o navio, que levava pequenas munições, sendo de fato usado para transportar um arsenal oculto de armas maiores e mais poderosas para o esforço de guerra britânico? O principal oficial naval da Grã-Bretanha, um homem de quarenta anos chamado Winston Churchill, teria algum envolvimento naquilo? Seria o capitão Turner, que sobreviveu ao ataque, apenas um fantoche de homens mais influentes, "um palerma que era um convite ao desastre", como foi chamado por um dos passageiros sobreviventes? Ou sofrera um pequeno derrame que prejudicou sua capacidade de avaliação, como alegaram outros? Será que os inquéritos e as investigações, cujos documentos completos não foram liberados até hoje, foram uma gigantesca operação de acobertamento?[4]

Ninguém sabe ao certo. Mais de cem anos de relatórios investigativos, análises históricas e pura especulação ainda não nos deram uma resposta definitiva. Mas talvez haja uma explicação mais simples que ninguém ainda considerou. Talvez, vista pela lente renovada da ciência comportamental e biológica do século XXI, a explicação para um dos desastres mais importantes da história marítima seja menos sinistra. Pode ser que o capitão Turner apenas tenha tomado péssimas decisões. E talvez essas decisões tenham sido ruins porque ele as tomou na parte da tarde.

* * *

Este é um livro sobre timing. Todo mundo sabe que timing é tudo. O problema é que não sabemos muita coisa sobre o próprio timing em si. Nossa vida apresenta um fluxo incessante de decisões sobre "quando" — quando é hora de mudar de carreira, dar más notícias, programar uma aula, terminar um casamento, sair para correr, levar a sério um projeto ou uma pessoa. Porém a maioria dessas decisões emana de um pântano enevoado de intuição e conjecturas. Gostamos de pensar que o timing é uma arte.

Mas pretendo demonstrar que o timing na verdade é uma ciência — um corpus emergente de pesquisa multifacetada, multidisciplinar que oferece novos insights para a condição humana e orientação útil sobre como trabalhar e viver melhor. Visite qualquer livraria ou biblioteca e você encontrará uma estante (ou várias) abarrotada de livros sobre *como* fazer diversas coisas — de obter amigos e influenciar pessoas a falar filipino em um mês. A produção é tão imensa que esses livros recebem uma categoria própria: *how-to* (como fazer). Pense em *Quando* como pertencente a um gênero completamente novo — um livro *when-to* (quando fazer).

Durante os últimos dois anos, dois intrépidos pesquisadores e eu lemos e analisamos mais de setecentos estudos — na área de economia e anestesiologia, antropologia e endocrinologia, cronobiologia e psicologia social — para desenterrar a ciência oculta do timing. Ao longo das próximas duzentas páginas, vou usar essa pesquisa para examinar questões que pairam sobre a experiência humana, mas muitas vezes permanecem fora do nosso campo de visão. Por que inícios — se começamos com o pé direito ou com o pé esquerdo — fazem tanta diferença? E como podemos recomeçar algo se tivermos tropeçado na largada? Por que chegar ao meio do caminho — de um projeto, um jogo, até da vida — às vezes nos deixa desanimados e outras vezes nos motiva? Por que os fins nos dão energia para aguentar firme e alcançar a linha de chegada, mas também nos inspiram a diminuir o ritmo e buscar sentido? Como entramos em sincronia com outras pessoas — seja para projetar um software, seja para cantar num coral? Por que o horário de aulas de uma escola pode impedir o aprendizado, mas certos tipos de intervalos melhoram a nota dos alunos? Por que pensar no passado nos leva a nos comportarmos de uma forma, enquanto pensar acerca do futuro nos conduz a outra direção? E, finalmente, como construir organizações, escolas e vidas que levem em conta o poder invisível do timing — que reconheçam, para parafrasear Miles Davis, que o timing não é a coisa principal, é a única coisa?

Este livro abarca um bocado de ciência. Você vai ler sobre uma profusão de estudos, todos eles citados nas notas, caso queira se aprofundar (ou verificar meu trabalho). Mas também é um livro prático. No fim de cada capítulo está o que chamo de "Manual do programador do tempo", uma coleção de ferramentas, exercícios e dicas para ajudar a utilizar os insights na prática.

Então, por onde começar?

O lugar de início da nossa investigação é o próprio tempo. Estude a história do tempo — os primeiros relógios de sol no antigo Egito, os arcaicos relógios mecânicos do século XVI na Europa, o advento do fuso horário no século XIX — e logo você vai perceber que grande parte do que presumimos ser unidades de tempo "naturais" são na realidade cercas construídas por nossos ancestrais para encurralar o tempo. Segundos, horas, semanas são invenções humanas. Apenas delimitando-as, escreveu o historiador Daniel Boorstin, "a humanidade seria liberta da monotonia cíclica da natureza".[5]

Mas uma unidade de tempo permanece além de nosso controle, o epítome da monotonia cíclica de Boorstin. Habitamos um planeta que gira em seu eixo a uma velocidade constante em um padrão regular, expondo-nos a períodos regulares de luz e escuridão. Chamamos cada rotação terrestre de dia. O dia é talvez a maneira mais importante como dividimos, configuramos e avaliamos nosso tempo. Assim começamos a nossa exploração do timing na primeira parte deste livro por ele. O que os cientistas descobriram sobre o ritmo de um dia? Como podemos usar esse conhecimento para melhorar nosso desempenho, fortalecer nossa saúde e aprofundar nossa satisfação? E por que, como visto com o capitão Turner, nunca devemos tomar decisões importantes no período da tarde?

Parte 1

O dia

1. O padrão oculto da vida cotidiana

O que os homens fazem diariamente, sem saber que o fazem!
William Shakespeare, *Muito barulho por nada*

Se você quer medir o estado emocional do mundo, encontrar um termômetro de humor grande o bastante para abarcar o planeta, dificilmente vai achar candidato melhor do que o Twitter. Quase 1 bilhão de seres humanos têm conta nele, e os posts chegam a cerca de 6 mil tuítes por segundo.[1] O mero volume dessas minimensagens — o que as pessoas dizem e como dizem — produziu um oceano de dados em que os cientistas sociais podem mergulhar para compreender o comportamento humano.

Há alguns anos, dois sociólogos da Cornell University, Michael Macy e Scott Golder, estudaram mais de 500 milhões de tuítes que 2,4 milhões de usuários em 84 países postaram por um período de dois anos. Eles esperavam usar esse tesouro de informação para medir as emoções das pessoas — em particular, como o "afeto positivo" (emoções como entusiasmo, confiança e espírito alerta) e o "afeto negativo" (emoções como raiva, letargia e culpa) variavam conforme o tempo. Os pesquisadores não leram esse meio bilhão de tuítes um por um, é claro. Eles alimentaram um poderoso e amplamente utilizado programa de análise de texto computadorizada chamado LIWC

(Linguistic Inquiry and Word Count) [Investigação Linguística e Contagem de Palavras] que avaliava as palavras pela emoção transmitida.

O que Macy e Golder descobriram, e publicaram no eminente periódico *Science*, foi um padrão notavelmente consistente nas horas de despertar das pessoas. O afeto positivo — linguagem revelando que os tuiteiros sentiam-se ativos, engajados e esperançosos — em geral surgia pela manhã, despencava à tarde e voltava a subir no começo da noite. Não fazia diferença se o tuiteiro era norte-americano, asiático, muçulmano, ateu, negro, branco ou marrom. "O padrão afetivo temporal assume forma similar em diferentes culturas e localizações geográficas", escreveram. Tampouco importava se as pessoas estavam tuitando numa segunda ou numa quinta. Dias úteis eram basicamente iguais. Os resultados de fim de semana variaram pouco. O afeto positivo em geral estava um pouco mais elevado aos sábados e domingos — e o pico matinal começava cerca de duas horas mais tarde que nos dias de semana —, embora a forma geral permanecesse a mesma.[2] Fosse medido em um país grande e diversificado como os Estados Unidos, fosse em um país menor e mais homogêneo, como os Emirados Árabes Unidos, o padrão diário permanecia estranhamente parecido. Era deste jeito:

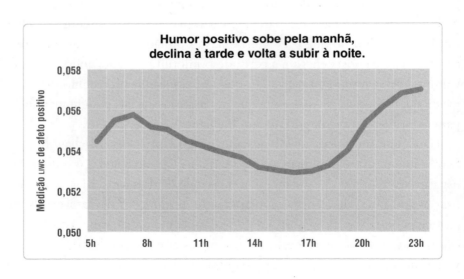

Por continentes e fusos horários, tão previsível quanto as marés oceânicas, era a mesma oscilação diária — um pico, uma baixa e a retomada. Sob a superfície de nossa vida diária reside um padrão oculto: crucial, inesperado e revelador.

A compreensão desse padrão — de onde ele vem e o que significa — começa por uma planta, a *Mimosa pudica* (dormideira), para ser exato, em um vaso sobre o peitoril da janela de um gabinete na França do século XVIII. Tanto o gabinete como a planta pertenciam a Jean-Jacques d'Ortous de Mairan, um astrônomo proeminente de sua época. Certo entardecer, no verão de 1729, De Mairan estava sentado à sua mesa fazendo o que tanto astrônomos franceses do século XVIII quanto autores de livros do século XXI fazem quando têm de terminar um trabalho importante: olhando pela janela. Ao cair do crepúsculo, De Mairan notou que as folhas da planta no peitoril haviam se fechado. Um pouco mais cedo, quando a luz do sol penetrava pela janela, as folhas haviam ficado abertas. Esse padrão — folhas desenroladas durante a manhã ensolarada e enroladas quando a escuridão se aproximava — levava a determinadas perguntas. Como a planta percebia seu ambiente? E o que aconteceria se o padrão de luz e escuridão fosse interrompido?

Então, no que se tornaria um ato de procrastinação historicamente produtivo, De Mairan tirou a planta do peitoril da janela, guardou-a dentro de um armário e fechou a porta para impedir a luz de entrar. Na manhã seguinte, abriu o móvel para verificar a planta e — *mon Dieu!* — as folhas haviam se desenrolado, a despeito das trevas absolutas. Ele continuou sua investigação por mais algumas semanas, pendurando cortinas escuras nas janelas para impedir o menor fiapo de luz de penetrar em seu gabinete. O padrão permaneceu. As folhas da *Mimosa pudica* se abriam pela manhã e se fechavam à noite. A planta não estava reagindo à luz externa. Estava obedecendo a seu próprio relógio interno.[3]

Desde a descoberta de De Mairan, há cerca de três séculos, os cientistas determinaram que quase todos os seres vivos — de criaturas unicelulares que vivem em lagoas a criaturas multicelulares que dirigem minivans — têm um relógio biológico. Esses marcadores de tempo internos desempenham um papel essencial no funcionamento adequado do organismo. Eles governam uma série do que chamamos de ciclos circadianos (do latim *circa* [cerca] e *diem* [dia]) que determinam o ritmo diário da vida de todas as criaturas. (Com efeito, a planta do astrônomo francês gerou uma ciência inteiramente nova dos ritmos biológicos conhecida como cronobiologia.)

Para você e eu, o Big Ben biológico é o núcleo supraquiasmático (NSQ), um aglomerado de cerca de 20 mil células do tamanho de um grão de arroz no hipotálamo, situado no centro inferior do cérebro. O NSQ controla o aumento e a diminuição de nossa temperatura corporal, regula nossos hormônios e nos ajuda a dormir à noite e acordar pela manhã. O temporizador diário do NSQ funciona por um tempo um pouco maior do que a Terra leva para completar uma rotação — cerca de 24 horas e onze minutos.[4] Assim, nosso relógio interno utiliza deixas sociais (cronograma de turnos de trabalho e horários de ônibus) e sinais do ambiente (nascer e pôr do sol) para fazer pequenos ajustes que põem os ciclos interno e externo mais ou menos em sincronia, processo chamado de "*entrainment*" [arrastamento].

O resultado é que, como a planta na janela de Mairan, os seres humanos "abrem" e "fecham", metaforicamente falando, a intervalos regulares durante o dia. Os padrões não são idênticos para todo mundo — assim como minha pressão sanguínea e batimentos cardíacos não são iguais aos seus, nem sequer iguais ao que eram vinte anos atrás, ou como serão daqui a vinte anos. Mas os contornos mais amplos são surpreendentemente semelhantes. E onde não são diferem de maneiras previsíveis.

Cronobiólogos e outros pesquisadores começaram a examinar funções fisiológicas, como a produção de melatonina e a reação metabólica, mas o trabalho foi ampliado para incluir emoções e comportamento. A pesquisa deles está revelando alguns padrões inesperados em nossas sensações e nosso desempenho com base no tempo — o que, por sua vez, fornece orientação sobre como podemos configurar nossa vida diária.

OSCILAÇÕES DE HUMOR E OSCILAÇÕES DA BOLSA

A despeito de seu volume, centenas de milhões de tuítes não são capazes de fornecer uma janela perfeita para nossa alma no dia a dia. Enquanto outros estudos que usam o Twitter para medir humor encontraram os mesmos padrões descobertos por Macy e Golder, tanto o meio como a metodologia têm limites.[5] As pessoas costumam usar as mídias sociais para apresentar ao mundo um rosto ideal que talvez mascare suas verdadeiras, e talvez menos ideais, emoções. Além do mais, as poderosas ferramentas analíticas necessárias para interpretar tantos dados nem sempre conseguem detectar ironia, sarcasmo e outras sutilezas humanas.

Felizmente, cientistas comportamentais têm outros métodos para compreender o que estamos pensando e sentindo, e um deles em particular é bom para mapear mudanças de hora em hora na forma como nos sentimos. É chamado de DRM (Day Reconstruction Method [Método de Reconstrução do Dia]), criação de um quinteto de pesquisadores que incluía Daniel Kahneman, ganhador do Nobel de Economia, e Alan Krueger, que trabalhou como presidente do Conselho de Assessores Econômicos da Casa Branca durante o governo de Barack Obama. Com o DRM, os participantes reconstroem o dia anterior — registrando tudo o que fizeram e como se sentiram enquanto o faziam. A pesquisa do DRM mostrou, por exemplo, que em qualquer dia as pessoas são menos felizes no trajeto de ida e volta do trabalho e mais felizes quando estão dando uns amassos.[6]

Em 2006, Kahneman, Krueger e sua equipe usaram o DRM para medir "uma qualidade do afeto que é muitas vezes negligenciada: sua periodicidade ao longo do dia". Eles pediram a mais de novecentas mulheres americanas — uma mistura de raças, idades, rendas familiares e escolaridade — para pensar sobre o dia anterior "como uma série contínua de cenas ou episódios em um filme", com uma duração de cerca de quinze minutos a duas horas cada um. As mulheres então descreviam o que estavam fazendo durante cada episódio e escolhiam de uma lista de doze adjetivos (feliz, frustrada, contente, irritada e assim por diante) para caracterizar suas emoções ao longo desse período.

Quando os pesquisadores analisaram os números, descobriram um "padrão bimodal consistente e forte" — picos gêmeos — durante o dia. O afeto positivo das mulheres subia pela manhã até chegar a um "ponto emocional ideal" por volta do meio-dia. Então o bom humor delas despencava e permanecia baixo ao longo de toda a tarde, voltando a subir apenas no início da noite.[7]

Aqui, por exemplo, estão os gráficos de três emoções positivas — feliz, amigável e contente. (O eixo vertical representa a medição do humor feita pelos participantes, com números mais elevados sendo mais positivos e números mais baixos sendo menos positivos. O eixo horizontal mostra a hora do dia, das sete da manhã às nove da noite.)

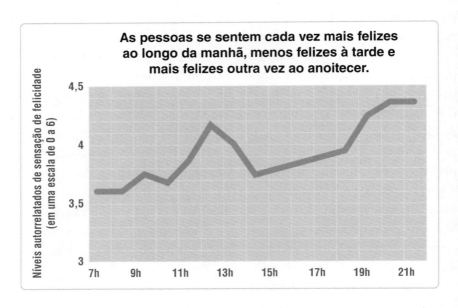

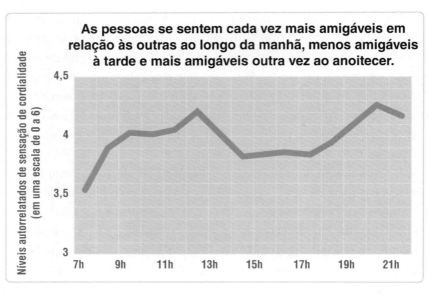

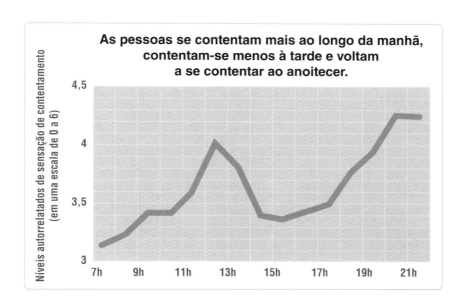

É claro que os três gráficos não são idênticos, mas todos partilham do mesmo formato essencial. Além do mais, esse formato — e o ciclo do dia que ele representa — parece muito com o que está na página 18. Um pico inicial, uma grande queda e uma recuperação subsequente.

Em uma questão tão elusiva quanto a emoção humana, nenhum estudo ou metodologia é definitivo. O DRM observou apenas mulheres. Além do mais, *o que* e *quando* pode ser difícil de destrinchar. Um motivo para o "contentamento" estar alto ao meio-dia e baixo às cinco da tarde é que tendemos a apreciar a socialização (que as pessoas fazem no horário do almoço) e detestamos enfrentar o trânsito (que as pessoas normalmente encaram no fim da tarde). Contudo, o padrão é tão regular e foi reproduzido tantas vezes, que é difícil de ser ignorado.

Até aqui descrevi apenas o que os pesquisadores do DRM descobriram sobre o afeto positivo. Os altos e baixos das emoções *negativas* — sentir-se frustrado, preocupado ou atribulado — não saíram como eram esperados, mas em geral mostravam um padrão oposto, aumentando à tarde e despencando à medida que o dia chegava ao fim. Quando os pesquisadores, porém, combinaram as duas emoções, o efeito foi ainda mais evidente. O gráfico a seguir retrata o que podemos chamar de "bom humor líquido". Ele pega as avaliações de hora em hora da felicidade e subtrai as avaliações da frustração.

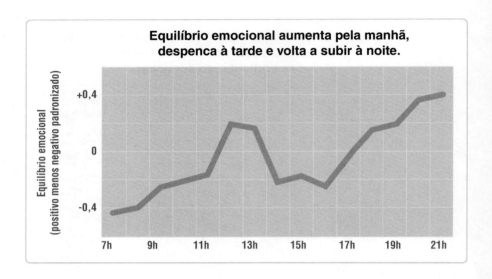

O humor é um estado interno, mas exerce impacto externo. Por mais que tentemos disfarçar nossas emoções, é inevitável que elas acabem transparecendo — e isso molda a maneira como os outros reagem a nossas palavras e ações.

O que nos leva inevitavelmente à sopa em lata.

Se você alguma vez preparou uma tigela de sopa de tomate para o almoço, Doug Conant pode ser o motivo para isso. De 2001 a 2011, Conant foi diretor executivo da Campbell Soup Company, a marca icônica com latas icônicas. Enquanto exerceu o cargo, Conant ajudou a revitalizar a empresa e levá-la outra vez a um crescimento estável. Como qualquer CEO, Conant equilibrava múltiplas funções. Mas a que ele administrou com especial calma e presença de espírito foi o ritual da vida corporativa conhecido como teleconferência trimestral sobre os lucros.

A cada três meses, Conant e dois ou três outros funcionários de alto escalão (em geral o diretor financeiro, o chefe da controladoria e o diretor das relações com investidores) se reuniam em uma sala na sede da Campbell em Camden, Nova Jersey. Cada um se sentava à lateral de uma comprida mesa retangular. No centro da mesa ficava um aparelho de viva-voz, a base de operações para uma teleconferência de uma hora. Do outro lado da linha, havia cerca de uma centena de investidores, jornalistas e, o mais importante, analistas financeiros, cuja função é avaliar os pontos fortes e os fracos de uma empresa. Na primeira meia hora, Conant apresentava o relatório de receita, despesas e lucros do trimestre precedente. Na segunda meia hora, os executivos respondiam perguntas feitas pelos analistas, que investigavam o desempenho da organização.

A Campbell Soup e toda empresa pública correm um risco muito grande durante essas teleconferências sobre os lucros. A reação dos analistas — os comentários do CEO os deixam pessimistas ou otimistas acerca do futuro da empresa? — pode levar uma ação às alturas ou derrubá-la. "É preciso achar um meio-termo", afirmou Conant. "Você precisa ser responsável, imparcial e informar os fatos. Mas também tem a oportunidade de exaltar a empresa e pôr os pingos nos is." Conant diz que seu objetivo sempre foi "eliminar a incerteza de um mercado incerto. Para mim, essas teleconferências introduziram uma sensação de certeza periódica em minha relação com os investidores".

Diretores executivos são seres humanos, é claro, e portanto, como o restante de nós, sujeitos às mesmas oscilações diárias de humor. Mas diretores executivos também precisam ser corajosos. São pessoas determinadas e estratégicas. Sabem que milhões de dólares dependem de cada sílaba que proferem nas teleconferências, e assim chegam a essas reuniões serenos e preparados. Com certeza não faz a menor diferença — para o desempenho do CEO ou o destino da empresa — *quando* essas teleconferências ocorrem, não é?

Três professores de uma escola de negócios americana decidiram descobrir. Em um estudo pioneiro, eles analisaram mais de 26 mil teleconferências sobre lucros de mais de 2100 empresas públicas ao longo de seis anos e meio usando algoritmos linguísticos similares aos empregados no estudo do Twitter. Eles examinaram se a hora do dia influenciava o teor emocional dessas conversas críticas — e, como consequência, talvez até o valor das ações da empresa.

Reuniões feitas logo no início da manhã se revelaram razoavelmente otimistas e positivas. Mas, com o passar do dia, o "tom ficava cada vez mais negativo e menos determinado". Logo depois da hora do almoço, o humor voltou a melhorar um pouco, talvez porque os participantes da teleconferência tenham carregado suas baterias mentais e emocionais, conjecturaram os professores. Mas à tarde a negatividade voltou a imperar, com o humor se recuperando apenas ao toque de encerramento do mercado. Além do mais, esse padrão se manteve "mesmo após o controle de fatores como normas da indústria, inquietação financeira, oportunidades de crescimento e as notícias relatadas pelas empresas".[8] Em outras palavras, mesmo quando os pesquisadores incluíram notícias econômicas (uma operação tartaruga na China que atrapalhou as exportações de uma empresa) ou saúde financeira (uma empresa que relatou ganhos trimestrais abismais), as teleconferências vespertinas "foram mais negativas, irritáveis e belicosas" do que as matinais.[9]

Talvez mais importante, especialmente para investidores, o horário da reunião e o subsequente estado de espírito criado por ele influenciaram o preço das ações das empresas. As ações baixaram em resposta ao tom negativo — mais uma vez, mesmo após o ajuste às efetivas boas ou más notícias —, "levando a um temporário erro no preço dos estoques para as empresas que realizam teleconferências na parte da tarde".

Embora os preços das ações acabassem se corrigindo, esses resultados são notáveis. Como observam os pesquisadores, "os participantes da teleconferência representam a quase personificação do idealizado *Homus economicus*". Tanto os analistas como os executivos sabem o que está em jogo. Não são apenas as pessoas na reunião que estão escutando. É todo o mercado. Uma palavra errada, uma resposta desajeitada ou uma reação pouco convincente pode fazer o preço das ações despencar, pondo em perigo as perspectivas da empresa e o contracheque dos executivos. Esses pragmáticos homens de negócios têm todo incentivo do mundo para agir racionalmente e tenho certeza de que acreditam estar fazendo isso. Mas a racionalidade econômica não é páreo para um relógio biológico forjado ao longo de alguns milhões de anos de evolução. Até mesmo "agentes econômicos sofisticados atuando em contextos reais e com altos incentivos são influenciados por ritmos diurnos no desempenho de seus deveres profissionais".[10]

Essas descobertas têm amplas implicações, dizem os pesquisadores. Os resultados "são o indício de um fenômeno muito mais geral da influência de ritmos diurnos nas comunicações, na tomada de decisão e no desempenho corporativos de todos os escalões de funcionários e empreendimentos financeiros de toda a economia". Os resultados foram tão evidentes que os autores fazem algo raro para um artigo acadêmico: oferecem aconselhamento específico e prático.

"Uma importante lição extraída de nosso estudo com altos executivos é que as comunicações com os investidores e, provavelmente, outras decisões e negociações gerenciais críticas devem ser realizadas no início do dia."[11]

E quanto ao restante de nós, devemos seguir esse conselho? (Campbell, aliás, costuma realizar suas teleconferências pela manhã.) Nosso humor segue um ciclo em um padrão regular — e, de forma quase invisível, que afeta o modo como os executivos fazem seu trabalho. E nós que não integramos o primeiro escalão empresarial também devemos nos programar para começar cedo e lidar com o trabalho importante sempre de manhã?

A resposta é sim. E não.

VIGILÂNCIA, INIBIÇÃO E O SEGREDO DIÁRIO DA ALTA PERFORMANCE

Conheça Linda. Ela tem 31 anos, é solteira, sincera e muito inteligente. Formou-se em filosofia. Quando estava na universidade, preocupava-se profundamente com questões de discriminação e justiça social, e participava de manifestações antinucleares.

Antes que eu lhe conte mais sobre Linda, deixe-me fazer uma pergunta sobre ela. O que é mais provável?

a. Linda é caixa de banco.
b. Linda é caixa de banco e atuante no movimento feminista.

Diante dessa pergunta, a maioria responde (b). Intuitivamente, faz sentido, certo? Formada em filosofia, preocupada com justiça social, ativista antinuclear: certamente soa como alguém que seria feminista. Mas (a) é — e deve ser — a resposta correta. A resposta não depende dos fatos. Linda não existe. Tampouco depende de opinião. É uma simples questão de lógica. Caixas de banco que também são feministas — assim como caixas de banco que cantam à tirolesa ou odeiam coentro — são um *subconjunto* de todos os caixas de banco, e subconjuntos nunca podem ser maiores do que o conjunto completo a que pertencem.* Em 1983, Daniel Kahneman, ganhador do Nobel e cocriador

---

* Também podemos explicar isso com uma matemática simples. Suponha que haja uma chance de 2% (0,02) de que Linda seja caixa de banco. Mesmo que haja uma chance de 99% (0,99) de que ela seja feminista, a probabilidade de ela ser tanto caixa de banco como feminista é de 0,0198 (0,02 × 99) — que é inferior a 2%.

do DRM, e seu antigo parceiro de pesquisas, Amos Tversky, apresentaram o problema de Linda para ilustrar o que chamamos de "falácia de conjunção", uma das muitas maneiras pelas quais nosso raciocínio entra em parafuso.[12]

Quando os pesquisadores propuseram o problema de Linda em diferentes momentos do dia — por exemplo, às nove da manhã e às oito da noite, em um experimento famoso —, o timing muitas vezes previa se os participantes chegavam à resposta correta ou cometiam o deslize cognitivo. A probabilidade de acertarem era bem maior pela manhã. Houve uma única exceção intrigante e importante nos resultados (que vou discutir em breve). Mas, com executivos em teleconferências, o desempenho foi em geral sólido no início do dia, piorando depois com o passar das horas.[13]

O mesmo padrão se apresentou com estereótipos. Os pesquisadores pediram a outros participantes que determinassem a culpa de um criminoso fictício. Todos os "jurados" liam o mesmo conjunto de fatos. Mas, para metade deles, o nome do réu era Robert Garner e, para a outra metade, Roberto Garcia. Quando as pessoas tomavam suas decisões pela manhã, não havia diferença nos veredictos de culpado entre os dois réus. Porém, quando forneciam seus veredictos mais tarde, era muito mais provável que acreditassem que Garcia era culpado e Garner, inocente. Para esse grupo de participantes, a percepção mental, revelada pela evidência mais racional, era maior no começo do dia. E o desleixo mental, evidenciado no recurso a um estereótipo, aumentava com o passar do dia.[14]

Os cientistas começaram a medir o efeito da hora do dia na capacidade cerebral há mais de um século, quando o alemão Hermann Ebbinghaus, um psicólogo pioneiro, conduziu experimentos mostrando que as pessoas recordavam séries de sílabas sem nexo mais efetivamente de manhã do que à noite. Desde então, os pesquisadores deram continuidade a essa investigação com uma gama de atividades mentais — e chegaram a três conclusões.

Primeiro, nossas faculdades cognitivas não permanecem estáticas no decorrer do dia. Durante as cerca de dezesseis horas que ficamos acordados, elas mudam — muitas vezes de maneira regular, previsível. Somos mais inteligentes, mais rápidos, mais obtusos, mais lerdos, mais criativos e menos criativos dependendo da hora do dia.

Segundo, essas flutuações diárias são mais extremas do que nos damos conta. "A mudança de desempenho entre o ponto alto e o ponto baixo do dia pode ser equivalente ao efeito na performance ao beber o limite legal de álcool", afirma Russell Foster, neurocientista e cronobiólogo da Universidade de Oxford.[15] Outra pesquisa mostrou que efeitos ao longo do dia podem explicar 20% da variação do desempenho humano em atividades cognitivas.[16]

Terceiro, o modo como fazemos algo depende do que estamos fazendo. "Talvez a principal conclusão a ser extraída dos estudos sobre os efeitos da hora do dia no desempenho", afirma o psicólogo britânico Simon Folkard, "seja que a melhor hora para realizar uma tarefa particular depende da natureza dessa tarefa."

O problema de Linda é uma tarefa analítica. É complicado, sem dúvida. Mas não exige especial criatividade ou perspicácia. Tem uma única resposta correta — e pode-se chegar a ela por meio da lógica. Ampla evidência mostrou que os adultos se saem melhor nesse tipo de raciocínio pela manhã. Quando acordamos, nossa temperatura corporal sobe aos poucos. Esse aumento gradual fortalece nosso nível de energia e vigilância — e isso, por sua vez, fortalece a função executiva, a capacidade de concentração e as faculdades dedutivas. Para a maioria, essas capacidades analíticas argutas atingem um pico no fim da manhã ou perto do meio-dia.[17]

Um motivo é que logo no começo do dia nossa mente está mais vigilante. No problema de Linda, o material politicamente matizado sobre suas experiências estudantis é uma distração. Não tem relevância para a resolução do problema em si. Quando nossa mente está no modo vigilante, como tende a ser de manhã, conseguimos deixar de lado essas distrações.

Mas a vigilância tem seus limites. Depois de montar guarda horas a fio, nossas sentinelas mentais ficam cada vez mais cansadas. Elas se retiram para fumar um cigarro ou ir ao banheiro. E quando não estão em seu posto, os intrusos — lógica desleixada, estereótipos perigosos, informação irrelevante — entram de fininho. Os níveis de alerta e energia, que sobem de manhã e chegam ao seu ápice perto do meio-dia, tendem a despencar no período da tarde.[18] E essa queda é acompanhada por outra equivalente em nossa capacidade de permanecer concentrado e refrear nossas inibições. Nossas faculdades analíticas, como as folhas de determinadas plantas, se fecham.

Os efeitos podem ser significativos, mas muitas vezes estão além de nossa compreensão. Por exemplo, alunos dinamarqueses, como quaisquer outros, passam por uma bateria de provas padronizadas anuais para medir o que aprenderam e como está o desempenho da escola. Os jovens dinamarqueses realizam essas provas no computador. Mas como toda escola possui menos computadores pessoais do que alunos, eles não podem realizar a prova ao mesmo tempo. Por isso, a hora da prova depende dos horários de aula e da disponibilidade de PCs. Alguns alunos fazem prova pela manhã; outros, mais tarde.

Quando Francesca Gino, de Harvard, e dois pesquisadores dinamarqueses observaram quatro anos de resultados de provas de 2 milhões de alunos dinamarqueses e compararam as notas com a hora em que eles fizeram a prova, descobriram uma correlação interessante, embora preocupante. As notas eram mais altas de manhã do que à tarde. Na verdade, quanto mais tarde no dia as provas eram feitas, mais as notas caíam. Os efeitos da prova cada vez mais tarde eram similares aos de ter pais com renda ou nível de instrução ligeiramente inferior — ou de perder duas semanas do ano letivo.[19] O timing pode não ter sido determinante para a nota, mas fez uma boa diferença.

O mesmo parece ser verdade nos Estados Unidos. Nolan Pope, economista da Universidade de Chicago, observou as notas em exames de múltipla escolha padronizados e provas escolares de quase 2 milhões de alunos em Los Angeles. Qualquer que fosse a hora em que as aulas de fato começavam, "ter matemática nos dois primeiros horários da grade em vez de nos dois últimos aumenta a média dos alunos nessa matéria", bem como suas notas no exame de avaliação estadual da Califórnia. Embora Pope afirme que não fica claro exatamente por que isso acontece, "os resultados tendem a mostrar que os alunos são mais produtivos no começo do dia letivo, sobretudo em matemática", e que as escolas poderiam melhorar o aprendizado "com um simples reajustamento de quando as tarefas são realizadas".[20]

Mas antes que você comece a mudar todos os seus compromissos para espremer seus assuntos importantes na parte da manhã, cuidado. Nem toda atividade intelectual tem o mesmo peso. Para ilustrar isso, eis mais uma pergunta capciosa.

Ernesto é um negociante de moedas antigas. Um dia, alguém lhe traz uma linda moeda de bronze. A moeda tem a efígie de um imperador de um lado e a data 544 a.C. estampada no outro. Ernesto examina a moeda — mas em vez de comprá-la, chama a polícia. Por quê?

Isso é o que os cientistas chamam de "problema de insight". Um raciocínio metódico, algorítmico, não obterá a resposta correta. Com problemas de insight, as pessoas em geral começam por essa abordagem sistemática, passo a passo. Mas acabam tropeçando num obstáculo. Alguns jogam a toalha e desistem, convencidos de que é impossível superar o obstáculo ou simplesmente ignorá-lo. Mas outros, bloqueados e frustrados, acabam experimentando o que chamamos de um "lampejo de iluminação" — *a-ha!* — que os ajuda a ver os fatos sob outro ângulo. Eles categorizam outra vez o problema e logo descobrem a solução.

(Ainda confuso com a questão da moeda? A resposta vai fazer você dar um tapa na testa. A data na moeda é 544 a.C., ou 544 anos antes de Cristo. Essa designação não poderia ter sido usada na época porque Cristo ainda não tinha nascido — e, é claro, ninguém sabia que ele nasceria meio milênio depois. A moeda é obviamente falsa.)

Duas psicólogas americanas, Mareike Wieth e Rose Zacks, apresentaram esse e outros problemas de insight para um grupo de pessoas que afirmava raciocinar melhor pela manhã. As pesquisadoras testaram metade do grupo entre 8h30 e 9h30 e a outra metade entre 16h30 e 17h30. Esses pensadores matinais mostraram maior tendência a resolver o problema da moeda... à tarde. "Participantes que resolveram problemas de insight durante seu período não ideal do dia [...] foram mais bem-sucedidos que os participantes em seu período ideal do dia", descobriram Wieth e Zacks.[21]

O que isso quer dizer?

A resposta remete àquelas sentinelas que vigiam nosso castelo cognitivo. Para a maioria de nós, a manhã é o período em que esses guardas estão alertas, prontos para repelir invasores. Essa vigilância — muitas vezes chamada de "controle inibitório" — ajuda nosso cérebro a resolver problemas analíticos mantendo as distrações à distância.[22] Mas problemas de insight são diferentes. Eles exigem *menos* vigilância e *menos* inibições. Aquele "lampejo de iluminação" tem mais probabilidade de ocorrer quando os guardas não estão em seu posto. Nesses momentos mais relaxados, algumas distrações podem nos ajudar a enxergar ligações que talvez tenhamos deixado escapar quando nossos filtros estavam mais rígidos. Para problemas analíticos, a falta de controle inibitório é um bug. Para problemas de insight, um recurso.

Alguns chamaram esse fenômeno de "paradoxo de inspiração" — a ideia de que "a inovação e a criatividade atingem seu máximo quando não estamos em nosso melhor, ao menos em relação a nossos ciclos circadianos".[23] E assim como os estudos de desempenho escolar na Dinamarca e em Los Angeles sugerem que os alunos se sairiam melhor estudando assuntos analíticos como matemática pela manhã, Wieth e Zacks afirmam que seu trabalho "sugere que, ao planejarem sua grade de horários, os alunos podem obter melhor desempenho em matérias como arte e redação criativa durante seu período não ideal do dia do que naquele considerado ideal".[24]

Em resumo, nossos humores e desempenho oscilam ao longo do dia. Para a maioria de nós, o humor segue um padrão comum: um pico, uma baixa e uma retomada. E isso ajuda a moldar um padrão duplo de desempenho. De manhã, durante o pico, a maioria de nós se sai bem em problemas como o de Linda — trabalho analítico que exige argúcia, vigilância e concentração. Mais tarde, durante a recuperação, a maioria de nós se sai bem nos problemas como os da moeda — trabalho de insight que exige menos inibição e determinação. (As baixas do meio-dia ajudam em muito pouca coisa, como explicarei no capítulo seguinte.) Somos como versões ambulantes da planta de Mairan. Nossas capacidades se abrem e se fecham segundo um relógio que não controlamos.

Mas talvez você tenha detectado um pequeno porém em minha conclusão. Note que eu disse "a maioria de nós". Há uma exceção a esse padrão amplo, em especial no desempenho, e ela é importante.

Imagine-se lado a lado com três pessoas que você conhece. Uma das quatro provavelmente é um tipo diferente de organismo, com um tipo de relógio diferente.

COTOVIAS, CORUJAS E TERCEIROS PÁSSAROS

Horas antes de amanhecer, certo dia de 1879, Thomas Alva Edison estava em seu laboratório em Menlo Park, Nova Jersey, refletindo sobre um problema. Ele concebera os princípios básicos de uma lâmpada elétrica, mas ainda não encontrara uma substância que funcionasse como filamento de baixo custo e longa duração. Sozinho no laboratório (seus colegas mais sensatos estavam em casa, dormindo), ele pegou sem pensar uma pitada de uma substância fuliginosa chamada negro de carvão que fora separada para outro experimento e começou a enrolá-la entre o polegar e o indicador — o equivalente no século XIX a apertar uma bola de estresse ou arremessar clipes de papel dentro do porta-lápis.

Então Edison teve seu momento eureca.

O fio de carbono que se formou entre seus dedos distraídos talvez funcionasse como filamento para a lâmpada. Ele o testou. O filamento brilhou intensa e demoradamente, resolvendo o problema. E agora estou escrevendo esta frase, e você talvez a esteja lendo, em um ambiente que poderia estar escuro não fosse pela luz proporcionada pela invenção de Edison.

Thomas Edison foi uma coruja noturna que possibilitou outras corujas noturnas. "Era mais provável encontrá-lo debruçado em algo no laboratório à meia-noite do que ao meio-dia", escreveu uma biógrafa.[25]

Os seres humanos não vivenciam o dia exatamente da mesma forma. Cada um de nós tem um "cronótipo" — um padrão pessoal de ritmos circadianos que influenciam nossa fisiologia e psicologia. Os Edisons entre nós são cronótipos vespertinos. Acordam bem depois de o sol nascer, detestam a manhã e não começam a atingir seu pico antes do fim da tarde ou do começo da noite. Outros são cronótipos matinais. Levantam-se da cama com facilidade e sentem-se energizados durante o dia, mas à noite estão cansados. Alguns de nós somos corujas; outros são cotovias.

Talvez você já tenha escutado essa terminologia de cotovias e corujas. Ela funciona como uma estenografia conveniente para descrever cronótipos, duas categorias aviárias simples nas quais podemos agrupar as personalidades e propensões de nossa espécie desemplumada. Mas a realidade dos cronótipos, como em geral ocorre com a realidade, tem mais nuances.

O primeiro esforço sistemático para medir diferenças no relógio interno dos seres humanos surgiu em 1976, quando dois cientistas, um sueco e um britânico, publicaram uma avaliação de cronótipo com dezenove questões. Anos mais tarde, dois cronobiólogos, a americana Martha Merrow e o alemão Till Roenneberg, desenvolveram o que veio a ser uma avaliação ainda mais utilizada, o Munich Chronotype Questionnaire [Questionário de Cronótipo de Munique] (MCTQ), que diferencia entre os padrões de sono das pessoas em "dias úteis" (quando em geral precisamos acordar a determinada hora) e "dias livres" (quando podemos acordar na hora que quisermos). As pessoas respondem perguntas e depois recebem uma pontuação. Por exemplo, quando fiz o MCTQ, caí na categoria mais comum — "tipo ligeiramente matinal".

Entretanto, Roenneberg, o cronobiólogo mais famoso do mundo, criou um modo ainda mais fácil de determinar o cronótipo. Na verdade, você pode fazer isso agora mesmo.

Por favor, pense em seu comportamento durante "dias livres" — dias em que você não precisa acordar a uma hora específica. Agora responda as seguintes questões:

1. A que hora você costuma dormir?
2. A que hora você acorda geralmente?
3. Qual a média desses dois horários — ou seja, qual é o seu ponto médio de sono? (Por exemplo, se você normalmente dorme por volta das 23h30 e acorda às 7h30, seu ponto médio é 3h30.)

Agora encontre sua posição no seguinte gráfico, que extraí da pesquisa de Roenneberg.

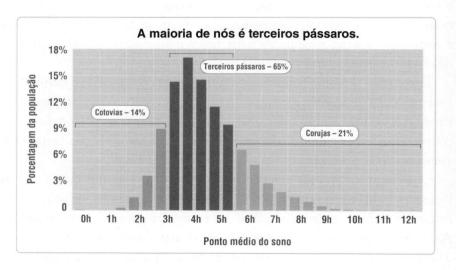

É provável que você não seja nem 100% cotovia, nem uma coruja ao extremo, mas alguma coisa no meio — o que chamo de "terceiro pássaro".*
Roenneberg e outros descobriram que "as horas de sono e vigília revelam

---

* Eis um método ainda mais simples. A que hora você acorda nos fins de semana (ou dias livres)? Se é a mesma dos dias úteis, você provavelmente é uma cotovia. Se é um pouco mais tarde, você provavelmente é um terceiro pássaro. Se é bem mais tarde — noventa minutos ou mais —, você provavelmente é uma coruja.

uma distribuição (normal) quase gaussiana numa dada população".[26] Ou seja, se colocamos os cronótipos das pessoas em um gráfico, o resultado é uma curva normal (em forma de sino). A única diferença, como é possível ver pelo gráfico, é que corujas extremas superam cotovias extremas; as corujas têm, estatisticamente, ainda que não fisiologicamente, uma cauda mais longa. Mas a maioria não é cotovia nem coruja. Segundo a pesquisa feita ao longo de várias décadas e em diferentes continentes, cerca de 60% a 80% de nós somos terceiros pássaros.[27] "É como pés", diz Roenneberg. "Algumas pessoas nascem com pés grandes e outras com pés pequenos, mas a maioria está em algum lugar no meio das duas coisas."[28]

Cronótipos são como pés em outro sentido também. Não existe muita coisa que possamos fazer quanto a seu tamanho ou forma. A genética explica no mínimo metade da variabilidade no cronótipo, sugerindo que cotovias e corujas nascem como tal, não são feitas.[29] De fato, o quando de um pássaro desempenha um papel surpreendentemente poderoso. Pessoas nascidas no outono e no inverno têm mais probabilidade de ser cotovias; pessoas nascidas na primavera e no verão têm mais tendência a ser corujas.[30]

Depois dos fatores genéticos, o mais importante em um cronótipo é a idade. Como os pais sabem e costumam lamentar, crianças pequenas em geral são cotovias. Elas acordam cedo, passam o dia na maior agitação e não duram muito além do começo da noite. Próximo à puberdade, essas cotovias começam a se transformar em corujas. Acordam mais tarde — pelo menos nos dias livres —, ganham energia durante o fim da tarde e o começo da noite e vão para a cama depois dos pais. Segundo algumas estimativas, o ponto médio do sono de um adolescente é de seis ou até sete horas, não exatamente em sincronia com a maioria dos horários de início nas escolas. Os jovens atingem seu pico de coruja perto dos vinte anos, depois voltam aos poucos a ser cotovias no decorrer da vida.[31] Os cronótipos de homens e mulheres também diferem, sobretudo na primeira metade da vida. Os homens apresentam tendência de padrão noturno enquanto as mulheres, matinal. Entretanto, essas diferenças entre os sexos começam a desaparecer por volta dos cinquenta anos. E como observa Roenneberg, "pessoas acima dos sessenta anos, em média, tornam-se cronótipos ainda mais matinais do que na infância".[32]

Em resumo, jovens no ensino médio e na faculdade são desproporcional-mente corujas, assim como pessoas com mais de sessenta e menos de doze são desproporcionalmente cotovias. Homens em geral estão mais para corujas do que as mulheres. No entanto, qualquer que seja a idade ou o gênero, as pessoas, em sua maioria, não são cotovias fortes nem corujas fortes, mas terceiros pássaros, na média da ninhada. Mesmo assim cerca de 20% a 25% da população é composta por noturnos sólidos — e eles exibem tanto uma personalidade como um conjunto de comportamentos com os quais devemos lidar para compreender o padrão oculto de um dia.

Vamos começar pela personalidade, incluindo o que os cientistas sociais chamam de os "Cinco Grandes" traços — receptividade, conscienciosidade, extroversão, amabilidade e neuroticismo. Grande parte da pesquisa revela que as pessoas diurnas são agradáveis e produtivas — mulheres e homens "introvertidos, conscienciosos, amáveis, persistentes e emocionalmente estáveis" que tomam iniciativa, reprimem impulsos indesejáveis e planejam o futuro.[33] Esses tipos matinais também tendem a pontuar alto no afeto positivo — ou seja, muitos deles parecem ser bastante felizes.[34]

Corujas, por sua vez, exibem algumas tendências mais sombrias. São mais abertas e extrovertidas do que cotovias. Mas também mais neuróticas — e com frequência hedonistas impulsivas, sensualistas, que vivem o momento.[35] São mais propensas que cotovias a usar nicotina, álcool e cafeína — para não mencionar maconha, ecstasy e cocaína.[36] Também são mais inclinadas a vícios, distúrbios alimentares, diabetes, depressão e infidelidade.[37] Não admira que não ponham a cara para fora durante o dia. E não admira que os chefes considerem empregados que chegam cedo como dedicados e competentes, e atribuam aos atrasados baixas pontuações de desempenho.[38] Benjamin Franklin tinha razão: ser o primeiro a dormir e o primeiro a se levantar torna a pessoa saudável, próspera e ajuizada.

Bem, não exatamente. Quando estudiosos testaram a "sabedoria gnômica" de Franklin, não encontraram nenhuma "justificativa para pássaros madrugadores aparentarem superioridade moral".[39] Essas corujas nefárias na verdade tendem a exibir mais criatividade, mostrar memória de trabalho superior e apresentar notas mais elevadas em testes de inteligência como o GMAT.[40] Até seu senso de humor é melhor.[41]

O problema é que nossa cultura corporativa, governamental e educacional está configurada para os 75% a 80% de pessoas que são cotovias ou terceiros pássaros. Corujas são como canhotos em um mundo destro — forçadas a usar tesouras, escrivaninhas, luvas de beisebol feitas para os demais. O modo como reagem é a última peça do quebra-cabeça na predição dos ritmos do dia.

SINCRONIA E O DIA DE TRÊS ESTÁGIOS

Vamos voltar ao problema de Linda. A lógica básica diz que Linda tem menos probabilidade de ser *tanto* caixa de banco *como* feminista do que de ser apenas caixa de banco. A maioria resolve o problema de Linda mais rápido às oito da manhã do que às oito da noite. Mas algumas pessoas mostraram a tendência *contrária*. Elas apresentaram mais probabilidade de evitar a falácia de conjunção e de dar a resposta correta às oito da noite do que às oito da manhã. Quem eram esses indivíduos incomuns? Corujas — pessoas com cronótipo noturno. Foi a mesma coisa quando corujas serviram de jurados num julgamento de mentirinha. Enquanto tipos matinais e intermediários recorreram a estereótipos — declarando Garcia culpado e Garner inocente com base em fatos idênticos — *mais tarde*, corujas manifestaram a tendência oposta. Recorreram a estereótipos *mais cedo*, mas se tornaram mais vigilantes, justas e lógicas com o passar das horas.[42]

A capacidade de resolver problemas de insight, como deduzir que uma moeda com a data de 544 a.C. deve ser fraudulenta, também surgiu com uma exceção. Cotovias e terceiros pássaros tinham seus lampejos de iluminação mais tarde, durante seus estágios de recuperação abaixo do ideal, quando suas inibições foram deixadas de lado. Mas corujas ao estilo Edison perceberam a fraude mais rapidamente no início da manhã, o período abaixo de ideal *delas*.[43]

O que interessa, no fim das contas, então, é que o tipo, a tarefa e o momento se alinhem — o que os cientistas sociais chamam de "efeito de sincronia".[44] Por exemplo, ainda que seja mais perigoso dirigir à noite, corujas na verdade dirigem pior pela manhã, pois a esse horário estão fora de sincronia com seu ciclo natural de vigilância e alerta.[45] Jovens em geral têm a memória mais afiada do que idosos. Mas muitas dessas diferenças cognitivas baseadas na idade enfraquecem, e às vezes desaparecem, quando a sincronia é levada em consideração. De fato, a pesquisa mostrou que, em tarefas mentais, adultos mais velhos usam as mesmas regiões cerebrais de adultos mais jovens ao operar de manhã, mas regiões diferentes (e menos eficazes) no restante do dia.[46]

A sincronia influencia até o nosso comportamento ético. Em 2014, dois estudiosos identificaram o que chamaram de "efeito de moralidade matinal", mostrando que era menos provável as pessoas mentirem e trapacearem em alguma tarefa pela manhã do que à tarde. Mas outra pesquisa subsequente revelou que uma explicação para o efeito é simplesmente que as pessoas, em sua maioria, são cronótipos matinais ou intermediários. Inclua a condição de coruja e o efeito apresenta mais nuances. Sim, pássaros madrugadores exibem o efeito de moralidade matinal. Mas corujas noturnas são mais éticas à noite do que de manhã. "O ajuste entre o cronótipo da pessoa e a hora do dia oferece um prognóstico mais completo sobre a postura ética da pessoa do que apenas a hora ou o dia", escrevem esses estudiosos.[47]

Em resumo, todos nós vivenciamos o dia em três estágios — um pico, uma baixa e uma retomada. E cerca de três quartos (cotovias e terceiros pássaros) o vivenciam nessa ordem. Mas cerca de uma em cada quatro pessoas, aquelas cujos genes ou idade as tornam corujas noturnas, vivenciam o dia em algo próximo da ordem inversa — recuperação, baixa, pico.

Para testar essa ideia, pedi a meu colega, o pesquisador Cameron French, para analisar os ritmos diários de uma série de artistas, escritores e inventores. O material que lhe serviu de fonte foi um livro notável, editado por Mason Currey, intitulado *Daily Rituals: How Artists Work* [Rituais diários: como artistas trabalham], que compila os padrões cotidianos de trabalho e repouso de 161 criadores, como Jane Austen, Jackson Pollock, Anthony Trollope, Toni Morrison e outros. French estudou seus horários de trabalho diários e codificou cada elemento como trabalho concentrado, trabalho nenhum ou trabalho menos intenso — algo próximo ao padrão de pico, baixa e recuperação.

Por exemplo, o compositor Piotr Ilitch Tchaikóvski acordava entre as sete e oito da manhã, e depois lia, tomava chá e saía para uma caminhada. Às 9h30, ele se sentava diante do piano para compor por algumas horas. Depois fazia uma pausa para o almoço e outra para passear à tarde. (Ele acreditava que caminhar, às vezes por duas horas, era essencial para a criatividade.) Às cinco da tarde, voltava para mais algumas horas de trabalho antes de jantar, às oito da noite. Cento e cinquenta anos depois, a escritora Joyce Carol Oates opera em ritmo similar. Ela "de modo geral escreve das oito às 8h30 da manhã até cerca de uma da tarde. Depois almoça e faz uma pausa vespertina antes de retomar o trabalho das quatro da tarde até a hora do jantar, por volta das sete horas".[48] Tanto Tchaikóvski como Oates são pessoas do tipo pico-baixa-retomada.

Outros criadores seguem um compasso diurno diferente. O romancista Gustave Flaubert, que viveu a maior parte da vida adulta na casa da mãe, só acordava às dez da manhã, depois passava uma hora tomando banho, arrumando-se e fumando seu cachimbo. Por volta das onze, "juntava-se à família na sala de jantar para uma refeição no fim da manhã que servia tanto de desjejum como de almoço". Depois dava aulas particulares para sua sobrinha por um tempo e devotava a maior parte da tarde a descansar e ler. Às sete da noite, jantava e em seguida "sentava-se e conversava com sua mãe" até ela ir para a cama, às nove. E então ia escrever. O dia da coruja noturna Flaubert funcionava na direção oposta — da recuperação à baixa e o pico.[49]

Após codificar os horários diários desses criadores e tabular quem fazia o que e quando, French descobriu o que hoje percebemos ser uma distribuição previsível. Cerca de 62% dos criadores seguiam o padrão pico-baixa-retomada, em que o trabalho sério e concentrado acontecia pela manhã, seguido de pouco trabalho, e depois um período mais breve de trabalho menos cansativo. Cerca de 20% da amostra exibia no padrão contrário — recuperação pela manhã e arregaçar as mangas para trabalhar bem mais tarde no dia, ao estilo de Flaubert. E cerca de 18% eram mais idiossincráticos ou careciam de dados suficientes e desse modo não exibiam um padrão nem outro. Separemos esse terceiro grupo e a proporção de cronótipo se mantém. Para cada três padrões pico-baixa-retomada, há um padrão retomada-baixa-pico.

Mas o que isso tem a ver com você?

No fim deste capítulo há o primeiro de seis "Manuais do programador do tempo", sugerindo táticas, hábitos e rotinas para aplicar a ciência do timing a sua vida diária. Mas a essência é simples. Avalie seu tipo, compreenda sua tarefa e depois selecione o horário apropriado. Seu padrão diário oculto é pico-baixa-retomada? Ou é retomada-baixa-pico? Então busque a sincronia. Se você não tem controle sequer moderado do seu cronograma, tente ajustar seu trabalho mais importante, que normalmente exige atenção e clareza de pensamento, com o pico e empurrar seu segundo trabalho mais importante, ou tarefas que se beneficiam de desinibição, para o período da recuperação. Seja como for, não deixe tarefas corriqueiras se infiltrarem em seu período de pico.

Se você ocupa posição de chefia, compreenda esses dois padrões e permita a seus funcionários protegerem seu pico. Por exemplo, Till Roenneberg conduziu experimentos em uma fábrica automotiva e em uma siderúrgica alemãs em que rearranjou as escalas de trabalho de acordo com os cronótipos das pessoas. O resultado: mais produtividade, estresse reduzido e mais satisfação no emprego.[50] Se você atua na área do ensino, lembre que nem todos os horários são iguais: pense bem sobre que aulas e tipos de trabalho você programa para a manhã e quais programa para mais tarde.

Tão importante quanto, quer você passe o dia fabricando automóveis quer lecione para crianças, é ter cuidado com o período do meio. A baixa, como estamos prestes a descobrir, é mais perigosa do que a maioria de nós imagina.

Manual do programador do tempo I

COMO ENCONTRAR SEU QUANDO DIÁRIO:
UM MÉTODO EM TRÊS PASSOS

Este capítulo explora a ciência por trás de nossos padrões diários. Eis aqui uma simples técnica de três passos — chame-a de método tipo-tarefa-tempo — para mobilizar essa ciência a fim de guiar suas decisões diárias de timing.

Primeiro, determine seu cronótipo, usando o método das três questões da página 34.

Segundo, determine o que você precisa fazer. Envolve análise concentrada ou insight abstraído? (Claro que nem todas as tarefas se dividem nitidamente ao longo do eixo análise-insight, então a decisão é sua.) Você está tentando causar boa impressão numa entrevista de emprego, sabendo que é provável que a maioria dos entrevistadores estará com humor melhor pela manhã? Ou tentando tomar uma decisão (se deve aceitar o emprego que acabam de lhe oferecer) e precisa que seu próprio cronótipo esteja no comando?

Terceiro, observe a tabela para descobrir o horário ideal do dia:

Tabela de seu quando diário

	Cotovia	Terceiro pássaro	Coruja
Tarefas analíticas	Início da manhã	Início ao meio da manhã	Fim da tarde e noite
Tarefas de insight	Fim da tarde/ começo da noite	Fim da tarde/ começo da noite	Manhã
Causando boa impressão	Manhã	Manhã	Manhã (sinto muito, corujas)
Tomando uma decisão	Início da manhã	Início ao meio da manhã	Fim da tarde e noite

Por exemplo, se você é um advogado cotovia redigindo uma defesa, faça sua pesquisa e escreva cedo pela manhã. Se é um engenheiro de software coruja, mude suas tarefas menos essenciais para a manhã e comece as mais importantes no fim da tarde e à noite. Se estiver montando um grupo de brainstorming, prefira o fim da tarde, uma vez que a maioria dos membros de sua equipe provavelmente é de terceiros pássaros. Uma vez que você sabe seu tipo e tarefa, é mais fácil descobrir o horário.

COMO ENCONTRAR SEU QUANDO DIÁRIO: VERSÃO AVANÇADA

Para uma percepção mais refinada de seu quando diário, monitore seu comportamento sistematicamente por uma semana. Ajuste o alarme do seu celular para tocar de noventa em noventa minutos. Cada vez que ouvir o alarme, responda estas três perguntas:

1. O que você está fazendo?
2. Numa escala de 1 a 10, como avalia seu estado de alerta mental neste instante?
3. Numa escala de 1 a 10, como avalia sua energia física neste instante?

Faça isso por uma semana, depois tabule os resultados. Talvez você note alguns desvios pessoais do padrão amplo. Por exemplo, sua baixa pode chegar mais cedo à tarde do que para outras pessoas, ou sua retomada talvez comece mais tarde.

Para monitorar suas respostas, você pode escanear e reproduzir estas páginas.

7h
O que estou fazendo:
Estado de alerta: 1 2 3 4 5 6 7 8 9 10 NA
Energia física: 1 2 3 4 5 6 7 8 9 10 NA

8h30
O que estou fazendo:
Estado de alerta: 1 2 3 4 5 6 7 8 9 10 NA
Energia física: 1 2 3 4 5 6 7 8 9 10 NA

10h
O que estou fazendo:
Estado de alerta: 1 2 3 4 5 6 7 8 9 10 NA
Energia física: 1 2 3 4 5 6 7 8 9 10 NA

11h30
O que estou fazendo:
Estado de alerta: 1 2 3 4 5 6 7 8 9 10 NA
Energia física: 1 2 3 4 5 6 7 8 9 10 NA

13h
O que estou fazendo:
Estado de alerta: 1 2 3 4 5 6 7 8 9 10 NA
Energia física: 1 2 3 4 5 6 7 8 9 10 NA

14h30
O que estou fazendo:
Estado de alerta: 1 2 3 4 5 6 7 8 9 10 NA
Energia física: 1 2 3 4 5 6 7 8 9 10 NA

16h
O que estou fazendo:
Estado de alerta: 1 2 3 4 5 6 7 8 9 10 NA
Energia física: 1 2 3 4 5 6 7 8 9 10 NA

17h30
O que estou fazendo:
Estado de alerta: 1 2 3 4 5 6 7 8 9 10 NA
Energia física: 1 2 3 4 5 6 7 8 9 10 NA

19h
O que estou fazendo:
Estado de alerta: 1 2 3 4 5 6 7 8 9 10 NA
Energia física: 1 2 3 4 5 6 7 8 9 10 NA

20h30
O que estou fazendo:
Estado de alerta: 1 2 3 4 5 6 7 8 9 10 NA
Energia física: 1 2 3 4 5 6 7 8 9 10 NA

22h
O que estou fazendo:
Estado de alerta: 1 2 3 4 5 6 7 8 9 10 NA
Energia física: 1 2 3 4 5 6 7 8 9 10 NA

23h30
O que estou fazendo:
Estado de alerta: 1 2 3 4 5 6 7 8 9 10 NA
Energia física: 1 2 3 4 5 6 7 8 9 10 NA

O QUE FAZER SE VOCÊ NÃO TEM O CONTROLE DE SUA PROGRAMAÇÃO DIÁRIA

A dura realidade do trabalho — seja ele qual for, seja o cargo que tivermos — é que muitos de nós não controlamos nosso tempo por completo. Então o que você pode fazer quando os ritmos do seu padrão diário não coincidirem com as exigências da sua programação diária? Não tenho uma solução mágica para oferecer, mas posso sugerir duas estratégias para minimizar o prejuízo.

1. Fique atento.

Simplesmente saber que você está operando em um horário abaixo do ideal pode ser importante, porque você pode fazer pequenos mas poderosos ajustes em seu cronótipo.

Suponha que você seja uma coruja forçada a comparecer a uma reunião no início da manhã. Tome algumas medidas preventivas. Na noite anterior, faça uma lista de tudo de que vai precisar para o compromisso. Antes de se sentar à mesa, saia para uma rápida caminhada ao ar livre — cerca de dez minutos. Ou faça uma pequena boa ação para um colega — pague-lhe uma xícara de café ou ajude-o a carregar algumas caixas — que melhore seu humor. Durante a reunião, fique hipervigilante. Por exemplo, se alguém lhe fizer uma pergunta, repita-a antes de responder, para ter certeza de que entendeu direito.

2. Opere nas margens.

Mesmo que você não consiga controlar a realidade como um todo, talvez ainda possa mudar pequenas coisas. Se é uma cotovia ou um terceiro pássaro e acontecer de ter uma hora livre pela manhã, não a desperdice com e-mails. Passe esses sessenta minutos fazendo seu trabalho mais importante. Tente administrar a situação também. Explique com cuidado a seu chefe quando é seu melhor horário para trabalhar, mas apresente do ponto de vista do que é bom para a empresa. ("Consigo resolver nas manhãs a maior parte daquele projeto importante que você me passou — então quem sabe eu deva ir a menos reuniões antes do meio-dia.") E comece aos poucos. Você com certeza já ouviu falar em "sexta-

-feira casual". Por que não sugerir uma "sexta-feira do cronótipo" — uma sexta por mês em que todo mundo possa trabalhar no seu horário preferido? Ou talvez decretar sua própria sexta-feira do cronótipo. Por fim, aproveite esses momentos em que você *tem* de fato controle da sua programação. Aos fins de semana e feriados, planeje uma programação para maximizar o efeito de sincronia. Por exemplo, se você é uma cotovia e está escrevendo um romance, acorde cedo, escreva até uma da tarde e deixe as compras de supermercado e a lavanderia para a parte vespertina.

QUANDO SE EXERCITAR: O GUIA DEFINITIVO

Foquei principalmente nos aspectos emocionais e cognitivos da nossa vida. Mas e quanto aos físicos? Em particular, qual a melhor hora para se exercitar? A resposta depende em parte de seus objetivos. Eis um guia simples, baseado em pesquisas sobre o assunto, para ajudá-lo a decidir.

Exercite-se pela manhã para:

- **Perder peso:** quando acordamos, após termos ficado sem comer nada por pelo menos oito horas, nossa concentração de açúcar no sangue está baixa. Como precisamos de açúcar para servir de combustível numa corrida, por exemplo, o exercício matinal vai utilizar a gordura armazenada em nossos tecidos para suprir a energia de que necessitamos. (Quando nos exercitamos depois de comer, usamos a energia do alimento que acabamos de ingerir.) Em muitos casos, o exercício matinal pode queimar 20% mais de gordura do que mais tarde, depois de comer.[1]
- **Melhorar o humor:** treinos de cárdio — nadar, correr, até mesmo levar o cachorro para passear — podem melhorar o humor. Quando nos exercitamos pela manhã, usufruímos de seus efeitos o dia inteiro. Se você espera para se exercitar à noite, vai terminar dormindo durante parte da sensação de bem--estar.

- **Manter a rotina:** alguns estudos sugerem que tendemos a aderir à rotina de exercícios quando os realizamos pela manhã.[2] Assim, se você perceber alguma dificuldade para seguir seu planejamento, o exercício matinal, sobretudo se você conta com um parceiro de treino regular, pode ajudá-lo a criar o hábito.
- **Fortalecer-se:** nossa fisiologia muda ao longo do dia. Os níveis do hormônio testosterona, por exemplo, alcançam o pico pela manhã. A testosterona ajuda a ganhar músculo; assim, se você faz treinamento com pesos, programe a malhação para as primeiras horas da manhã.

Exercite-se no fim da tarde ou à noite para:

- **Evitar se machucar:** quando nossos músculos estão aquecidos, têm mais elasticidade e ficam menos propensos a contusão. É por isso que chamamos o início do exercício de "aquecimento". A temperatura corporal está baixa ao acordarmos de manhã, sobe regularmente ao longo do dia e chega ao máximo no fim da tarde e começo da noite. Isso significa que ao malhar no fim do dia nossos músculos estão mais aquecidos e as lesões são menos comuns.[3]
- **Ter melhor desempenho:** exercitar-se à tarde não só torna menos provável que você se machuque, mas também o ajuda a correr mais rápido e a erguer mais peso. A função pulmonar está no pico a essa hora do dia, então seu sistema circulatório pode distribuir mais oxigênio e nutrientes.[4] Essa também é a hora do dia em que a força está no máximo, o tempo de reação é mais rápido, a coordenação mão-olho fica mais afiada e o batimento cardíaco e a pressão sanguínea caem. Esses fatores fazem da tarde um ótimo período para ter seu melhor desempenho atlético. De fato, um número desproporcional de recordes olímpicos, especialmente em corridas e natação, é batido no fim da tarde e no começo da noite.[5]
- **Apreciar o treino um pouco mais:** as pessoas normalmente acreditam que fazem menos esforço no fim da tarde do que se estiverem realizando os mesmos exercícios pela manhã.[6] Isso

sugere que as tardes podem tornar o exercício um pouco menos cansativo para o corpo e a mente.

QUATRO DICAS PARA TER UMA MANHÃ MELHOR

1. Tome um copo d'água assim que acordar.

Quantas vezes você passa oito horas durante o dia sem beber água? Além de ser assim também para a maioria de nós durante a noite. Entre a água que exalamos e a água que evapora pela pele, para não mencionar uma ou duas idas ao banheiro, acordamos relativamente desidratados. Tome um copo d'água assim que acordar para se reidratar, controlar a fome de manhã e ajudá-lo a acordar.

2. Não tome café assim que acordar.

No momento em que acordamos, nosso corpo começa a produzir cortisol, um hormônio do estresse que desperta nossa alma grogue. Mas a cafeína interfere na produção de cortisol — de modo que iniciar o dia imediatamente com uma xícara de café pouco contribui para nos despertar. Pior ainda, o café cedo pela manhã aumenta nossa tolerância a cafeína, o que significa que temos de tomar ainda mais para obter seus benefícios. A melhor abordagem é beber essa primeira xícara uma hora ou noventa minutos após acordar, uma vez que nossa produção de cortisol atingiu seu pico e a cafeína pode operar sua mágica.[7] Se você está precisando de ânimo para enfrentar a tarde, deixe para tomar café entre as duas e as quatro, quando os níveis de cortisol caem outra vez.

3. Aproveite o sol matinal.

Se você se sente lento de manhã, tome o máximo de sol que puder. O sol, ao contrário da iluminação artificial, emite luz que cobre um amplo leque do espectro de cor. Quando essas ondas eletromagnéticas extras atingem seus olhos, sinalizam a seu cérebro que deve parar de produzir hormônios do sono e começar a produzir hormônios de alerta.

4. Programe a consulta com um psicoterapeuta para a manhã.

A pesquisa no campo emergente da psiconeuroendocrinologia mostrou que sessões de terapia costumam ser mais eficazes de manhã.[8] O motivo volta a ser o cortisol. Sim, é um hormônio do estresse. Mas também ajuda no aprendizado. Durante a psicoterapia de manhã, quando os níveis de cortisol estão no ponto mais alto, os pacientes ficam mais concentrados e absorvem conselhos mais profundamente.

2. Poentes e café quente

O poder da pausa para o cafezinho, a promessa do almoço e por uma sesta moderna

A tarde sabe o que a manhã nunca suspeitou.
Robert Frost

Venha comigo por um momento ao Hospital da Desgraça.

Nesse hospital, os pacientes têm probabilidade três vezes maior de receber uma dose potencialmente fatal de anestesia e mais chances de morrer 48 horas após a cirurgia. Os gastroenterologistas aqui encontram menos pólipos durante uma colonoscopia que seus colegas mais cuidadosos, de modo que tumores malignos passam despercebidos. Seus médicos mostram probabilidade 26% maior de prescrever antibióticos desnecessários para infecções virais, aumentando assim o risco de superbactérias resistentes. E em todo o prédio, a enfermagem e demais membros da equipe têm probabilidade quase 10% menor de lavar as mãos antes de cuidar dos pacientes, aumentando as chances de que esses pacientes contraiam uma infecção que não tinham quando deram entrada no hospital.

Se eu fosse um advogado que move ações contra a negligência médica — coisa que felizmente não sou —, abriria um escritório do outro lado da rua de um lugar assim. Se fosse marido e pai — coisa que felizmente sou —, não deixaria nenhum membro da minha família passar pela porta desse hospital. E se estivesse aconselhando você sobre como conduzir sua vida — coisa que, para o bem ou para o mal, estou fazendo nestas páginas —, ofereceria o seguinte conselho: mantenha distância.

O Hospital da Desgraça pode não ser de verdade. Mas é real. Tudo que descrevi é o que acontece em centros médicos modernos durante a tarde, comparado ao que acontece de manhã. A maioria dos hospitais e profissionais de saúde faz um trabalho heroico. Calamidades médicas são a exceção, não a regra. Mas o período vespertino pode ser um momento perigoso para um paciente.

Alguma coisa acontece durante a baixa, que em geral ocorre cerca de sete horas após acordarmos, tornando-a muito mais perigosa do que em qualquer outra hora do dia. Este capítulo vai examinar por que tantos de nós — anestesistas, alunos, o capitão do *Lusitania* — metem os pés pelas mãos no período da tarde. Depois vamos procurar algumas soluções para o problema — em particular, dois remédios simples que podem manter os pacientes mais seguros, melhorar as notas dos alunos e quem sabe até tornar o sistema judiciário mais justo. Ao longo do caminho, vamos descobrir por que o almoço (não o café da manhã) é a refeição mais importante do dia, como tirar um cochilo perfeito e por que reviver uma prática milenar pode ser exatamente do que precisamos hoje para impulsionar a produtividade individual e o desempenho no trabalho.

Mas primeiro vamos examinar um hospital de verdade, onde a desgraça foi evitada por cartões plastificados, de cor verde-limão.

TRIÂNGULOS DAS BERMUDAS E RETÂNGULOS DE PLÁSTICO: O PODER DAS PAUSAS PARA VIGILÂNCIA

É uma tarde nublada de terça-feira em Ann Arbor, Michigan. Pela primeira (e quem sabe última) vez em minha vida, estou vestindo o verde hospitalar e lavando as mãos para uma cirurgia. Ao meu lado está o dr. Kevin Tremper, que é anestesista e professor, bem como presidente do Departamento de Anestesiologia da Michigan Medical School.

"Todo ano, colocamos 90 mil pessoas para dormir e as acordamos", ele me conta. "Nós as paralisamos e começamos a abri-las." Tremper supervisiona 150 médicos e outros 150 residentes que exercem esse poder mágico. Em 2010, ele mudou o modo como fazem seu trabalho.

Deitado sobre a mesa de operações está um homem de vinte e poucos anos com o maxilar esmagado, necessitando urgente de cirurgia. Em uma parede próxima há uma TV de tela grande com o nome das cinco outras pessoas em volta da mesa que também estão usando o jaleco hospitalar verde — enfermeiras, médicos e um técnico. No alto da tela, em letras amarelas contra um fundo azul, está o nome do paciente. O cirurgião, um homem enérgico e esguio de trinta e poucos anos, não vê a hora de começar. Mas antes de alguém fazer qualquer coisa, como se fossem um time de basquete universitário na quadra do Crisler Center, a poucos quilômetros dali, eles pedem tempo.

Quase imperceptivelmente, cada um dá um passo para trás. Então, olhando para a tela de TV ou para o cartão plástico do tamanho de uma carteira pendurado em suas cinturas, apresentam-se uns aos outros pelo primeiro nome e repassam uma lista de nove passos chamada "Verificação de Pré-Indução", de modo a assegurar que estão com o paciente certo, têm ciência de seu problema e de possíveis alergias, conhecem as medicações que o anestesista vai usar e dispõem de todo equipamento especial de que possam vir a precisar. Quando terminaram as apresentações e as perguntas foram respondidas — o processo todo leva cerca de três minutos —, o intervalo termina e o jovem anestesista residente abre as embalagens lacradas com o que vai utilizar para começar a pôr o paciente, já em parte sedado, para dormir. Não é fácil. O maxilar do sujeito está numa condição tão deplorável que o residente precisa entubá-lo pelo nariz, não pela boca, o que se revela um grande incômodo. Tremper, que tem dedos longos como um pianista, se aproxima e guia o tubo pela cavidade nasal e pela garganta do paciente. Em pouco tempo o homem apaga, seus sinais se revelam estáveis e a cirurgia pode começar.

Então a equipe médica recua da mesa de operações mais uma vez.

Cada membro revisa os passos no cartão "Intervalo Pré-Incisão" para ter certeza de que estão todos preparados. Eles recuperam a concentração individual e coletiva. E só então se afastam da mesa de operações e o cirurgião começa seu trabalho no maxilar.

Verificação Pré-Indução

CONDUZIDA POR ANESTESIA (Cirurgião, Residente ou Anestesista)
1. Introduções
2. Identificadores do paciente/Procedimento/
   Consentimentos cirúrgico, sanguíneo e de pesquisa
   especial
3. Lado e local marcados
4. Diagnóstico e resultado de exame radiológico exibidos
5. Revisão de alergia

Continua →

Intervalo Pré-Incisão

1. Introduções (conduzidas pelo cirurgião-chefe)
2. Identidade do paciente/Procedimento/
   Consentimento
3. Lado, local, lateralidade, nível da espinha
4. Alergias
5. Antibiótico(s) correto(s) ministrado(s)
6. Plano de medicação especial discutido

rev. 01/2016   VER OUTRO LADO

Chamo intervalos como esse de "pausa para vigilância" — breves intervalos antes de situações de alto risco para revisar instruções e se precaver contra erros. Pausas para vigilância ajudaram o Centro Médico da Universidade de Michigan a não virar o Hospital da Desgraça durante a baixa da tarde. Tremper diz que desde que ele implementou essas pausas a qualidade dos cuidados aumentou, as complicações diminuíram, e tanto médicos como pacientes estão mais tranquilos.

As tardes são os Triângulos das Bermudas atuais. Em muitas áreas, a baixa representa uma zona de perigo para a produtividade, a ética e a saúde. A anestesia é um exemplo. Pesquisadores do Duke Medical Center revisaram cerca de 90 mil cirurgias no hospital e identificaram o que chamaram de "eventos anestésicos adversos" — erros cometidos pelos anestesistas ou os males que causaram aos pacientes, ou ambas as coisas. A baixa foi particularmente traiçoeira. Eventos adversos foram bem "mais frequentes para casos começando durante as três e as quatro horas da tarde". A probabilidade de um problema às nove da manhã era de cerca de 1%. Às quatro da tarde, de 4,2%. Em outras palavras, a chance de que algo desse errado enquanto alguém estava ministrando medicações para deixar a pessoa inconsciente foi quatro vezes maior durante a baixa do que durante o pico. De um mal sério (não um simples deslize apenas, mas algo que também agrave o quadro do paciente), a probabilidade às oito da manhã era de 0,3% — três décimos de 1%. Mas às três da tarde a probabilidade era de 1% — um em cada cem casos, ou seja, o triplo. As quedas circadianas vespertinas, concluíram os pesquisadores, enfraquecem a vigilância médica e "afetam o desempenho humano em tarefas complexas como as exigidas de um anestesista".[1]

Agora considere colonoscopias. Cheguei a uma idade em que a prudência pede que me submeta ao procedimento para detectar a presença ou possibilidade de câncer de cólon. Mas, depois de ler a pesquisa, jamais aceitaria um horário que não fosse antes do meio-dia. Por exemplo, um estudo citado com frequência de mais de mil colonoscopias revelou que os técnicos têm menos probabilidade de detectar pólipos — pequenos crescimentos no cólon — à medida que o dia avança. A cada hora passada houve uma redução de quase 5% na detecção de pólipos. Algumas diferenças de manhã versus tarde específicas ficaram evidentes. Por exemplo, às onze da manhã, os médicos descobriram uma média de mais de 1,1% de pólipos em cada exame. Às duas da tarde, porém, mal detectavam a metade dessa quantidade, ainda que não houvesse diferenças entre os pacientes da tarde e da manhã.[2]

Olhe para esses números e me diga quando *você* marcaria uma colonoscopia.[3] Além do mais, outra pesquisa mostrou uma probabilidade significativamente menor de que os médicos cheguem até a completar a colonoscopia quando a realizam à tarde.[4]

O atendimento médico básico também sofre quando seus praticantes entram no ciclo do Triângulo das Bermudas. Os médicos, por exemplo, apresentam tendência bem maior a prescrever antibióticos à tarde do que de manhã, inclusive quando desnecessários, para infecções respiratórias agudas.[5] À medida que o efeito cumulativo de lidar com paciente após paciente danifica a determinação dos médicos de tomar decisões, é bem mais fácil apenas passar a receita do que diagnosticar se os sintomas do paciente sugerem uma infecção bacteriana, para a qual antibióticos podem ser adequados, ou um vírus, contra o qual não exercem efeito algum.

Esperamos que a consulta com profissionais experientes como médicos esteja vinculada a *quem* é o paciente e *qual* é o problema. Mas muitos resultados dependem ainda mais fortemente de *quando* ela ocorre.

O que está acontecendo é um declínio da vigilância. Em 2015, Hengchen Dai, Katherine Milkman, David Hoffman e Bradley Staats conduziram um abrangente estudo sobre o procedimento de lavar as mãos em mais de trinta hospitais americanos. Ao usarem dados de dispensadores de sabonete líquido equipados com identificação por frequência de rádio (RFID, na sigla em inglês) para se comunicar com chips RFID nos crachás dos profissionais de saúde, os pesquisadores puderam monitorar quem lavava as mãos. No total, monitoraram mais de 4 mil pessoas (sendo dois terços de enfermagem), que no decorrer da pesquisa tiveram quase 14 milhões de "oportunidades para higienização das mãos". Os resultados foram alarmantes. Em média, os profissionais de saúde lavaram as mãos menos da metade das vezes em que tinham oportunidade e obrigação de fazê-lo. Pior ainda, os profissionais de saúde, a maioria dos quais iniciava seu turno pela manhã, mostraram tendência ainda *menor* de lavar as mãos à tarde. Esse declínio da relativa diligência pela manhã para a relativa negligência à tarde chegou a 38%. Ou seja, para cada dez vezes que lavavam as mãos de manhã, faziam o mesmo apenas seis vezes à tarde.[6]

As consequências são graves. "A redução na incidência em submeter-se à higienização das mãos que detectamos durante um turno de trabalho típico contribuiria para cerca de 7500 infecções desnecessárias por ano a um custo anual de aproximadamente 150 milhões de dólares em 34 hospitais incluídos nesse estudo", escreveram os autores. Distribua essa proporção pela quantidade anual de internações hospitalares nos Estados Unidos e o custo da baixa é gigantesco: 600 mil infecções desnecessárias, 12,5 bilhões de dólares em custos adicionais e mais de 35 mil óbitos desnecessários.[7]

As tardes também podem ser fatais fora das paredes brancas de um hospital. No Reino Unido, acidentes de trânsito por alta velocidade atingem o pico duas vezes a cada 24 horas. A primeira vez é entre as duas e as seis da manhã, no meio da noite. A segunda é entre duas e quatro da tarde, no meio da tarde. Os pesquisadores observaram o mesmo padrão de acidentes de trânsito nos Estados Unidos, em Israel, na Finlândia, na França e em outros países.[8]

Um levantamento britânico foi ainda mais preciso quando revelou que o trabalhador típico atinge o momento menos produtivo do dia às 14h55.[9] Quando entramos nesse momento do dia, com frequência ficamos desorientados. No capítulo 1, discuti brevemente o "efeito de moralidade matinal", que revelou que as pessoas tinham mais probabilidade de ser desonestas à tarde porque a maioria de nós somos "mais capazes de resistir a oportunidades de mentir, enganar, roubar e outros comportamentos antiéticos pela manhã do que à tarde".[10] Esse fenômeno dependia em parte do cronótipo, com corujas exibindo um padrão diferente de cotovias ou terceiros pássaros. Mas nesse estudo, tipos noturnos se revelaram mais éticos entre a meia-noite e 1h30, não durante a tarde. Seja qual for nosso cronótipo, a tarde pode prejudicar nosso juízo profissional e ético.

A boa notícia é que pausas para vigilância podem afrouxar a influência da baixa em nosso comportamento. Como demonstram os médicos da Universidade de Michigan, inserir pausas para vigilância obrigatórias com regularidade nas tarefas nos ajuda a recuperar o foco necessário para prosseguir com um trabalho difícil que deve ser feito à tarde. Imagine se o capitão Turner, que não dormira na noite anterior a suas fatídicas decisões, tivesse feito uma breve pausa para vigilância com outros membros da tripulação a fim de rever a velocidade necessária para o *Lusitania* e calcular melhor a posição do navio de modo a evitar os submarinos alemães.

Essa intervenção simples é respaldada por uma evidência encorajadora. Por exemplo, o maior sistema de saúde nos Estados Unidos é o Veterans Health Administration [Gestão da Saúde dos Veteranos], que dirige cerca de 170 hospitais por todo o país. Em resposta à persistência dos erros médicos (muitos deles ocorridos à tarde), uma equipe de médicos no Veterans Health implementou um sistema de treinamento abrangente nos hospitais (usado como modelo por Michigan) que foi pensado com base no conceito de pausas mais intencionais e mais frequentes, e delineou tais ferramentas como "cartões plastificados com listas de verificação, quadros brancos, formulários em papel e cartazes nas paredes". Um ano depois do início do treinamento, a taxa de mortalidade em cirurgias (com que frequência pacientes morriam durante ou pouco depois da cirurgia) caiu 18%.[11]

Mesmo assim, o trabalho da maioria das pessoas não envolve sedar ou cortar alguém — nem nenhuma outra responsabilidade de vida ou morte, como pilotar um jato de 27 toneladas ou liderar soldados em batalha. Para nós, outro tipo de pausa oferece uma forma simples de lidar com os perigos da baixa. Vamos chamá-las de "pausas revigorantes". Para compreendê-las, deixemos o Meio--Oeste americano e passemos à Escandinávia e ao Oriente Médio.

DA ESCOLA AO TRIBUNAL: O PODER DAS PAUSAS REVIGORANTES

No capítulo 1, ficamos sabendo de alguns resultados curiosos nas provas aplicadas na Dinamarca. Alunos dinamarqueses que fazem prova à tarde tiram notas significativamente inferiores às daqueles que fazem prova mais cedo no dia. Para um diretor de escola ou orientador educacional, a resposta parece óbvia. Custe o que custar, transfira as provas para o período da manhã. Entre-tanto, os pesquisadores também descobriram outra solução, com aplicações para além de escolas e provas, que é muito fácil de explicar e implementar.

Quando os alunos dinamarqueses tiveram um intervalo de vinte a trinta minutos para "comer, brincar, conversar" antes de uma prova, suas notas não caíram. Na verdade, *aumentaram*. Como observaram os pesquisadores, "a pausa provoca uma melhora que é maior do que a deterioração hora a hora".[12] Ou seja, as notas caem após o meio-dia, mas sobem numa proporção mais elevada após as pausas.

Fazer uma prova à tarde sem intervalo produz notas que são equivalentes a passar menos tempo na escola todo ano e a ter pais com renda menor e menos instrução. Mas fazer a mesma prova após um intervalo de vinte a trinta minutos leva a notas que equivalem aos alunos passarem três semanas *extras* na sala de aula e de algum modo ter pais *mais ricos e com mais instrução*. E os benefícios foram maiores entre os alunos de pior desempenho.

Infelizmente, as escolas dinamarquesas, como muitas no mundo, só oferecem dois intervalos por dia. Para piorar, diversos sistemas escolares estão diminuindo recessos e outros intervalos de descanso em nome do rigor e — prepare-se para a ironia — notas mais elevadas. Mas como Francesca Gino, de Harvard, uma das autoras do estudo, explica, "se houvesse uma pausa de hora em hora, as notas nas provas na verdade melhorariam ao longo do dia".[13]

Muitos alunos mais novos têm desempenho abaixo do ideal durante a baixa, o que cria o risco tanto de fornecer aos professores uma percepção imprecisa do seu progresso como motivar a diretoria a atribuir a *que* e *como* os alunos estão aprendendo algo que na realidade é uma questão de *quando* estão realizando a prova. "Acreditamos que esses resultados têm duas implicações importantes em termos de políticas educacionais", dizem os pesquisadores que estudaram a experiência dinamarquesa. "Primeiro, a fadiga cognitiva deve ser levada em conta ao decidir sobre a extensão do dia letivo e a frequência e duração dos intervalos. Nossos resultados mostram que dias letivos podem ser justificados se incluírem um número apropriado de intervalos. Segundo, os sistemas de prestação de contas das escolas devem controlar a influência de fatores externos nas notas de provas [...] uma abordagem mais certeira seria planejar as provas o mais próximo dos intervalos possível."[14]

Talvez faça sentido que uma caixinha de suco de laranja e alguns minutos para brincar de pega-pega operem maravilhas entre crianças de oito anos enquanto resolvem problemas de aritmética. Mas intervalos revigorantes têm capacidade similar para adultos com responsabilidades mais sérias.

Em Israel, duas juntas de magistrados processam cerca de 40% dos pedidos de condicional do país. Sob sua direção estão juízes individuais cujo trabalho é ouvir o caso dos prisioneiros um a um e decidir acerca do destino deles. Determinada prisioneira deveria ser liberada porque cumpriu tempo suficiente de sua pena e mostrou sinais suficientes de reabilitação? Aquele outro, que já obteve a condicional, deve agora ter permissão de andar por aí sem a tornozeleira eletrônica?

Juízes aspiram a ser racionais, ponderados e sábios, a distribuir justiça com base nos fatos e na lei. Mas juízes também são seres humanos sujeitos aos mesmos ritmos diários do restante de nós. Suas togas escuras não os protegem da baixa. Em 2011, três cientistas sociais (dois israelenses e um americano) usaram dados dessas duas juntas para examinar como as decisões judiciais eram tomadas. Eles descobriram que, em geral, os juízes tinham mais probabilidade de emitir parecer favorável — concedendo a condicional ao prisioneiro ou permitindo a remoção da tornozeleira eletrônica — de manhã do que à tarde. (O estudo foi controlado por tipo de prisioneiro, gravidade do delito e outros fatores.) Mas o padrão de tomada de decisão foi mais complicado e mais intrigante do que uma simples divisão manhã/tarde.

O gráfico a seguir mostra o que aconteceu. No começo do dia, os juízes emitiram parecer favorável aos prisioneiros cerca de 65% das vezes. Mas à medida que a manhã passava, essa proporção diminuía. E no fim da manhã, seus pareceres favoráveis caíram a quase zero. Assim, um prisioneiro programado para uma audiência às nove da manhã tinha probabilidade de conseguir condicional, enquanto outro para as 11h45 não tinha quase chance alguma — quaisquer que fossem os fatos do caso. Visto de outra forma, uma vez que a decisão default em juntas em geral é não conceder a condicional, os juízes desviaram do statu quo durante algumas horas e o reforçaram durante outras.

Mas veja o que acontece depois de os juízes fazerem uma pausa. Logo em seguida a esse primeiro intervalo para almoço, eles se tornam mais magnânimos — mais dispostos a se desviar do default —, para então descer a uma atitude mais linha-dura depois de algumas horas. Mas, como aconteceu com os alunos dinamarqueses, observe o que ocorre quando esses juízes desfrutam de um segundo intervalo — uma pausa revigorante no meio da tarde para tomar um suco ou brincar no parquinho judiciário. Eles voltam à mesma proporção de decisões favoráveis que exibiram logo pela manhã.

Pense nas consequências: se acontecer você aparecer perante uma junta de condicional pouco antes de um intervalo, e não logo depois, é provável que vá passar mais alguns anos encarcerado — não por causa dos fatos do caso, mas por causa do horário do dia. Os pesquisadores afirmam que não conseguem identificar com precisão o que motiva esse fenômeno. Poderia ser que a alimentação tenha restaurado os níveis de glicose dos juízes e recarregado suas baterias mentais. Ou então que passar algum tempo fora da sala do tribunal tenha melhorado seu estado de espírito. Ou que os juízes estavam cansados e o repouso reduziu sua fadiga. (Outro estudo feito com os tribunais federais norte-americanos mostrou que nas segundas-feiras posteriores ao ajuste do horário de verão, quando as pessoas perdem em média cerca de quarenta minutos de sono, os juízes determinaram sentenças de prisão que eram cerca de 5% mais longas que as de uma segunda-feira típica.[15])

Seja qual for a explicação, um fator que deveria ter sido alheio à tomada de decisão judicial e irrelevante para a justiça — se e quando um juiz faz uma pausa — foi crucial em determinar se alguém ficaria livre ou continuaria atrás das grades. E o fenômeno mais amplo — de que pausas podem muitas vezes mitigar a baixa — provavelmente se aplica "em outras importantes decisões ou juízos emitidos em sequência, como decisões legislativas [...] decisões financeiras e decisões de admissão em universidades".[16]

Assim, se a baixa é o veneno e as pausas revigorantes são o antídoto, como devem ser essas pausas? Não existe uma única resposta, mas a ciência oferece cinco princípios orientadores.

1. Pouco é melhor que nada.

Um problema com as tardes é que, se nos atemos por tempo demasiado a uma tarefa, perdemos de vista a meta que estamos tentando atingir, processo conhecido como "habituação". Intervalos breves de uma tarefa podem prevenir a habituação, ajudar-nos a manter o foco e reativar nosso comprometimento com uma meta.[17] E pausas breves frequentes são mais eficazes do que pausas ocasionais.[18] A DeskTime, uma empresa que fabrica software para monitorar produtividade, afirma que "o que os 10% mais produtivos de nossos usuários têm em comum é sua capacidade de fazer pausas eficazes". Especificamente, após analisar os próprios dados, a DeskTime alega ter descoberto uma proporção ideal de trabalho e repouso. Empregados com alto desempenho, conclui sua pesquisa, trabalham por 52 minutos e depois fazem um intervalo de dezessete minutos. A DeskTime nunca publicou os dados em um periódico revisado por pares; assim, a sua contagem pode variar. Mas a evidência de que pausas breves são eficazes — e de que proporcionam ótimos resultados a um baixo custo — é esmagadora. Mesmo "micropausas" podem ser importantes.[19]

2. Movimento é melhor que imobilidade.

Sedentarismo, dizem, é o novo tabagismo — um risco claro e presente para nossa saúde. Mas isso também nos deixa mais suscetíveis aos riscos da baixa, e é por isso que simplesmente levantar-se da cadeira e caminhar por cinco minutos de hora em hora durante o dia de trabalho pode ser eficaz. Um estudo revelou que pausas para caminhar por cinco minutos de hora em hora incrementavam os níveis de energia, fortaleciam a concentração, "melhoravam o humor por todo o dia e reduziam a sensação de cansaço no fim da tarde". Além disso, essas "microirrupções de atividade", como os pesquisadores as chamam, foram mais eficazes do que uma pausa isolada para caminhar de trinta minutos — tanto é verdade que os pesquisadores sugerem que as organizações "introduzam pausas fisicamente ativas durante a rotina de trabalho diário".[20] Pausas breves e regulares para caminhar no trabalho também aumentam a motivação, a concentração e melhoram a criatividade.[21]

3. Acompanhado é melhor que sozinho.

O tempo sozinho pode servir para recarregar as baterias, sobretudo entre os introvertidos. Mas grande parte da pesquisa sobre pausas revigorantes aponta para o maior benefício de estar na companhia de outras pessoas, em particular quando estamos livres para escolher com quem queremos passar o tempo. Em ocupações com alto grau de estresse, como enfermagem, pausas revigorantes sociais e coletivas não só minimizam o esforço físico e previnem erros médicos, como também reduzem a rotatividade; enfermeiros(as) que fazem esse tipo de pausa têm mais probabilidade de permanecer no emprego.[22] De modo similar, uma pesquisa na Coreia do Sul revela que pausas de socialização no local de trabalho — para os empregados baterem papo — são mais eficazes em reduzir o estresse e melhorar o humor que pausas cognitivas (responder e-mails) ou pausas para se alimentar (beliscar algo ou fazer um lanche).[23]

4. Ao ar livre é melhor que dentro.

Pausas para curtir a natureza podem ser as mais revigorantes.[24] Estar próximo de árvores e vegetação, de rios e riachos, é uma potente recarga de baterias para o espírito, a cujo poder a maioria de nós não dá o devido valor.[25] Por exemplo, pessoas que saem para breves caminhadas ao ar livre voltam mais bem-humoradas e com baterias mais recarregadas do que aquelas que fazem caminhadas em ambientes fechados. Além do mais, embora as pessoas percebam que seriam mais felizes em contato com a natureza, elas subestimam o *quanto* mais felizes seriam.[26] Tirar alguns minutos para estar ao ar livre é melhor que passar esse mesmo período fechado em um prédio. Observar o verde do outro lado de uma janela é uma micropausa melhor que ficar olhando para a parede de seu cubículo. Até mesmo fazer uma pausa para ficar perto das plantas dentro de um ambiente é melhor que não ter contato algum com a natureza.

5. Distanciamento completo é melhor do que parcial.

Hoje é um fato aceito que 99% das pessoas não funcionam no modo multitarefa. Entretanto, quando fazemos uma pausa, muitas vezes tentamos combiná-la com outra atividade cognitivamente exigente — como verificar e-mails, trocar mensagens no WhatsApp ou conversar com um colega sobre questões de trabalho. Isso é um erro. No mesmo estudo sul-coreano mencionado antes, as pausas para relaxar (alongando o corpo ou apenas devaneando) aliviaram o estresse e melhoraram o humor de uma forma que pausas multitarefa não conseguiram.[27] Pausas livres de dispositivos tecnológicos, além disso, "aumentam o vigor e reduzem o esgotamento emocional".[28] Ou, nas palavras de outros pesquisadores: "distanciamento psicológico do trabalho, além do distanciamento físico, é crucial, na medida em que seguir pensando nas exigências do trabalho durante as pausas pode resultar em estresse".[29]

Assim, se você está à procura do ideal platônico de pausa revigorante, a combinação perfeita de cachecol, chapéu e luvas para se proteger do vento frio da tarde, considere uma breve caminhada ao ar livre com um amigo durante a qual possam conversar sobre qualquer coisa, exceto trabalho.

Pausas para vigilância e pausas revigorantes nos oferecem uma chance de recarregar as baterias, seja qual for o trabalho, desde realizar uma cirurgia a revisar anúncios publicitários. Mas dois outros tipos de intervalo também devem ser levados em consideração. Ambos foram outrora parte integrante da vida profissional e pessoal, tendo sido descartados apenas mais recentemente como algo bobo, frívolo e contrário à ética moderna de permanecer debruçado sobre o computador, limpando a caixa de e-mails. Agora os dois estão prestes a voltar à moda.

A REFEIÇÃO MAIS IMPORTANTE DO DIA

Hoje, depois que acordou, em algum momento antes de começar o dia — escrevendo relatórios, fazendo entregas ou cuidando dos filhos —, você provavelmente tomou café da manhã. Talvez não tenha feito um desjejum completo como deveria, mas aposto que quebrou o jejum noturno com alguma coisa — uma torrada ou um iogurte, talvez um pouco de café ou chá. O café da manhã fortalece o corpo e dá energia para o cérebro. É também uma proteção para o metabolismo; o café da manhã impede que nos empanturremos pelo resto do dia, ajuda a manter o peso ideal e o colesterol equilibrado. Essas verdades são tão inegáveis e seus benefícios são tão evidentes que o princípio se tornou um dogma da nutrição. Repita comigo: o café da manhã é a refeição mais importante do dia.

Como entusiasta dessa primeira refeição diária, apoio esse princípio. Mas como alguém pago para esquadrinhar periódicos científicos, estou cada vez mais cético. A maior parte da pesquisa que enaltece as vantagens do desjejum e condena quem negligencia essa refeição são estudos observacionais, e não experimentos aleatórios e controlados. Os pesquisadores acompanham as pessoas, observando o que fazem, mas não comparam seus resultados com um grupo de controle.[30] Isso significa que seus resultados mostram correlação (as pessoas que tomam café da manhã podem muito bem ser saudáveis), mas não necessariamente causação (talvez pessoas que já são saudáveis tenham maior tendência a tomar café da manhã). Quando os estudiosos aplicaram métodos científicos mais rigorosos, os benefícios do café da manhã foram muito mais difíceis de ser detectados.

"A recomendação de comer ou pular o café da manhã [...] ao contrário de opiniões amplamente aceitas [...] não teve nenhum efeito discernível na perda de peso", afirma um.[31] "A crença (no café da manhã) [...] excede a força da evidência científica", diz outro.[32] Considere ainda o fato de que diversos estudos mostrando as virtudes do café da manhã foram financiados pela indústria e o ceticismo aumenta.

Todo mundo deveria tomar café da manhã? A opinião convencional é um duvidoso e saboroso sim. Mas como um importante nutricionista e estatístico britânico diz, "o atual estado da evidência científica significa que, infelizmente, a resposta é: não sei".[33]

Assim, faça seu desjejum, se quiser. Ou pule, se preferir. Mas se está preocupado com os perigos da tarde, comece a levar mais a sério a refeição tão difamada e negligenciada que chamamos de almoço. ("Almoço é para os fracos", afirma Gordon Gekko, famoso supervilão cinematográfico da década de 1980.) Segundo uma estimativa, 62% dos funcionários de escritório nos Estados Unidos almoçam no mesmo lugar onde trabalham o dia todo. A triste cena — celular numa mão, o sanduíche minguado na outra, uma atmosfera de desespero pairando no cubículo — até ganhou um nome: *sad desk lunch* [almoço deprimente na mesa]. E esse nome fez surgir um pequeno movimento on-line em que as pessoas postam fotos de suas patéticas refeições do meio-dia.[34] Mas chegou a hora de dar mais atenção ao almoço, porque os cientistas sociais estão descobrindo que ele é bem mais importante do que imaginávamos.

Por exemplo, um estudo de 2016 observou mais de oitocentos trabalhadores (a maior parte de tecnologia da informação, ensino e mídia) em onze organizações diferentes, alguns dos quais fizeram pausas regulares para o almoço longe de suas mesas, enquanto outros, não. Os trabalhadores que almoçaram adequadamente mostraram-se mais capazes de lidar com o estresse no local de trabalho e manifestaram menos exaustão e mais vigor não só durante o resto do dia como também um ano depois.

"Pausas para o almoço", dizem os pesquisadores, "oferecem um importante cenário de recuperação para promover a saúde e o bem-estar ocupacionais" — em particular para "pessoas em empregos cognitiva e emocionalmente exigentes".[35] Para grupos que necessitam de altos níveis de cooperação — digamos, bombeiros — comer junto também melhora o desempenho da equipe.[36]

Mas não é qualquer almoço que dá conta do recado. As pausas para almoço mais poderosas têm dois ingredientes-chave — autonomia e distanciamento. Autonomia — exercer certo controle sobre o que você faz, como faz, quando faz e com quem faz — é crucial para a alta performance, em especial em tarefas complexas. "Em que medida os empregados podem determinar como utilizam suas pausas para almoço pode ser tão importante quanto o que os empregados fazem durante o almoço", diz um grupo de pesquisadores.[37]

O distanciamento — psicológico e físico — também é fundamental. Permanecer concentrado no trabalho durante o almoço, ou mesmo usando o celular para mídias sociais, pode intensificar a fadiga, segundo inúmeros estudos, mas mudar o foco para longe do escritório tem o efeito oposto. Pausas para o almoço mais longas e longe do escritório podem ser preventivas contra o perigo da tarde. Alguns desses pesquisadores sugerem que "as organizações poderiam promover recuperação no horário de almoço fornecendo opções para usufruir as pausas para o almoço de maneira que possibilitem o distanciamento, como passar um período em um ambiente sem relação com o trabalho ou oferecer espaço para atividades relaxantes".[38] Muito lentamente, as organizações estão dando a resposta. Por exemplo, em Toronto, a CBRE, uma grande imobiliária, proibiu os empregados de almoçar na mesa, na esperança de que eles façam uma pausa adequada para o almoço.[39]

Dada essa evidência, bem como os riscos da baixa, está ficando ainda mais claro que devemos repetir um conselho já batido. Todos comigo: o almoço é a refeição mais importante do dia.

DORMINDO NO TRABALHO

Odeio cochilar. Pode ser que eu gostasse de cochilar quando era criança. Mas a partir dos cinco anos, passei a considerar isso o equivalente comportamental da caneca com canudinho — bom para bebês, patético para os crescidinhos. Não que nunca tenha tirado um cochilo depois de adulto. Já cochilei — às vezes de propósito, na maioria das vezes sem querer. Mas quando acordava dessas sonecas, em geral me sentia zonzo, trêmulo e confuso — envolto numa bruma de atordoamento e mergulhado numa névoa ainda maior de vergonha. Para mim, cochilos são menos um elemento de cuidado consigo mesmo do que uma fonte de autodesprezo. São um sinal de fracasso pessoal e fraqueza moral.

Mas recentemente mudei de ideia. E, por consequência, mudei de hábito. Feitos do jeito certo, cochilos podem ser uma reação inteligente contra a baixa, além de uma pausa valiosa. Os cochilos, como as pesquisas mostram, propiciam dois benefícios importantes: melhoram o desempenho cognitivo e incrementam a saúde mental e física.

De muitas maneiras, eles são para nosso cérebro como máquinas de nivelar o gelo em um rinque de patinação. Os cochilos aparam os cortes, riscos e arranhados que um dia típico deixa em nosso gelo mental. Um conhecido estudo da Nasa, por exemplo, revelou que pilotos que cochilavam por mais de quarenta minutos apresentavam depois melhora de 34% no tempo de reação e o dobro do alerta.[40] O mesmo benefício é obtido entre controladores de tráfego aéreo: após um breve cochilo, a vigilância deles é aguçada e seu desempenho melhora.[41] Policiais italianos que tiraram cochilos logo antes de seus turnos da tarde e da noite sofreram 48% menos acidentes de trânsito que os demais.[42]

Porém, acordar de um cochilo traz benefícios que se estendem além da vigilância. Um cochilo à tarde expande a capacidade de aprender do cérebro, segundo a Universidade da Califórnia em Berkeley. Praticantes de cochilo superam com facilidade o desempenho de não praticantes em sua capacidade de reter informação.[43] Em outro experimento, eles mostraram ter duas vezes mais chances de resolver um problema matemático que pessoas que não haviam cochilado ou que passaram o tempo em outras atividades.[44] Cochilar impulsiona a memória de curto prazo, assim como a memória associativa, o tipo de memória que nos permite associar um rosto a um nome.[45] Os benefícios globais de cochilar para nossa capacidade cerebral são imensos, especialmente à medida que envelhecemos.[46] Como um panorama acadêmico sobre os estudos relacionados ao cochilo explica, "mesmo entre indivíduos que em geral obtêm o sono de que necessitam à noite, o cochilo pode levar a benefícios consideráveis no que diz respeito ao humor, ao alerta e ao desempenho cognitivo. [...] [Ele] é particularmente benéfico para desempenhar tarefas como soma, raciocínio lógico, tempo de reação e reconhecimento de símbolos".[47] Cochilar aumenta até o "fluxo", essa poderosa fonte poderosa de envolvimento e criatividade.[48]

Cochilos também melhoram nossa saúde geral. Um extenso estudo feito na Grécia, que acompanhou mais de 23 mil pessoas ao longo de seis anos, revelou que, fazendo um controle para outros fatores de risco, pessoas que cochilavam tinham probabilidade 37% menor de morrer de doenças cardíacas, "um efeito com a mesma ordem de magnitude de tomar uma aspirina ou se exercitar diariamente".[49] Cochilar fortalece nosso sistema imune.[50] E um estudo britânico descobriu que a simples expectativa de um cochilo pode reduzir a pressão arterial.[51]

Contudo, mesmo depois de absorver essa evidência, continuei cético quanto ao tema. Um motivo para eu detestar tanto os cochilos é que sempre acordei me sentindo como se alguém tivesse injetado aveia na minha corrente sanguínea e substituído meu cérebro por trapos de pano sujos de óleo. Então descobri algo crucial: eu estava fazendo do jeito errado.

Embora cochilos de trinta a noventa minutos possam gerar alguns benefícios de longo prazo, eles vêm a um custo exorbitante. Um cochilo ideal — combinando efetividade e eficiência — é bem mais curto, em geral entre dez e vinte minutos. Por exemplo, um estudo australiano publicado no periódico *Sleep* descobriu que cochilos de cinco minutos pouco contribuíam para reduzir a fadiga, aumentar o vigor ou aguçar o raciocínio. Mas cochilos de dez minutos mostraram efeitos positivos que duraram cerca de três horas. Cochilos um pouco mais longos também foram eficazes. Mas assim que o cochilo ultrapassava a marca de vinte minutos, nosso corpo e cérebro começavam a pagar um preço.[52] Esse preço é conhecido como "inércia do sono" — a sensação confusa e letárgica que costuma nos invadir quando acordarmos. Ter de recuperar-se da inércia do sono — todo o tempo passado jogando água no rosto, sacudindo o corpo como um golden retriever molhado e vasculhando as gavetas em busca de algo doce para pôr um pouco de açúcar no organismo — anulam os benefícios do cochilo, como o gráfico deixa claro:

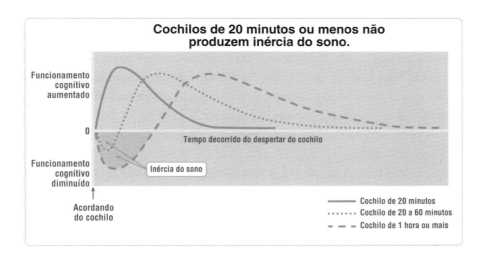

Com cochilos breves de dez a vinte minutos, o efeito no funcionamento cognitivo é positivo a partir do momento que despertamos. Mas com sonecas ligeiramente mais demoradas, a pessoa começa a sentir efeitos negativos — essa é a inércia do sono — e precisa sair desse estado. E com cochilos de mais de uma hora, o funcionamento cognitivo cai por ainda mais tempo, antes de atingir um estado pré-cochilo e terminar se revelando positivo.[53] Em geral, a conclusão de uma análise de cerca de vinte anos de pesquisa do cochilo é a de que adultos saudáveis "devem idealmente cochilar por entre dez e vinte minutos". Esses cochilos breves "são ideais para locais de trabalho onde o desempenho logo ao acordar costuma ser exigido".[54]

Mas descobri também que estava cometendo outro equívoco. Eu não só estava cochilando do jeito errado, como também estava deixando de usar uma droga (legal) potente que pode acentuar os benefícios de um breve cochilo. Parafraseando T.S. Eliot, deveríamos medir nossos cochilos em colherinhas de café.

Um estudo demonstra isso. Os experimentadores dividiram os participantes em três grupos e lhes deram uma pausa de meia hora no meio da tarde antes de os encaminharem para um simulador de direção. Um grupo recebeu um comprimido de placebo. O segundo recebeu duzentos miligramas de cafeína. O terceiro, esses mesmos duzentos miligramas de cafeína e depois tirou um breve cochilo. Quando chegou a hora do teste, o grupo com cafeína levou a melhor sobre o grupo do placebo. Mas o grupo que ingeriu cafeína e em seguida tirou uma soneca superou com facilidade os outros dois.[55] Como a cafeína leva cerca de 25 minutos para chegar à corrente sanguínea, eles receberam um estímulo secundário da substância no momento em que seu cochilo estava terminando. Outros pesquisadores obtiveram os mesmos resultados — de que cafeína, em geral na forma de café, seguida de um cochilo de dez a vinte minutos, é a técnica ideal para prevenir a sonolência e melhorar o desempenho.[56]

Quanto a mim, depois de alguns meses experimentando cochilos de vinte minutos à tarde, considero-me convertido. Fui de detrator a adepto do cochilo, de alguém com vergonha de cochilar a apreciador da combinação café-depois--cochilo conhecida como "*nappuccino*" [de *nap*, "cochilo", e cappuccino].*

POR UMA SESTA MODERNA

Há uma década, o governo espanhol tomou uma medida que foi considerada muito antiespanhola: cancelou oficialmente a sesta. Por séculos, os espanhóis usufruíram do descanso vespertino, em geral voltando para casa e fazendo uma refeição com a família e aproveitando depois para tirar uma breve soneca. Mas a Espanha, com sua economia em desaceleração, ficou determinada a acertar as contas com a realidade do século XXI. Com pais e mães no mercado de trabalho, e a globalização acirrando a competição no mundo todo, essa tradição encantadora estava sufocando a prosperidade espanhola.[57] Os americanos aplaudiram a ideia. A Espanha estava finalmente levando o trabalho com seriedade e rigor, como é o correto. A velha Europa enfim começava a se modernizar.

Mas e se esse hábito agora eliminado na verdade fosse uma jogada de gênio, menos uma relíquia indulgente do que uma inovação para impulsionar a produtividade?

Neste capítulo, vimos a importância dos intervalos — os quais, por mais breves que sejam, podem fazer grande diferença. Pausas para vigilância previnem

---

* Ver o "Manual do programador do tempo" neste capítulo para instruções sobre o *nappucino* e como tirar um cochilo perfeito.

erros fatais. Pausas revigorantes melhoram o desempenho. Almoços e sonecas nos ajudam a evadir a baixa e resultam em maior qualidade e quantidade de trabalho realizado à tarde. Um crescente corpus científico deixa isso evidente. Pausas não são sinal de preguiça, mas de força.

Assim, em vez de comemorar o fim da sesta, talvez devêssemos considerar ressuscitá-la — embora de uma forma mais apropriada à vida do trabalhador contemporâneo. A palavra "sesta" deriva do latim *hora sexta*. Era durante a sexta hora após o alvorecer que essas pausas normalmente começavam. Em tempos antigos, quando a maioria das pessoas trabalhava ao ar livre e o ar--condicionado ainda demoraria séculos para ser inventado, fugir do sol do meio-dia era um imperativo físico. Hoje, fugir da baixa do meio da tarde é um imperativo psicológico.

De igual modo, o Corão, que mil anos atrás já tinha identificado os estágios do sono condizentes com a ciência moderna, também recomenda uma pausa ao meio-dia. É uma "prática profundamente incorporada à cultura muçulmana e assume uma dimensão religiosa (*Sunnah*) entre alguns muçulmanos", afirma um estudioso.[58]

Talvez os intervalos possam se tornar uma prática profundamente enraizada nas organizações se concebidos como uma dimensão científica e secular.

Uma sesta moderna não significa que todo mundo deveria ter duas ou três horas de descanso em pleno dia. Isso não é realista. Mas significa tratar as pausas como um componente essencial da arquitetura de uma organização — compreender as pausas não como uma concessão sentimental, mas como uma solução pragmática. Significa desencorajar *sad desk lunches* e encorajar as pessoas a ficar ao ar livre por 45 minutos. Significa proteger e aumentar o recreio das crianças, em vez de eliminá-lo. Pode até significar seguir o exemplo das empresas Ben & Jerry's, Zappos, Uber e Nike, que criaram salas de cochilo para seus empregados no local de trabalho. (Infelizmente é provável que isso não signifique uma pausa semanal de uma hora para que os empregados voltem para casa e façam sexo, como propôs uma cidade sueca.[59])

Mais do que tudo, significa mudar a maneira como pensamos sobre o que fazer e como fazer de forma mais eficiente. Até cerca de dez anos atrás, admirávamos pessoas capazes de sobreviver com apenas quatro horas de sono e aquelas valentes que varavam a noite trabalhando. Eram verdadeiros heróis, gente cuja devoção e comprometimento ferozes evidenciavam nossa indolência e fragilidade. Então, quando a ciência do sono virou moda, começamos a mudar de atitude. Aquele sujeito que nunca dormia deixou de ser um herói. Ele era um tolo. Provavelmente estava fazendo trabalho de qualidade inferior e prejudicando os outros graças a suas escolhas ruins.

As pausas são hoje o que o sono era na época. Pular o almoço já foi sinal de bravura e tirar um cochilo algo vergonhoso. Não mais. A ciência do timing atualmente reafirma o que o Velho Mundo já sabia: nós merecemos um descanso.

Manual do programador do tempo II

CRIE UMA LISTA DE PAUSAS

Você provavelmente tem uma lista de coisas para resolver. Agora é hora de criar uma "lista de pausas", devotar ao assunto igual atenção e tratá-lo com o devido respeito. Todo dia, junto com sua lista de tarefas para terminar, reuniões para comparecer e prazos para cumprir, prepare uma lista das pausas que você vai fazer.

Comece tentando fazer três pausas por dia. Especifique quando essas pausas serão feitas, quanto tempo elas vão durar e o que você vai fazer em cada uma delas. Melhor ainda: programe essas pausas na agenda do seu celular ou computador de modo que você tenha um despertador para lembrá-lo. Lembre-se: o que é planejado é realizado.

TIRANDO O COCHILO PERFEITO

Como expliquei, descobri os erros no modo como eu cochilava e aprendi os segredos de um cochilo perfeito. É só seguir esses cinco passos:

1. **Descubra seu horário de baixa na tarde.** A Mayo Clinic diz que a melhor hora para uma soneca é entre duas e três da tarde.[1] Mas se você quer ser mais preciso, escolha uma semana para mapear seus níveis de humor e energia vespertinos, como descrito nas páginas 44-46. Você provavelmente verá um bloco de tempo consistente em que as coisas começam a ficar difíceis, que para muitas pessoas é cerca de sete horas após acordar. Esse é o seu período de cochilo ideal.

2. **Crie um ambiente pacífico.** Desligue as notificações do celular. Feche a porta. Se tiver um sofá, use-o. Para se isolar do som e da luz, experimente protetores ou fones de ouvido e uma máscara para dormir.

3. **Tome uma xícara de café.** Sério. O cochilo mais eficaz é o *nappuccino*. A cafeína só vai entrar por completo em sua corrente sanguínea depois de 25 minutos, então tome o café pouco antes de deitar. Se não gosta de café, procure na internet uma bebida alternativa que forneça cerca de duzentos miligramas de cafeína. (Se você evita ingerir cafeína, pule este passo. E também reconsidere suas escolhas de vida.)

4. **Ajuste o alarme em seu celular para tocar depois de 25 minutos.** Ao cochilar por mais de meia hora, a inércia do sono o domina e você precisa de tempo extra para se recuperar. Se cochilar por menos de cinco minutos, não obtém muito benefício. Mas é comprovado que cochilos de dez a vinte minutos melhoram o alerta e as faculdades mentais e não o deixam sentindo-se ainda mais sonolento que antes. Como a maioria das pessoas leva cerca de sete minutos para pegar no sono, o tempo de 25 minutos é ideal. E, é claro, quando você acordar, a cafeína estará começando a fazer efeito.

5. **Faça isso com regularidade.** Há alguma evidência de que pessoas com hábito regular de tirar um cochilo extraem mais benefícios disso do que as que o fazem com menos frequência. Assim, se você tem flexibilidade para tirar um cochilo à tarde, considere torná-lo uma rotina. Se

não tem, então escolha dias em que estiver lerdo de verdade — quando não dormiu direito na noite anterior ou o estresse e as exigências do dia são mais pesadas do que o normal. Você vai sentir a diferença.

CINCO TIPOS DE PAUSAS REVIGORANTES: UM CARDÁPIO

Agora você compreende a ciência das pausas e por que elas são tão eficazes tanto para combater a baixa como para melhorar seu humor e desempenho. Você até criou uma lista de pausas prontas para pôr em prática. Mas que tipo de pausa deve ser feita? Não existe resposta correta. Simplesmente escolha uma do cardápio a seguir ou combine algumas, veja como funcionam e planeje as que mais se adéquam ao seu caso.

1. **Micropausas** — Uma pausa revigorante não necessita ser longa. Mesmo pausas que duram um minuto ou menos — o que os pesquisadores chamam de "micropausas" — podem trazer vantagens.[2] Considere as seguintes:

   A regra do 20-20-20 — Antes de começar uma tarefa, ajuste o alarme. Então, a cada vinte minutos, olhe para algo a seis metros de distância por vinte segundos. Se está trabalhando no computador, essa micropausa vai descansar sua vista e melhorar sua postura, duas coisas que ajudam a combater o cansaço.

   Hidratação — Talvez você já tenha o costume de ficar com a garrafa de água ao seu lado. Mas escolha uma pequena. Quando esvaziar — e claro que vai, porque é pequena —, caminhe até o bebedouro e torne a enchê-la. É um três em um: hidratação, movimento e descanso.

   Mexa o corpo para recarregar a mente — Uma das pausas mais simples de todas: fique de pé por sessenta segundos, mexa os braços e as pernas, flexione os músculos, gire o tronco, volte a se sentar.

2. **Pausas de movimento** — A maioria de nós fica muito tempo sentada e se movimenta muito pouco. Então insira mais atividade em suas pausas. Aqui estão algumas opções:

Faça uma caminhada de cinco minutos de hora em hora — Como descobrimos, uma pausa para andar por cinco minutos é poderosa. Isso é algo praticável para a maioria. E é particularmente importante durante a baixa.

Ioga no escritório — Você pode praticar ioga mesmo sentado diante da sua mesa de trabalho — movimentar o torso, girar os pulsos, dobrar o tronco para a frente — para aliviar a tensão no pescoço e na região lombar, descansar os dedos de digitar e relaxar os ombros. Talvez não funcione para todo mundo, mas qualquer um pode tentar. Basta pesquisar "ioga escritório" na internet.

Flexões — Isso mesmo, flexões. Faça duas por dia durante uma semana. Depois, na semana seguinte, quatro flexões diárias, e seis na semana posterior. Você vai melhorar sua frequência cardíaca, limpar as teias de aranha cognitivas e quem sabe ficar um pouco mais forte.

3. **Pausa para curtir a natureza** — Isso pode soar um pouco piegas, mas diversos estudos mostraram os efeitos revigorantes da natureza. Além do mais, as pessoas sempre subestimam quanto o contato com a natureza pode fazer com que se sintam melhor. Escolha:

Caminhe ao ar livre — Se você dispõe de alguns minutos e está perto de um parque, saia para caminhar. Se trabalha em casa e tem cachorro, leve o Totó para passear.

Fique ao ar livre — Se houver árvores e um banco nos fundos do seu prédio, prefira se sentar nele em vez de em um lugar em ambiente fechado.

Finja que está ao ar livre — Se o melhor que você pode fazer é observar plantas dentro do escritório ou árvores do lado de lá da janela — bem, a pesquisa sugere que isso também ajuda.

4. **Pausa social** — Não fique sozinho. Pelo menos, não o tempo todo. Pausas sociais são eficazes, ainda mais quando *você* decide com quem e como passar o tempo. Algumas ideias:

Tome a iniciativa de ir atrás — Ligue para alguém com quem você não conversa há algum tempo e simplesmente ponha o papo em dia por cinco ou dez minutos. Retomar essas "conexões adormecidas" também é uma ótima maneira de fortalecer sua rede de contatos.[3] Ou aproveite o momento para dizer obrigado — por meio de um bilhete, e-mail ou uma visita rápida — a alguém que o ajudou. A gratidão — com sua poderosa combinação de significado e ligação social — é um tônico poderoso.[4]

Programe-se — Planeje uma caminhada ou a ida regular a um café ou uma sessão de fofoca semanal com colegas de quem você gosta. Um benefício colateral das pausas sociais é que há mais chances de realizá-la se alguém está contando com você. Ou experimente fazer o que os suecos chamam de *fika* — uma pausa longa para o café que supostamente seria a chave para os altos níveis de satisfação no trabalho e produtividade na Suécia.[5]

Não se programe — Se o seu cronograma é apertado demais para fazer algo com regularidade, pague um café para alguém em um dia da semana. Leve até a pessoa. Sente-se em sua companhia e converse sobre qualquer coisa que não seja trabalho por cinco minutos.

5. **Pausa para trocar de marcha mentalmente** — Nosso cérebro sofre de fadiga tanto quanto nosso corpo — e esse é um fator muito importante na baixa. Dê uma pausa para o cérebro tentando o seguinte:

Medite — A meditação é uma das pausas — e micropausas — mais eficientes de todas.[6] Veja o material (em inglês) da UCLA [Universidade da Califórnia em Los Angeles] (http://marc.ucla.edu/mindful-meditations), que oferece breves meditações orientadas de até três minutos.

Respiração controlada — Você dispõe de 45 segundos? Então, como explica o *New York Times*: "Respire fundo, expandindo o abdômen. Pare. Solte o ar lentamente e conte até cinco. Repita o exercício quatro vezes".[7] Isso se chama respiração controlada e pode ajudá-lo a reduzir os hormônios do estresse, aguçar seu raciocínio e quem sabe até fortalecer o sistema imune — tudo em menos de um minuto.

Alegre-se — Escute um podcast de comédia. Leia um livro humorístico. Se puder dispor de certa privacidade, ponha os fones de ouvido e relaxe escutando música. Existe até evidência de um estudo sobre os efeitos revigorantes de assistir a vídeos de cachorros.[8] (É sério.)

CRIE SEU PRÓPRIOS INTERVALO E CHECKLIST DE BAIXA

Às vezes não é possível se afastar por completo de uma tarefa ou projeto importante para fazer uma pausa e recarregar as baterias. Quando você e sua equipe precisam seguir em frente e terminar um trabalho mesmo na baixa, esse é o momento de uma pausa para vigilância que combine um intervalo com uma lista de verificação.

Eis como planejar:

Se você tem uma tarefa ou projeto que necessitará de vigilância e concentração contínuas mesmo durante a baixa, encontre um estágio no meio dessa tarefa para programar um intervalo. Planeje esse intervalo criando uma lista de verificação da baixa, como os cartões plastificados utilizados no Centro Médico da Universidade de Michigan.

Por exemplo, suponha que sua equipe precise entregar um trabalho até as cinco da tarde de hoje. Ninguém pode se dar ao luxo de sair para uma caminhada. Então, programe o intervalo para duas horas antes do prazo final, de modo a reunir todo mundo. Sua checklist pode ser assim:

1. Todo mundo larga o que está fazendo por um minuto e respira fundo.

2. Cada membro da equipe para durante trinta segundos para relatar seu progresso.
3. Cada membro da equipe para durante trinta segundos para descrever o próximo passo.
4. Cada membro da equipe responde à seguinte questão: o que está faltando?
5. Determine quem vai providenciar o que falta.
6. Programe outro intervalo, se necessário.

PAUSA PROFISSIONAL

Anders Ericsson é "especialista mundial em especialistas mundiais".[9] Um psicólogo que estuda pessoas com desempenho extraordinário em suas áreas de atuação, Ericsson descobriu que profissionais de elite têm algo em comum: são realmente bons em fazer pausas.

A maioria dos músicos e atletas de ponta começa a treinar para valer por volta das nove da manhã, chega ao pico na metade da manhã, faz uma pausa à tarde e depois volta a treinar por mais algumas horas à noite. Por exemplo, o padrão para a maioria dos violinistas talentosos segue mais ou menos esta linha:

Reconhece o formato?

No estudo de Ericsson, um fator que distinguiu os melhores do restante é que os primeiros faziam pausas *completas* durante a tarde (muitos até cochilavam como parte de sua rotina), ao passo que os não especialistas eram menos rigorosos em suas pausas. Podemos pensar que gente supertalentosa explode de energia o dia inteiro. Na verdade, elas treinam com intensa concentração por 45 a 90 minutos de uma vez, depois fazem pausas significativas para recuperar as energias.

Você pode fazer o mesmo. Aprenda a descansar como um expert e quem sabe se tornará um.

DÊ UMA PAUSA PARA AS CRIANÇAS: UMA DEFESA PRAGMÁTICA DO RECREIO

As escolas estão ficando mais linhas-duras. Sobretudo nos Estados Unidos, vêm adotando provas que são determinantes para o futuro do aluno, avaliações rígidas para os professores e uma abordagem realista da prestação de contas. Algumas dessas medidas fazem sentido, mas a guerra contra os pontos fracos produziu uma vítima: o intervalo.

Cerca de 40% das escolas norte-americanas (em particular as que têm grande quantidade de alunos negros de baixa renda) eliminou o intervalo ou juntou-o com a hora do almoço.[10] Com o futuro em jogo, assim pensam elas, escolas não podem se dar ao luxo de ter um horário para brincar. Por exemplo, em 2016, o Legislativo de Nova Jersey aprovou uma lei bipartidária exigindo meros vinte minutos de intervalo diário para turmas da pré-escola até o sexto ano nas escolas do estado. Mas o governador Chris Christie a vetou, explicando num linguajar adequado para o pátio do recreio: "Era uma lei idiota".[11]

Toda essa suposta linha dura é um equívoco. Pausas e intervalos não são um desvio do aprendizado. São *parte* do aprendizado.

Anos de pesquisa mostram que o intervalo beneficia crianças em idade escolar em quase todos os domínios de suas jovens vidas.

Crianças com intervalo nas aulas estudam mais, são menos agitadas e se concentram com mais afinco.[12] Elas muitas vezes tiram notas mais altas do que as outras crianças que têm menos intervalo.[13] Desenvolvem habilidades sociais melhores, demonstram mais empatia e causam menos perturbações.[14] Às vezes até sua alimentação é melhor.[15] Em resumo, se queremos que progridam, temos de deixar as crianças saírem da sala de aula.

O que as escolas podem fazer para extrair proveito do intervalo? Eis aqui seis ideias:

1. **Programe o intervalo para antes do almoço.** Um intervalo de quinze minutos é suficiente e é o período mais útil para melhorar a concentração das crianças. Também as deixa mais famintas; assim elas comem melhor no almoço.

2. **Intervenha pouco.** O intervalo não precisa ser rigidamente estruturado, tampouco precisa de equipamento especializado. Crianças extraem benefícios de negociar as próprias regras.

3. **Nada de mesquinharia.** Na Finlândia, país com um dos melhores sistemas educacionais do mundo, os alunos desfrutam de quinze minutos de intervalo de hora em hora. Algumas escolas americanas — por exemplo, a Eagle Mountain Elementary School, em Fort Worth, Texas — seguiram o exemplo finlandês e melhoraram o ensino oferecendo quatro intervalos diários para os estudantes.[16]

4. **Dê uma pausa para os professores.** Programe intervalos em turnos para os professores poderem alternar seus deveres com um descanso para si próprios.

5. **Não substitua a educação física.** Uma educação física estruturada é parte separada do aprendizado, não um substituto para o intervalo.

6. **Todas as crianças, todos os dias.** Evite usar a privação do intervalo como punição. Ele é essencial para o sucesso de todas as crianças, até as que causam problemas. Certifique-se de que todos os alunos tenham seu recreio em todos os dias letivos.

Parte 2

Inícios, fins e entre uma coisa e outra

3. Inícios

Começando direito, recomeçando
e começando junto

Todo es comenzar á ser venturoso.
(Ter sorte no início é tudo.)
Miguel de Cervantes, *Dom Quixote*

Toda sexta-feira, os U. S. Centers for Disease Control and Prevention [Centros de Controle de Doenças e Prevenção dos Estados Unidos], órgão do governo encarregado de proteger os cidadãos americanos das ameaças à saúde pública, publica um relatório chamado *Morbidity and Mortality Weekly Report* [Relatório Semanal de Morbidade e Mortalidade]. Embora o MMWR seja escrito na prosa etérea de inúmeros documentos oficiais, seu conteúdo pode ser tão assustador quanto um romance de Stephen King. Cada edição oferece um cardápio atualizado de ameaças — não apenas doenças que ganham as manchetes, como ebola, hepatite e febre do Nilo ocidental, mas também perigos menos conhecidos, como peste pulmonar humana, raiva em cães trazidos do Egito e níveis elevados de monóxido de carbono em rinques de patinação fechados.

O conteúdo completo do MMWR para a primeira semana de agosto de 2015 não era mais alarmante do que o normal. Mas para os pais americanos, o artigo principal de cinco páginas foi de causar calafrios. Os CDC identificaram uma enfermidade ameaçando cerca de 26 milhões de adolescentes americanos.

A ameaça, mostrava o relatório, era uma verdadeira tempestade de perigos pairando sobre os jovens:

- ganho de peso e maior probabilidade de sobrepeso;
- sintomas de depressão clínica;
- fraco desempenho acadêmico;
- propensão mais elevada a "entregar-se a comportamentos de risco insalubres, como beber, fumar e usar drogas ilícitas"[1].

Nesse ínterim, pesquisadores da Universidade Yale procuravam identificar uma ameaça a alguns irmãos e irmãs mais velhos desses adolescentes sob cerco. Esse mal não punha em risco sua saúde física ou emocional — pelo menos ainda não —, mas prejudicava seu estilo de vida. Esses homens e mulheres na casa dos vinte anos estavam empacados na vida. Ainda que tivessem diploma universitário, ganhavam menos do que esperavam e significativamente menos do que outras pessoas que haviam se formado apenas alguns anos antes. E isso não era um problema de curto prazo. Sofreriam de salários reduzidos por uma década, talvez mais. Tampouco tratava-se apenas de um grupo de jovens na casa dos vinte anos. Alguns de seus pais, que haviam se formado no começo dos anos 1980, enfrentaram o mesmo problema e continuavam lutando para se livrar do estigma residual.

O que deu tão errado para tantos?

A resposta é uma mistura complexa de biologia, psicologia e políticas públicas. Mas a explicação central é simples. Essas pessoas estavam penando porque começaram mal.

No caso desses adolescentes, começavam o dia letivo cedo demais — e isso punha em risco sua capacidade de aprendizado. No caso dos jovens de vinte e poucos anos, e mesmo de alguns pais e mães, haviam iniciado a carreira, embora não por culpa própria, durante uma recessão — e isso estava debilitando seus ganhos por anos seguidos após o primeiro emprego.

Diante de problemas tão alarmantes como o baixo desempenho escolar de adolescentes ou salários reduzidos, costumamos buscar soluções no campo do *que*. O que as pessoas estão fazendo errado? O que podem fazer melhor? O que outros podem fazer para ajudar? Mas, com mais frequência do que nos damos conta, as respostas mais poderosas espreitam no campo do *quando*. Em particular, o momento em que começamos — o dia letivo, uma carreira — pode desempenhar um papel enorme em nosso destino pessoal e coletivo. Para os adolescentes, iniciar o dia letivo antes das 8h30 pode fazer mal à saúde e prejudicar suas notas, o que, por sua vez, pode limitar suas opções e alterar a trajetória de vida deles. Para pessoas um pouco mais velhas, começar uma carreira numa economia debilitada pode restringir oportunidades e reduzir a capacidade de ganhar bem na vida adulta. Inícios têm um impacto muito maior do que a maioria de nós percebe. Os inícios, na verdade, podem fazer diferença no fim.

Embora nem sempre possamos determinar quando começar, podemos exercer alguma influência nos inícios — e influência considerável nas consequências dos inícios abaixo do ideal. A receita é inequívoca. Na maioria dos empreendimentos humanos, devemos acordar para o poder dos inícios e objetivar começar com o pé direito. Se não der certo, podemos tentar um recomeço. E se o início está além de nosso controle, podemos requisitar outros para tentar um começo coletivo. Estes são os princípios dos inícios bem-sucedidos: começar direito, recomeçar, começar junto.

COMEÇANDO DIREITO

No ensino médio, estudei francês por quatro anos. Não me lembro de muita coisa do que aprendi, mas um aspecto da aula de francês que não esqueci pode explicar parte das minhas deficiências. A aula de mademoiselle Inglis era no primeiro horário — por volta das 7h55, acho. Ela em geral aquecia a classe fazendo a pergunta que professores de francês — desde as academias de línguas europeias do século XVII até minha escola pública em Ohio na década de 1980 — sempre fizeram a seus alunos: *Comment allez-vous?* (Como estão vocês?).

Na aula de mademoiselle Inglis, a resposta proferida pelos alunos todas as manhãs era a mesma: *Je suis fatigué* (Estou cansado). Richard estava *fatigué*. Lori estava *fatiguée*. Eu mesmo estava quase sempre *très fatigué*. Para um visitante francófono, meus 26 colegas e eu provavelmente soávamos como se estivéssemos sofrendo de uma forma bizarra de narcolepsia coletiva. *Quelle horreur! Tout le monde est fatigué!*

Mas a explicação real é menos exótica. Éramos todos apenas adolescentes tentando usar o cérebro antes das oito da manhã.

Como expliquei no capítulo 1, jovens começam a passar pela mudança mais profunda na cronobiologia de suas vidas por volta da puberdade. Eles vão dormir mais tarde à noite e, se deixados por conta de seus imperativos biológicos, acordam mais tarde pela manhã — um período de pico da fase de coruja que se estende até o início da casa dos vinte anos.

Contudo, a maioria das escolas do ensino médio no mundo obrigam essas corujas extremas a cumprir horários planejados para animadas cotovias de sete anos. O resultado é que alunos adolescentes sacrificam seu sono e sofrem as consequências. "Adolescentes que desfrutam de menos sono do que o necessário sofrem maior risco de depressão, suicídio, abuso de substâncias e acidentes de carro", segundo o periódico *Pediatrics*. "A evidência também liga pouca duração de sono a obesidade e a um sistema imune debilitado."[2] Embora alunos mais novos tirem notas mais elevadas em exames padronizados feitos pela manhã, adolescentes se saem melhor mais para o fim do dia. Há uma forte correlação entre começar cedo e tirar notas baixas nas provas e ir mal em testes, especialmente em matemática e línguas.[3] De fato, um estudo da Universidade McGill e do Douglas Mental Health University Institute, ambos em Montreal, revelou que a quantidade e a qualidade de sono explicavam uma parte considerável da diferença no desempenho do aluno nas — adivinhem — aulas de francês.[4]

A evidência do mal que isso representa é tão grande que em 2014 a Academia Americana de Pediatria (AAP) emitiu uma recomendação de que as aulas de ensino fundamental e ensino médio jamais começassem antes das 8h30.[5] Alguns anos mais tarde, os CDC entraram na briga, concluindo que "adiar o primeiro horário das escolas tem potencial para o maior impacto entre a população" de incrementar o aprendizado e o bem-estar adolescentes.

Muitos distritos escolares — de Dobbs Ferry, em Nova York, a Houston, no Texas, ou Melbourne, na Austrália — cederam à evidência e mostraram resultados impressionantes. Por exemplo, um estudo examinou três anos de dados sobre 9 mil alunos de ensino médio de oito escolas em Minnesota, Colorado e Wyoming que mudaram seus horários para as aulas começarem às 8h35. Nessas escolas, a assiduidade aumentou e os atrasos diminuíram. Os alunos tiravam notas maiores "nas disciplinas fundamentais de matemática, inglês, ciências e estudos sociais" e melhoraram o desempenho em exames padronizados em nível estadual e nacional. Em uma escola, o número de acidentes automobilísticos entre adolescentes caiu em 70% depois que ela mudou o horário para começar de 7h35 para 8h55.[6]

Outro estudo com 30 mil alunos de sete estados descobriu que dois anos depois de implementar um primeiro horário mais tardio, as taxas de graduação no ensino médio aumentaram em mais de 11%.[7] Uma revisão da literatura sobre horário de início nos leva à conclusão de que horários de início tardios correspondem a "aumento da assiduidade, menos atrasos [...] e notas melhores".[8] Igualmente importante, os alunos se saem melhor não só dentro da sala de aula, como também em muitas outras áreas da vida. Uma pesquisa considerável revela que postergar o horário de início do dia letivo aumenta a motivação, promove o bem-estar emocional, reduz a depressão e diminui a impulsividade.[9]

Os benefícios não são apenas para os alunos do ensino médio; eles se estendem também aos de ensino superior. Na Academia da Força Aérea dos Estados Unidos, adiar o início do dia letivo em cinquenta minutos melhorou o desempenho acadêmico; quanto mais tarde o primeiro horário, maiores as notas dos cadetes.[10] Na verdade, um estudo feito entre alunos universitários nos Estados Unidos e no Reino Unido, publicado em *Frontiers in Human Neuroscience*, concluiu que o horário ideal para a maioria das aulas na faculdade é depois das onze da manhã.[11]

Até o preço compensa. Quando um economista pesquisou o sistema escolar de Wake County, na Carolina do Norte, descobriu que "adiar em uma hora o início das aulas aumenta as notas em exames padronizados tanto de matemática como de leitura em três pontos percentuais", com o efeito mais forte entre alunos mais fracos.[12] Mas sendo também um economista, ele calculou o custo-benefício de mudar o horário e concluiu que primeiros horários mais tardios traziam mais resultados positivos para o orçamento escolar do que quase qualquer outra iniciativa disponível para o setor do ensino, opinião partilhada por uma análise da Brookings Institution.[13]

No entanto, os apelos dos pediatras nacionais e de nossos principais responsáveis pelas políticas de saúde pública, bem como as experiências de escolas que desafiaram o statu quo, foram amplamente ignorados. Hoje, menos de uma em cada cinco escolas de ensino fundamental e ensino médio nos Estados Unidos segue a recomendação da AAP de iniciar as aulas após as 8h30. O tempo médio de início de aulas para os adolescentes americanos continua a ser 8h03, o que significa que uma quantidade enorme de escolas começa às sete da manhã.[14]

Por que a resistência? Um motivo crucial é que começar mais tarde é inconveniente para os adultos. Os horários dos ônibus precisam ser alterados. Pais a caminho do trabalho talvez não consigam deixar os filhos na escola. Professores terão de ficar até mais tarde no fim do dia. Treinadores passam a dispor de menos tempo para a prática desportiva.

Mas por trás dessas justificativas há uma explicação mais profunda e de igual modo preocupante. Simplesmente não levamos as questões sobre *quando* tão a sério quanto levamos as questões sobre *o que*. Imagine se as escolas sofressem os mesmos problemas provocados pelo primeiro horário mais cedo — diminuição do aprendizado e deterioração da saúde —, mas a causa fosse um vírus transmitido pelo ar que estivesse contagiando os alunos. Os pais marchariam para a escola a fim de exigir alguma providência e manteriam os filhos em casa de quarentena até o problema ser resolvido. Todos os distritos escolares tomariam uma atitude. Agora imagine se pudéssemos erradicar o vírus e proteger todos esses alunos com uma vacina já conhecida, de preço razoável e fácil inoculação. A mudança já teria acontecido. Quatro em cada cinco distritos escolares — mais de 11 mil — não estariam ignorando a evidência e arrumando desculpas. Fazer isso seria moralmente inadmissível e politicamente indefensável. Pais, professores e comunidades inteiras não tolerariam.

A questão do horário inicial da escola não é nova. Mas como é um problema de *quando*, e não um problema de *o que*, como vírus ou terrorismo, muita gente acha fácil ignorá-lo. "Que diferença uma hora pode fazer?", me perguntam pessoas de quarenta a cinquenta anos. Bem, para alguns alunos, significa a diferença entre largar os estudos e terminar o ensino médio. Para outros, é a diferença entre sofrer dificuldades na vida acadêmica e dominar os cursos de matemática e língua — o que pode mais tarde afetar suas chances de ir para a faculdade ou arrumar um bom emprego. Em alguns casos, essa pequena diferença no timing poderia aliviar o sofrimento e até salvar vidas.

Inícios fazem diferença. Nem sempre podemos controlá-los. Mas essa é uma área onde podemos e, portanto, devemos.

RECOMEÇANDO

A certa altura da vida, você provavelmente fez uma promessa de Ano-Novo. Em 1º de janeiro de algum ano, resolveu beber menos, se exercitar mais ou ligar para sua mãe todo domingo. Talvez você tenha mantido a promessa e melhorado sua saúde ou as relações familiares. Ou talvez, em fevereiro, tenha ficado no sofá assistindo a um seriado na Netflix depois da terceira taça de vinho e evitando as chamadas da sua mãe pelo Skype. Mas, o que quer que tenha acontecido com suas resoluções, a data que você escolheu para se motivar revela outra dimensão do poder dos começos.

O primeiro dia do ano é o que os cientistas sociais chamam de "marco temporal".[15] Assim como nós seres humanos dependemos de marcos para nos orientar no espaço — "para chegar à minha casa, você entra à esquerda no posto Shell" —, também utilizamos marcos para nos orientar no tempo. Certas datas funcionam como esse posto Shell. Elas se destacam em meio à incessante e esquecível marcha dos demais dias e sua importância nos ajuda a encontrar o caminho.

Em 2014, três estudiosos da Wharton School, da Universidade da Pensilvânia, publicaram um artigo inovador para a ciência do timing que ampliou nossa compreensão de como marcos temporais funcionam e como podemos usá-los para construir inícios melhores.

Hengchen Dai, Katherine Milkman e Jason Riis começaram analisando oito anos e meio de buscas no Google. Eles descobriram que as buscas pela palavra "dieta" sempre disparavam no começo de cada ciclo do calendário — o primeiro dia de cada mês e o primeiro dia de cada semana. As buscas subiam 10% até no dia seguinte a um feriado nacional. Alguma coisa nos dias que representavam "primeiros" acionavam a motivação nas pessoas.

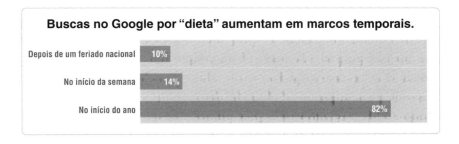

Os pesquisadores encontraram um padrão similar na academia de ginástica. Em uma grande universidade do Nordeste norte-americano onde os alunos tinham de passar a carteirinha magnética para entrar, os pesquisadores compilaram mais de um ano de dados sobre comparecimento diário à academia. Como no caso das buscas no Google, a ida à academia de ginástica aumentou "no começo de cada semana, mês e ano". Mas essas não foram as únicas datas que fizeram os alunos trocar o dormitório pela esteira ergométrica. Os alunos de graduação "se exercitaram mais tanto no início de um novo semestre [...] como no dia seguinte a uma interrupção das aulas". Eles também foram à academia mais prontamente depois de um aniversário — com uma gritante exceção: "Alunos que completam 21 anos tendem a diminuir sua atividade na academia de ginástica depois do aniversário".[16]

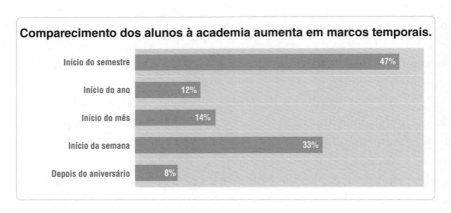

Comparecimento dos alunos à academia aumenta em marcos temporais.

Início do semestre 47%
Início do ano 12%
Início do mês 14%
Início da semana 33%
Depois do aniversário 8%

Para as pessoas que fizeram busca no Google e para os adeptos da malhação na faculdade, algumas datas no calendário eram mais significativas que outras. As pessoas as estavam usando para "demarcar a passagem do tempo", para encerrar um período e começar outro do zero. Dai, Milkman e Riis chamaram esse fenômeno de "efeito de recomeço".

Para determinar um recomeço, as pessoas usaram dois tipos de marco temporal — social e pessoal. Os marcos sociais eram aqueles compartilhados por todo mundo: segundas-feiras, o começo de um novo mês, feriados nacionais. Os pessoais eram próprios do indivíduo: aniversários, ocasiões importantes, trocas de emprego. Mas, fossem sociais ou pessoais, esses marcadores de tempo serviram para dois propósitos.

Primeiro, permitiram às pessoas abrir "novas contas mentais" da mesma forma que uma empresa fecha o balanço ao final de um ano fiscal e abre um livro novo com o ano que chega. Esse novo período oferece uma oportunidade de recomeçar, relegando nosso antigo eu ao passado. Ele nos desconecta dos equívocos e imperfeições de nosso antigo eu e nos deixa confiantes acerca de nosso novo eu superior. Fortalecidos por essa confiança, nós "nos comportamos melhor que no passado e lutamos com vigor renovado para conquistar nossas aspirações".[17] Em janeiro, a publicidade gosta de usar a frase "Ano novo, vida nova". Quando aplicamos marcos temporais, é o que acontece na nossa cabeça.[18] *Meu antigo eu nunca passava fio dental. Mas meu novo eu, renascido no primeiro dia depois das férias, vai cuidar como nunca da higiene bucal.*

O segundo propósito desses marcadores temporais é nos ajudar a pensar fora da caixa. "Marcos temporais interrompem a atenção dada às minúcias do dia a dia, levando as pessoas a enxergar o cenário mais amplo de sua vida e assim se concentrar em conquistar seus objetivos."[19] Pense outra vez nesses marcos espaciais. Você pode dirigir por quilômetros e mal notar as coisas que o cercam. Mas aquele letreiro luminoso da Shell na esquina chama sua atenção. É o mesmo com os recomeços. Daniel Kahneman faz uma distinção entre pensar rápido (tomar decisões ancoradas no instinto e distorcidas pelos vieses cognitivos) e pensar devagar (tomar decisões embasadas na razão e orientadas pela deliberação cuidadosa). Marcos temporais retardam nosso raciocínio, permitindo-nos deliberar em um nível mais elevado e tomar decisões melhores.[20]

As implicações do efeito de recomeço, como as forças que o impelem, também são pessoais e sociais. Indivíduos que vivenciaram um início hesitante — em um novo emprego, em um projeto importante, ou na tentativa de levar uma vida mais saudável — podem alterar seu curso usando um marco temporal para recomeçar. As pessoas podem, como escrevem os pesquisadores de Wharton, "estrategicamente [criar] pontos de virada em sua história pessoal".[21]

Veja Isabel Allende, a romancista chilena-americana. Em 8 de janeiro de 1981, ela escreveu uma carta para seu avô em estado terminal. Essa carta foi a base para seu primeiro romance, *A casa dos espíritos*. Desde então, ela começou todos os romances subsequentes nessa mesma data, usando 8 de janeiro como marco temporal para fazer um recomeço em um novo projeto.[22]

Em pesquisa posterior, Dai, Milkman e Riis descobriram que imbuir de significado um dia até então comum cria o poder de ativar novos inícios.[23] Por exemplo, quando 20 de março passou a ser considerado o primeiro dia da primavera, a data ofereceu um recomeço mais eficaz do que apenas identificá--lo como a terceira quinta-feira de março. Para os participantes judeus do estudo, redefinir 5 de outubro como o primeiro dia após o Yom Kippur foi mais motivador do que pensar nele como o 278º dia do ano. Identificar os dias significativos para você — o aniversário de um filho ou suas bodas de casamento — podem ajudá-lo a esquecer que queimou a largada e a recomeçar.

As organizações também podem se valer dessa técnica. Pesquisa recente mostrou que o efeito de recomeço se aplica a equipes.[24] Suponha que o novo trimestre de uma empresa não tenha começado muito bem. Em vez de esperar pelo trimestre seguinte, uma data de recomeço óbvia, para corrigir o que deu errado, os líderes podem encontrar um momento significativo que esteja mais próximo — talvez o aniversário da inauguração de um produto importante — para deixar os equívocos prévios no passado e ajudar a equipe a entrar nos eixos outra vez. Ou suponha que alguns empregados não estejam contribuindo regularmente para o fundo de aposentadoria ou andem deixando de comparecer a importantes sessões de treinamento. Enviar lembretes em seus aniversários e não em outro dia qualquer poderia motivá-los à ação. Os consumidores também podem estar mais abertos a mensagens em dias contextualizados como um recomeço, descobriu Riis.[25] Se você está tentando encorajar as pessoas a ter alimentação mais saudável, uma campanha de "segunda-feira sem carne" será muito mais efetiva que uma de "quinta-feira vegana".

O Ano-Novo sempre exerceu um poder especial em nosso comportamento. Viramos a folha do calendário, olhamos para todos aqueles lindos quadrados em branco e abrimos um novo livro-razão na contabilidade da nossa vida. Mas fazemos isso sem nos dar conta, alheios aos mecanismos psicológicos nos quais nos fiamos. O efeito de recomeço nos permite usar a mesma técnica, mas com consciência e intenção, em inúmeros dias. Afinal, resoluções de Ano-Novo dificilmente são infalíveis. A pesquisa mostra que um mês depois do começo do ano apenas 64% das resoluções continuam a ser mantidas.[26] Construir nossos próprios marcos pessoais, sobretudo os que são significativos para nós, proporciona muito mais oportunidades para nos recuperar de inícios ruins e recomeçar.

RECOMEÇANDO JUNTOS

Em junho de 1986, terminei a faculdade — mas desempregado. Em julho de 1986, mudei-me para Washington, para começar a vida adulta. Em agosto de 1986, eu encontrara emprego e estava trabalhando pela primeira vez. O tempo transcorrido entre receber meu diploma em um auditório na universidade e ocupar uma mesa no centro da capital levou menos de sessenta dias. (E nem passei todos esses dias procurando emprego: parte do tempo foi gasto fazendo malas e me mudando; parte, trabalhando em uma livraria para me sustentar durante minha breve busca por emprego.)

Por mais que eu prefira acreditar que a rápida passagem de estudante inexperiente a empregado dedicado seja por causa das minhas brilhantes credenciais e minha personalidade vitoriosa, o motivo mais plausível não vai surpreendê-lo a esta altura: o timing. Eu me formei num período auspicioso. Em 1986, os Estados Unidos estavam emergindo de uma profunda recessão. A taxa de desemprego nacional naquele ano foi de 7% — não um número espantoso, mas uma imensa queda em relação a 1982 e 1983, quando a taxa de desemprego chegou a quase 10%. Isso significa que foi mais fácil conseguir emprego para mim do que para aqueles que entraram no mercado de trabalho apenas alguns anos antes. Não é tão complicado de entender: você não precisa ser economista para perceber que conseguir emprego é mais fácil quando a taxa de desemprego está em 7% do que quando está em 10%. Porém precisa ser um economista competente para compreender que a vantagem que extraí da pura sorte de começar a vida profissional em um boom relativo durou muito além do meu primeiro emprego.

Lisa Kahn é mais do que uma economista competente. Ela fez diferença no campo da economia estudando pessoas como eu — brancos do sexo masculino que se formaram na faculdade durante a década de 1980. Kahn, que leciona na Yale School of Management (faculdade de administração), coletou dados do National Longitudinal Survey of Youth [Pesquisa Longitudinal Nacional da Juventude], que anualmente pergunta a uma amostra representativa de jovens americanos questões sobre nível de instrução, saúde e emprego. Dos dados, ela selecionou homens brancos que haviam terminado o ensino superior entre 1979 e 1989 e examinou o que acontecia com eles ao longo dos vinte anos seguintes.[*]

Sua grande descoberta: *quando* esses homens começaram suas carreiras determinou em grande escala até onde chegariam. Os que ingressaram no mercado de trabalho numa economia fraca ganharam menos no início de suas carreiras do que os que começaram em uma economia forte — até aí, nenhuma surpresa. Mas essa desvantagem inicial não desapareceu. Ela persistiu por cerca de vinte anos.

"Formar-se na faculdade em uma economia ruim tem impacto negativo e de longo prazo sobre os salários", escreve ela. Os desafortunados alunos que iniciaram a carreira numa economia letárgica ganhavam menos ao sair da universidade do que os sortudos como eu que se formaram em uma época mais robusta — e com frequência precisaram de *duas décadas* para tirar a desvantagem. Em média, mesmo após quinze anos de trabalho, as pessoas que se formaram em anos de desemprego elevado continuavam ganhando 2,5% a menos do que os que se formaram em anos de desemprego baixo. Em alguns casos, a diferença de salário entre se formar em um ano especialmente forte versus um especialmente fraco foi de 20% — não apenas logo após a faculdade, mas até quando esses homens se aproximavam dos quarenta anos.[27] O custo total, ajustado à inflação, de se graduar em um ano ruim em vez de em um ano bom foi em média de 100 mil dólares. O timing não era tudo — mas era uma questão de seis dígitos.

Mais uma vez, os inícios geraram uma cascata que se provou difícil de conter. Grande parte do crescimento salarial ao longo da vida ocorre nos primeiros dez anos de carreira. Começar com um salário inicial mais elevado põe as pessoas em uma trajetória mais promissora. Mas essa é apenas a primeira vantagem. A melhor maneira de ganhar mais é emparelhar suas habilidades particulares com as necessidades particulares do empregador. É raro que isso aconteça no primeiro emprego. (Meu primeiro emprego, por exemplo, foi

---

[*] Kahn optou por pessoas brancas do sexo masculino porque suas perspectivas de emprego e rendimento são menos afetadas por ter filhos. Isso lhe permitiu separar condições econômicas de fatores como cor da pele, etnicidade e gênero.

um desastre.) Assim as pessoas largam o emprego e arrumam outro — muitas vezes de tantos em tantos anos — para corrigir a discrepância. De fato, um dos caminhos mais rápidos para ganhar bem no início da carreira é trocar de emprego com certa frequência. Porém, com a economia estagnada, mudar de emprego é difícil. Os patrões não contratam. Isso significa que as pessoas que ingressam no mercado de trabalho em um momento de declínio muitas vezes ficam mais tempo presas a empregos que não condizem com suas capacidades. Elas não conseguem trocar de emprego com facilidade; assim, levam mais tempo para encontrar um lugar mais adequado e iniciar a ascensão para um salário mais polpudo. O que Kahn descobriu no mercado de trabalho é o que teóricos do caos e da complexidade já sabem há muito tempo: em qualquer sistema dinâmico, as condições iniciais exercem enorme influência no que acontece com os ocupantes desse sistema.[28]

Outros economistas descobriram de igual modo que os começos exercem uma influência poderosa mas invisível no sustento das pessoas. No Canadá, um estudo revelou que "o custo de recessões para recém-formados é substancial e desigual". Graduados desafortunados sofrem "persistentes declínios de ganhos em dez anos", com os trabalhadores menos capacitados sofrendo mais.[29] A ferida pode acabar se fechando, mas deixa uma cicatriz. Um estudo de 2017 descobriu que as condições econômicas dos gerentes no começo da carreira têm efeitos duradouros na possibilidade de se tornarem CEOs. Formar-se durante uma recessão torna mais difícil conseguir o primeiro emprego, o que torna mais provável que aspirantes a gerente obtenham emprego em uma empresa privada menor do que em uma companhia pública grande — o que significa que começam a subida por uma escada mais curta, não mais comprida. Os que iniciam a carreira durante uma recessão conseguem se tornar CEOs — mas de empresas menores e salários mais baixos que seus colegas que se formaram durante os anos de boom econômico. A pesquisa descobriu que os formados na recessão também apresentam um estilo de gerenciar mais conservador, talvez outro legado do início mais hesitante.[30]

Pesquisa feita entre os MBAs (Masters of Business Administration) de Stanford descobriu que a situação do mercado de ações na época da graduação influencia os futuros ganhos da pessoa na carreira. A cadeia de lógica e circunstância aqui tem três elos. Primeiro, os alunos têm mais chances de obter emprego em Wall Street quando se formam com o mercado em alta. Por outro lado, em um mercado em baixa, uma porção considerável de graduados escolhe alternativas — consultoria, empreendedorismo ou trabalhar para organizações sem fins lucrativos. Segundo, pessoas que trabalham em Wall Street tendem a continuar trabalhando em Wall Street. Terceiro, banqueiros de investimento e outros profissionais das finanças em geral ganham mais que os de outros campos. Como resultado, "uma pessoa que se forma com o mercado em alta" e entra para o setor dos bancos de investimento ganha 1,5 milhão a 5 milhões de dólares a mais do que "essa mesma pessoa teria ganhado se tivesse se formado durante um mercado em baixa" e, por isso, houvesse sido privada de um emprego em Wall Street.[31]

Não vou perder o sono por saber que um mercado de ações instável mandou alguns MBAs de elite para empregos, na McKinsey ou Bain em vez de Goldman Sachs ou Morgan Stanley, e desse modo eles ficaram apenas ricos, não podres de ricos. Mas os efeitos do início para uma ampla fatia da força de trabalho é mais preocupante, sobretudo quando os dados iniciais sobre os que ingressaram no mercado de trabalho durante a grande recessão de 2007-10 pareciam especialmente vagos. Kahn e dois colegas de Yale descobriram que o impacto negativo em estudantes que se formaram durante 2010 e 2011 "foi o dobro do que teríamos esperado, considerando padrões passados".[32] O Federal Reserve Bank de Nova York, olhando para esses indicadores iniciais, advertiu que "os que iniciam suas carreiras durante uma fraca recuperação do mercado de trabalho podem deparar com efeitos negativos *permanentes* em seus salários".[33]

Esse é um problema difícil. Se o que você ganha hoje depende em larga escala da taxa de desemprego de quando você começou a trabalhar, e não da taxa de desemprego atual, as duas estratégias prévias neste capítulo — começar direito e começar de novo — são insuficientes.[34] Não podemos resolver o problema de forma unilateral, como no caso do primeiro horário das escolas, e simplesmente determinar que todo mundo comece sua carreira numa economia mais saudável. Tampouco podemos solucionar isso caso a caso exortando as pessoas a se recuperar de seu fraco início procurando um novo emprego no dia seguinte ao seu aniversário. Nesse tipo de problema, devemos começar juntos. E duas inteligentes soluções realizadas oferecem alguma esperança.

Por muitos anos, hospitais universitários nos Estados Unidos enfrentaram o que ficou conhecido como "efeito julho". Todo mês de julho, um novo grupo de recém-formados iniciava a carreira médica. Embora esses jovens tivessem pouca experiência fora da sala de aula, os hospitais universitários muitas vezes lhes atribuíam considerável responsabilidade no trato dos pacientes. Era assim que aprendiam sua profissão. A única desvantagem dessa abordagem é que os pacientes muitas vezes sofriam com esse treinamento — e julho era o mês mais cruel. (No Reino Unido, é no mês seguinte, e o linguajar, mais colorido. Os médicos britânicos chamam o período em que novos médicos começam sua vida profissional de "temporada da matança de agosto".) Por exemplo, um estudo de mais de 25 anos de atestados de óbito nos Estados Unidos revelou que "em condados compreendendo hospitais universitários, erros fatais de medicação dispararam 10% em julho e em nenhum outro mês. Por outro lado, não houve disparada em julho em condados sem hospitais universitários".[35] Outra pesquisa em hospitais universitários revelou que em julho e agosto pacientes tinham chance 18% maior de complicações de cirurgia e uma chance 41% maior de morrer numa cirurgia que em abril e maio.[36]

Entretanto, na última década, hospitais universitários lutaram para corrigir isso. Em vez de decretar os inícios ruins como um problema inevitável para o indivíduo, os tornaram um problema evitável para um grupo. Agora, em hospitais universitários como o que visitei na Universidade de Michigan, novos residentes começam a carreira trabalhando como parte de uma equipe que inclui profissionais veteranos como enfermeiros, médicos e outros. Com essa medida, esses hospitais reduziram drasticamente o efeito julho.

Agora considere bebês nascidos de jovens mães em bairros de baixa renda. Crianças nessas circunstâncias muitas vezes sofrem com um terrível começo. Mas uma solução eficaz tem sido zelar para que mães e filhos não comecem sozinhos. Um programa nacional chamado Nurse-Family Partnership, lançado nos anos 1970, envia enfermeiras em visita às mães para ajudá-las a conseguir um começo melhor para seus filhos. O programa, hoje presente em oitocentas cidades americanas, vem se submetendo ainda a uma rigorosa avaliação externa — com resultados promissores. As visitas reduzem as taxas de mortalidade infantil, limitam os problemas de comportamento e de déficit de atenção e minimizam a dependência dos cupons alimentares e outros programas de bem-estar social.[37] A iniciativa também fomentou a saúde e o aprendizado das crianças, aumentou a adesão à amamentação e à vacinação e melhorou as chances de que as mães procurem e mantenham trabalho remunerado.[38]

Muitas nações europeias promovem essas visitas como uma política pública corriqueira. Seja por motivos morais (os programas salvam vidas) ou financeiros (os programas economizam dinheiro a longo prazo), o princípio continua o mesmo: em vez de forçar pessoas vulneráveis a se virar por si mesmas, todo mundo ganha começando junto.

Podemos aplicar princípios semelhantes ao problema de que algumas pessoas, sem ter culpa disso, começam a carreira numa péssima economia. A questão não deve ser minimizada: "Ah, foi só um timing ruim. Não tem nada que possamos fazer a respeito". Em vez disso, deveríamos reconhecer que a existência de um grande número de gente ganhando muito pouco ou lutando para sobreviver afeta todos nós — na forma de menos clientes para o que estamos vendendo e impostos mais elevados para lidar com as consequências das oportunidades limitadas. Uma solução pode ser que os governos e universidades instituam um programa de perdão da dívida estudantil ajustado à taxa de desemprego. Se a taxa de desemprego ultrapassasse, digamos, 7,5%, parte do empréstimo de um aluno recém-formado seria perdoada. Ou talvez, se a taxa de desemprego atingisse certa marca, fundos universitários ou federais seriam liberados de modo a pagar orientadores de carreira para ajudar os novos graduados a enfrentar o caminho acidentado que terão pela frente — mais ou menos do mesmo modo como o governo federal mobiliza sacos de areia e o Army Corps of Engineers para áreas atingidas por inundações.

O objetivo aqui é reconhecer que os lentos problemas de *quando* têm todos a mesma gravidade das rápidas calamidades do *que* — e merecem a mesma resposta coletiva.

A maioria de nós sempre aceitou a ideia de que os inícios são importantes. Hoje a ciência do timing revelou que eles são ainda mais poderosos do que suspeitávamos. Inícios permanecem conosco por muito mais tempo do que percebemos; seus efeitos nos acompanham até o fim.

É por isso que, quando lidamos com desafios na vida — seja perder alguns quilos, seja ajudar nossos filhos nos estudos, seja assegurar que nossos concidadãos não sejam levados pela correnteza das circunstâncias —, necessitamos expandir nosso repertório de respostas e incluir *quando* junto com *o que*. Munidos da ciência, podemos realizar um trabalho muito melhor de começar direito — nas escolas e além. Entender como nossa mente lida com o tempo pode ajudar no uso de marcos temporais para nos recuperarmos de começos com o pé esquerdo e tentarmos novas largadas. E compreender como um início difícil pode ser injusto — e duradouro — talvez seja um poderoso incentivo para começarmos juntos com mais frequência.

Mudar o foco — e dar ao *quando* o mesmo peso do *que* — não vai sanar todos os nossos males. Mas é um bom começo.

Manual do programador do tempo III

NÃO QUEIME A LARGADA: FAÇA UM PRE MORTEM

A melhor maneira de se recuperar de uma largada malsucedida é evitá-la, antes de mais nada. E a melhor técnica para fazer isso é algo chamado "pre mortem".

Você provavelmente já ouviu falar de post mortem ("autópsia") — é quando o legista examina um cadáver para determinar a causa da morte. O pre mortem, criação do psicólogo Gary Klein, aplica o mesmo princípio, mas muda o exame de "depois" para "antes".[1]

Suponha que você e sua equipe estejam prestes a embarcar em um projeto. Antes de começá-lo, faça um pre mortem. "Presuma que estamos dezoito meses no futuro e nosso projeto foi um completo desastre", você diz para sua equipe. "O que deu errado?" A equipe, usando o poder da visão em retrospecto, oferece algumas respostas: talvez a tarefa não estivesse bem delineada; talvez você contasse com poucas pessoas, pessoas demais ou as pessoas erradas; talvez você não tivesse um líder claro ou objetivos realistas. Imaginar o fracasso de antemão — pensando o que poderia levá-lo a "queimar a largada" — ajuda a antecipar parte dos potenciais problemas e evitá-los assim que o projeto começa.

A propósito, conduzi um pre mortem quando comecei este livro. Fiz uma projeção de dois anos a partir da data de início e imaginei que havia escrito um livro horrível ou, pior ainda, não conseguira escrever livro algum. Onde foi que perdi o rumo? Depois de procurar respostas, percebi que precisava me disciplinar para escrever todos os dias, recusando compromissos externos que pudessem me distrair, mantendo meu editor informado sobre meu progresso (ou falta de) e requisitando ajuda desde o início para desfazer eventuais nós conceituais. Então escrevi as versões positivas desses insights — por exemplo, "Trabalhei no livro a manhã inteira, todas as manhãs, por pelo menos seis dias por semana, sem distrações e sem exceções" — em um cartão que coloquei perto da minha mesa.

A técnica me permitiu errar de antemão em minha imaginação, em vez de errar na vida real e em um projeto real. Se esse pre mortem particular funcionou, deixo o julgamento para você, prezado leitor. Mas eu o encorajo a tentar evitar queimar a largada em seus próprios projetos.

OITENTA E SEIS DIAS NO ANO EM QUE VOCÊ PODE RECOMEÇAR

Você já leu sobre marcos temporais e como podemos usá-los para incentivar recomeços. Com o objetivo de ajudá-lo nessa busca por um dia ideal para começar seu romance ou iniciar os treinos para a maratona, eis uma lista de 86 dias do ano que são particularmente eficazes como recomeço:

- O primeiro dia de cada mês (doze)
- Segundas-feiras (52)
- O primeiro dia de primavera, verão, outono, inverno (quatro)
- O Dia da Independência em seu país, ou equivalente (um)
- O dia de um importante feriado religioso — por exemplo, Páscoa, Rosh Hashaná, Eid al-Fitr (um)
- Seu aniversário (um)
- O aniversário de um ente querido (um)
- O primeiro dia de aula ou o primeiro dia de um semestre (dois)
- O primeiro dia em um novo emprego (um)

- O dia depois da formatura (um)
- O primeiro dia na volta das férias (dois)
- Seu aniversário de casamento, do primeiro encontro ou de divórcio (três)
- O aniversário do dia em que você começou no emprego, obteve sua cidadania, adotou seu cão ou seu gato, formou-se na escola ou universidade (quatro)
- O dia em que terminou este livro (um)

QUANDO VOCÊ DEVE SER O PRIMEIRO?

A vida nem sempre é uma competição, mas às vezes é uma competição *séria*. Seja você uma de várias pessoas fazendo entrevista para um emprego, parte de uma relação de empresas concorrendo em uma licitação ou o participante em um reality show de cantores, *quando* você compete pode ser tão importante quanto o que você faz.

Eis aqui, baseado em diversos estudos, um guia para quando ser o primeiro — e quando não:

Quatro situações em que você deve ser o primeiro

1. Se você figura numa cédula (para concorrer a vereador, representante de turma, um Oscar), aparecer em primeiro lugar na lista lhe confere uma vantagem. Pesquisadores estudaram esse efeito em milhares de eleições — da diretoria da escola ao conselho municipal, da Califórnia ao Texas — e os eleitores regularmente preferiram o primeiro nome na cédula.[2]
2. Se você *não é* a escolha default — por exemplo, quando está concorrendo com uma empresa que já possui a conta que pretende obter —, ser o primeiro pode ajudá-lo a cair nas graças dos tomadores de decisão.[3]
3. Se há poucos competidores (digamos, cinco ou menos), ser o primeiro pode ajudar você a tirar vantagem do "efeito de primazia", a tendência que as pessoas têm de lembrar do primeiro item de uma série em detrimento do que vem depois.[4]

4. Se você está sendo entrevistado para um emprego e concorre com vários candidatos fortes, talvez obtenha uma vantagem se for o primeiro. Uri Simonsohn e Francesca Gino examinaram mais de 9 mil entrevistas de admissão de MBA e descobriram que os entrevistadores muitas vezes incorrem em "agrupamento estreito" [*narrow bracketing*] — presumir que pequenos conjuntos de candidatos representam o campo inteiro. Assim, se eles conhecem diversos candidatos fortes no começo do processo, podem procurar falhas com mais afinco nos últimos.[5]

Quatro situações em que você não deve ser o primeiro

1. Se você *é* a escolha default, *não* seja o primeiro. Lembre-se do capítulo anterior: juízes tendem a optar pelo default ao final do dia (quando estão cansados), não mais cedo ou depois de um intervalo (quando recuperaram as energias).[6]
2. Se a competição é acirrada (não necessariamente porque os competidores sejam fortes, apenas por haver grande número deles), aparecer depois dos primeiros pode conferir uma pequena vantagem e aparecer por último pode representar uma imensa vantagem. Em um estudo com mais de 1500 apresentações ao vivo no *Idol* em oito países, os pesquisadores descobriram que o cantor que se apresentava por último avançava à etapa seguinte em cerca de 90% das vezes. Padrão quase idêntico ocorre na patinação artística e até em degustação de vinhos. No início de competições, os juízes conservam um padrão idealizado de excelência, afirmam os psicólogos sociais Adam Galinsky e Maurice Schweitzer. À medida que a competição prossegue, uma base de comparação nova e mais realista se desenvolve, favorecendo os competidores posteriores, que ganham a vantagem extra de ver o que os outros fizeram.[7]
3. Se você está atuando em um cenário incerto, *não* ser o primeiro pode beneficiá-lo. Se não sabe o que tomador de decisão espera, deixar que os outros prossigam talvez ajude a enxergar os critérios com mais nitidez, tanto para quem seleciona como para você.[8]

4. Se a competição é pequena, aparecer perto do fim pode lhe dar uma vantagem, enfatizando suas diferenças. "Se foi um dia fraco, com muitos candidatos ruins, é uma ótima ideia ir por último", diz Simonsohn.[9]

QUATRO DICAS PARA UMA ASCENSÃO RÁPIDA EM UM NOVO EMPREGO

Você leu sobre os riscos de se formar durante uma recessão. Não há muito que possamos fazer para escapar a essa sina. Mas sempre que começamos em um novo emprego — seja numa recessão ou em um período de boom — podemos determinar quanto vamos apreciar o trabalho e quão bem o faremos. Com isso em mente, eis quatro recomendações respaldadas pela pesquisa de como dar boa largada em um novo emprego.

1. Comece antes de começar.

O consultor executivo Michael Watkins recomenda escolher um dia e uma hora específicos em que você visualiza a própria "transformação" ao novo papel.[10] É difícil fazer um início rápido quando sua autoimagem está atrelada ao passado. Ao se imaginar "se tornando" uma nova pessoa antes mesmo de passar pela porta de entrada, você começa em vantagem. Isso é particularmente verdadeiro quando se trata de papéis de liderança. Segundo Ram Charan, ex-professor de Harvard, uma das transições mais difíceis reside em passar de especialista a generalista.[11] Assim, quando pensar sobre seu novo papel, não se esqueça de ver como ele se conecta ao cenário mais amplo. Para o novo emprego supremo — tornar-se presidente dos Estados Unidos —, a pesquisa revelou que um dos melhores prognósticos de sucesso presidencial é se a transição começou cedo, bem como o grau de eficiência com que foi conduzida.[12]

2. Deixe que os resultados falem por si.

Um novo emprego pode ser intimidante porque exige achar seu lugar na hierarquia da organização. Muitos indivíduos exageram ao tentar compensar seu nervosismo inicial e procuram se autoafirmar rápido e cedo demais. Isso pode ser contraproducente. A pesquisa de Corinne Bendersky, da UCLA, sugere que com o tempo os extrovertidos perdem status nos grupos.[13] Assim, logo de cara, concentre-se em obter algumas conquistas significativas e, uma vez que você tenha conquistado seu status demonstrando excelência, sinta-se livre para ser mais assertivo.

3. Armazene sua motivação.

No primeiro dia em seu novo papel, você estará transbordando energia. E no trigésimo? Nem tanto. A motivação vem a jatos — por isso B. J. Fogg, psicólogo de Stanford, recomenda tirar vantagem das "ondas de motivação", de modo a vencer as "baixas de motivação".[14] Se você é um vendedor começando, use as ondas de motivação para planejar suas dicas, organizar as ligações e dominar novas técnicas. Durante as baixas, você desfrutará do luxo de trabalhar em seu papel central sem se preocupar com tarefas periféricas menos interessantes.

4. Eleve seu moral com pequenas conquistas.

Começar em um novo emprego não é exatamente a mesma coisa que se recuperar de um vício, mas programas como os Alcoólicos Anônimos oferecem uma direção a ser seguida. Eles não dizem a seus membros para abraçar a sobriedade para sempre, mas pedem que tentem isso "um dia de cada vez", algo que Karl Weick observou em seu trabalho seminal sobre "pequenas conquistas".[15] A professora de Harvard Teresa Amabile concorda. Depois de examinar 12 mil anotações diárias de centenas de trabalhadores, ela descobriu que a maior motivação era obter progresso em um trabalho significativo.[16] As conquistas não precisavam ser grandes para ser significativas. Ao ingressar em um novo papel, estabeleça pequenas metas "de alta probabilidade" e celebre quando conquistá-las. Elas lhe darão motivação e energia para atacar desafios mais altos depois.

QUANDO VOCÊ DEVE SE CASAR?

Um dos inícios mais importantes que muitos de nós enfrentamos na vida é o começo de um casamento. Não pretendo recomendar com quem você deve se casar, mas posso lhe dar alguma orientação sobre quando é a hora de sossegar. A ciência do timing não fornece respostas conclusivas, porém oferece três diretrizes gerais:

1. Espere até ter idade suficiente (mas não passe do ponto).

Não é surpresa que pessoas que se casam muito novas têm maior probabilidade de divórcio. Por exemplo, um americano que se casa aos 25 anos tem uma probabilidade 11% menor de se divorciar do que um que se casa com 24 anos, segundo análise de Nicholas Wolfinger, sociólogo da Universidade de Utah. Mas esperar tempo demais pode ser desvantajoso. Após os 32 anos — mesmo fazendo a análise por religião, grau de instrução, localização geográfica e outros fatores —, as chances de divórcio *aumentam* em 5% ao ano durante pelo menos uma década.[17]

2. Espere até ter terminado os estudos.

Casais tendem a ficar mais satisfeitos com seus casamentos, e menos inclinados ao divórcio, se terminaram os estudos antes do matrimônio. Considere dois casais. São da mesma idade e raça, possuem renda comparável e igual grau de instrução. Mesmo entre esses casais similares, os que se casam após completar os estudos têm maior probabilidade de permanecer juntos.[18] Assim, procure avançar ao máximo em sua formação antes de ficar comprometido.

3. Espere até seu relacionamento amadurecer.

Andrew Francis-Tan e Hugo Mialon, da Emory University, descobriram que casais que namoravam pelo menos por um ano antes do casamento tinham probabilidade 20% menor de se divorciar do que os que tomavam essa decisão mais rapidamente.[19] Casais que namoraram por mais de três anos tinham probabilidade ainda menor de se separar após o casamento. (Francis-Tan e Mialon também descobriram que quanto mais o casal gastava com a cerimônia e as alianças, maior a probabilidade de divórcio.)

Em resumo, para uma das maiores questões *quando*, esqueça o romantismo e dê ouvidos aos cientistas. Prudência é melhor que paixão.

4. Pontos médios

O que velas de Chanucá e o mal-estar da meia-idade podem nos ensinar sobre motivação

Quando você está no meio de uma história que não é história alguma, mas só uma confusão; um rugido sinistro, uma cegueira, uma paisagem arruinada de vidros quebrados e madeira estilhaçada.
Margaret Atwood, *Vulgo Grace*

Nossa vida quase nunca segue uma trajetória clara, linear. Na maioria das vezes, é uma série de episódios — com começo, meio e fim. Em geral nos lembramos dos inícios. (Consegue se lembrar de como conheceu o seu parceiro ou parceira?) Os fins também marcam. (Onde você estava quando ficou sabendo da morte de seu pai ou sua mãe, um de seus avós, um ente querido?) Mas os meios são nebulosos. Eles somem mais do que reverberam. Eles se perdem... no meio.

No entanto, a ciência do timing tem revelado que os pontos médios exercem efeitos poderosos, mas peculiares, no que fazemos e em como fazemos. Às vezes, chegar ao ponto médio — de um projeto, um semestre, uma vida — entorpece nosso interesse e paralisa nosso progresso. Outras vezes, o meio agita e estimula; chegar ao ponto médio desperta nossa motivação e nos impele para um caminho mais promissor.

Chamo esses dois efeitos de "declínio" e "centelha".

Os pontos médios podem nos derrubar. Isso é o declínio. Mas também podem nos atiçar. Isso é a centelha. Como podemos perceber a diferença?

E como, se for o caso, podemos transformar um declínio em uma centelha? Encontrar as respostas implica acender velas festivas, criar um comercial de rádio e revisitar um dos maiores jogos do basquete universitário. Mas vamos iniciar nossa investigação com o que muitos consideram o ponto mais baixo do declínio físico, emocional e existencial do ser humano: a meia-idade.

É DISSO QUE GOSTO EM VOCÊ

Em 1965, um obscuro psicanalista canadense chamado Elliott Jaques publicou um artigo em um periódico igualmente obscuro chamado *International Journal of Psychoanalysis*. Jaques estudara a biografia de artistas proeminentes, incluindo Mozart, Rafael, Dante e Gauguin, e observou que uma quantidade singular deles parecia ter morrido aos 37 anos. Sobre essa precária fundação factual, ele adicionou alguns andares de jargão freudiano, instalou uma escada de nebulosas anedotas clínicas e apareceu com um edifício teórico todo pronto.

"No decorrer do desenvolvimento do indivíduo", escreveu Jaques, "há fases críticas que têm o caráter de pontos de mudança, ou períodos de rápida transição." E a fase menos familiar, porém mais crucial de todas, afirmou ele, ocorre por volta dos 35 anos — "que vou chamar de crise da meia-idade".[1]

Cabum!

A ideia se alastrou. A expressão "crise da meia-idade" ganhou as capas das revistas. Entrou para os diálogos na TV. Deu origem a dezenas de filmes de Hollywood e sustentou a indústria de debates por pelo menos duas décadas.[2]

"A característica central e crucial dessa fase do meio da vida", afirmou Jaques, era a "inevitabilidade da morte de cada um". Quando as pessoas chegam à suposta metade de sua existência, vislumbram de repente a ceifadora ao longe, o que origina "um período de perturbação psicológica e colapso depressivo".[3] Assombrado pelo fantasma da morte, o sujeito de meia-idade sucumbe a sua inevitabilidade ou muda radicalmente o curso de sua vida para evitar o acerto de contas final. A expressão adentrou na conversa das pessoas a uma velocidade espantosa.

Hoje ela permanece como parte do vernáculo; a cena de clichês culturais está mais viva do que nunca. Sabemos com que se parece uma crise da meia--idade mesmo quando ela é atualizada para os tempos modernos. Mamãe compra impulsivamente um Maserati cereja — nas crises de meia-idade, os carros são sempre vermelhos e esportivos — e se manda com seu assistente de 25 anos. Papai desaparece com o rapaz da piscina para abrir um café vegano em Palau. Meio século depois de Jaques ter lançado sua bomba conceitual, a crise da meia-idade está por toda parte.

Quer dizer, por toda parte, exceto nas evidências.

Quando os psicólogos do desenvolvimento a procuraram no laboratório ou no mundo real, voltaram quase que de mãos abanando. Quando as pesquisas de opinião pública foram atrás dela, o suposto clamor mal se fez ouvir. Em vez disso, durante os últimos dez anos, os pesquisadores detectaram um padrão de meia-idade mais silencioso, que percorre com notável consistência o mundo todo e reflete uma verdade mais ampla sobre pontos médios de todo tipo.

Por exemplo, em 2010, quatro cientistas sociais, incluindo Angus Deaton, economista vencedor do prêmio Nobel, obtiveram o que chamaram de "retrato da distribuição etária do bem-estar nos Estados Unidos". A equipe pediu a 340 mil entrevistados para se imaginar numa escada com degraus numerados de 0 a 10. Se o degrau superior representava sua melhor vida possível, e o inferior a pior possível, em que degrau estavam pisando agora? (A questão era um jeito mais engenhoso de perguntar: "Numa escala de 0 a 10, quanto você é feliz?") Os resultados, mesmo controlados por renda e demografia, assumiram a forma de um U, como você pode ver no gráfico. Pessoas na casa dos vinte e dos trinta

anos eram razoavelmente felizes, pessoas na casa dos quarenta e começo dos cinquenta, menos, e pessoas a partir dos 55 anos voltavam a ser mais felizes.[4]

O bem-estar na meia-idade não despencou num desastre de proporções cataclísmicas. Apenas sofreu leve queda.

Essa curva em U da felicidade — um declínio ameno, mais que uma crise violenta — é uma descoberta extremamente sólida. Um estudo um pouco anterior com mais de 500 mil americanos e europeus conduzido pelos economistas David Blanchflower e Andrew Oswald revelou que o bem-estar oscila de forma consistente perto do meio da vida. "A regularidade é intrigante", observam eles. "O formato de U é similar para homens e mulheres, de ambos os lados do Atlântico." Mas não se tratou apenas de um fenômeno anglo-americano. Blanchflower e Oswald também analisaram dados do mundo todo e descobriram algo notável. "No total, documentamos um formato de U estatisticamente significativo em felicidade ou satisfação de vida para 72 países", escreveram, de Albânia e Argentina a Uzbequistão e Zimbábue, passando por todo o alfabeto dos Estados-nações.[5]

Estudo após estudo em um leque impressionante de dados demográficos socioeconômicos e circunstâncias de vida chegaram à mesma conclusão: a felicidade atinge um pico no início da vida adulta, mas começa a declinar em torno dos quarenta anos, despencando de vez na casa dos cinquenta.[6] (Blanchflower e Oswald descobriram que "é estimado que o bem-estar subjetivo entre americanos do sexo masculino chega ao seu ponto mais baixo aos 52,9 anos".[7]) Mas nos recuperamos logo desse declínio e o bem-estar posterior da vida com frequência excede o dos anos de juventude. Elliott Jaques estava no trilho certo mas no trem errado. Alguma coisa de fato acontece conosco na meia-idade, mas as evidências atuais são muito menos dramáticas do que ele especulou de início.

Por quê? Por que esse ponto médio na vida nos deixa tão abatidos? Uma possibilidade é a decepção com as expectativas não realizadas. Em nossa ingenuidade de antes dos quarenta, nossas expectativas são elevadas e nosso mundo é cor-de-rosa. Então a realidade penetra como uma goteira no telhado. Só uma pessoa consegue se tornar CEO — e não vai ser você. Alguns casamentos desmoronam — e o seu, infelizmente, é um deles. Aquele sonho de possuir um time da Premier League se torna remoto quando você mal tem dinheiro para pagar a prestação do apartamento. Contudo, não permanecemos no poço emocional por um longo período, porque com o tempo ajustamos nossas aspirações e mais tarde percebemos que a vida é boa. Em resumo, nos abatemos na meia-idade porque prevemos mal. Na juventude, nossas expectativas são altas demais. Quando ficamos mais velhos, baixas demais.[8]

Entretanto, há outra explicação plausível. Em 2012, cinco cientistas pediram a zeladores de zoológico e pesquisadores de animais em três países que os ajudassem a compreender melhor os mais de quinhentos grandes primatas sob seus cuidados. Esses primatas — chimpanzés e orangotangos — iam de bebês a adultos idosos. Os pesquisadores queriam saber como estavam se saindo. Então pediram aos colaboradores que classificassem o humor e o bem-estar dos animais. (Não ria. Os pesquisadores explicam que o questionário utilizado "é um método bem estabelecido para medir o afeto positivo em primatas cativos".) Depois compararam esses índices de felicidade com a idade dos grandes primatas. O gráfico resultante é mostrado aqui.[9]

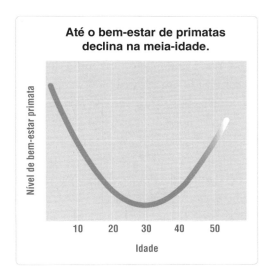

Até o bem-estar de primatas declina na meia-idade.

Isso suscita uma possibilidade intrigante: poderia o declínio do ponto médio ser antes um fator biológico do que sociológico, menos uma reação maleável às circunstâncias do que uma força imutável da natureza?

ACENDENDO VELAS E FAZENDO NAS COXAS

Uma caixa tradicional de velas de Chanucá contém 44 unidades, quantidade determinada com precisão talmúdica. O Chanucá dura oito noites consecutivas, e os judeus que celebram o feriado assinalam sua observância toda noite acendendo velas colocadas em um castiçal conhecido como *menorah*. Na primeira noite, os celebrantes acendem uma vela; na segunda, duas, e assim por diante. Como os observantes as acendem com o auxílio de outra vela, acabam utilizando duas velas na primeira noite, três na segunda e, finalmente, nove velas na oitava noite, produzindo a seguinte fórmula:

$$2 + 3 + 4 + 5 + 6 + 7 + 8 + 9 = 44$$

Quarenta e quatro velas significa que, quando o feriado chegar ao fim, a caixa estará vazia. Contudo, em lares judaicos do mundo todo, as famílias costumam terminar o Chanucá com algumas velas sobrando na caixa.

Como assim? Qual a explicação para o mistério das velas?

Diane Mehta oferece parte da resposta. Mehta é uma romancista e poetisa que mora em Nova York. Sua mãe é uma judia do Brooklyn, seu pai, um jainista indiano. Ela foi criada em Nova Jersey, onde celebrava o Chanucá, acendia as velas e "ganhava de presente coisas como meias". Quando teve um filho, ele também adorava acender as velas. Mas à medida que o tempo passou — mudança de emprego, divórcio, os rotineiros altos e baixos da vida —, o ritual se tornou menos regular. "No começo eu até me animo", ela me contou. "Mas depois de alguns dias perco a empolgação." Ela não acende mais as velas quando seu filho está com o pai. Mas às vezes, perto do fim do feriado, diz, "eu me dou conta de que o Chanucá ainda não acabou e acendo as velas outra vez. Falo para o meu filho: 'É a última noite. A gente precisa acender'".

Mehta muitas vezes começa o Chanucá com prazer e termina com determinação, mas relaxa no meio. Ela às vezes negligencia o ritual na terceira, quarta, quinta e sexta noites — e desse modo termina o feriado ainda com velas na caixa. E não é a única a agir assim.

Maferima Touré-Tillery e Ayelet Fishbach são duas cientistas sociais que estudam como as pessoas perseguem objetivos e aderem a padrões pessoais. Há alguns anos, estavam procurando uma área de aplicação dessas duas ideias no mundo real quando perceberam que o Chanucá representava um campo de

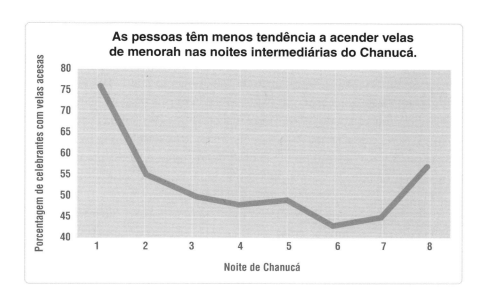

estudos ideal. Elas acompanharam o comportamento de mais de duzentos participantes judeus que observavam o feriado, medindo se — e, sobretudo, quando — acendiam as velas. Após oito noites coletando dados, eis o que descobriram:

Na primeira noite, 76% dos participantes acendiam as velas.

Na segunda, a porcentagem caía para 55%.

Nas noites seguintes, menos da metade dos celebrantes acendia as velas, com esse número voltando a subir para mais de 50% na oitava noite.

Durante o Chanucá, concluíram as pesquisadoras, "a adesão ao ritual seguiu um padrão em forma de U".[10]

Mas talvez esse declínio tenha uma explicação simples. Talvez os participantes menos religiosos, ao contrário de seus colegas mais observantes, estejam abrindo mão do ritual no meio e baixando a média. Touré-Tillery e Fishbach testaram essa possibilidade. Elas descobriram que o padrão em forma de U se tornava mais proeminente para os participantes mais religiosos. Eles exibiam uma tendência maior que os demais a acender as velas na primeira e na oitava noites. Mas, no meio do Chanucá, "seu comportamento era quase indistinguível do comportamento dos celebrantes menos religiosos".[11]

As pesquisadoras presumiram que o que estava ocorrendo era a "sinalização". Todos queremos que os outros tenham uma boa imagem de nós. E para algumas pessoas, acender as velas de Chanucá, gesto com frequência realizado na frente dos outros, é um sinal de virtude religiosa. Entretanto, os celebrantes acreditavam que os sinais mais importantes, os que projetavam essa imagem com mais intensidade, eram os do começo e do fim. O meio não tinha tanta importância. E estavam com razão. Quando Touré-Tillery e Fishbach conduziram posteriormente um experimento em que pediam às pessoas que avaliassem a religiosidade de três personagens fictícios com base no momento em que esses personagens acendiam as velas, "os participantes acharam que as pessoas que não acendiam o *menorah* na primeira e na última noites eram menos religiosas do que a que pulava o ritual na quinta noite".

No meio, relaxamos nossos padrões, talvez porque os outros relaxem a avaliação que fazem de nós. Nos pontos médios, por motivos que são vagos mas esclarecedores, fazemos as coisas "nas coxas" — como demonstra um último experimento. Touré-Tillery e Fishbach também recrutaram outras pessoas para verificar como jovens adultos se saíam em habilidades que não haviam utilizado com muita frequência desde a infância. Elas deram aos indivíduos um conjunto de cinco cartões, cada um com uma forma desenhada. A forma era sempre a mesma, mas mudava de posição em cada cartão. Depois deram uma tesoura a cada um e lhes pediram que recortassem as formas com o maior cuidado possível. Então as pesquisadoras apresentaram as formas recortadas a funcionários de laboratório não envolvidos com o experimento e lhes pediram que classificassem, numa escala de 1 a 10, a precisão do recorte das cinco formas.

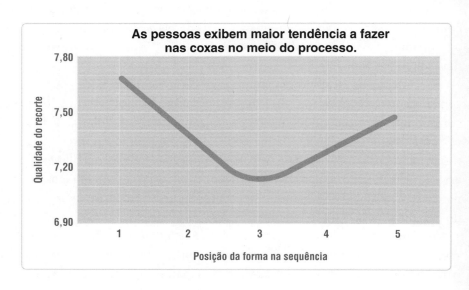

Resultado? A habilidade dos participantes com a tesoura era elevada no começo e no fim, mas abatia no meio. "No campo dos padrões de desempenho, descobrimos, portanto, que os participantes exibiam maior tendência a fazer nas coxas no meio da sequência, não no início nem no fim."

Alguma coisa acontece no meio — algo que parece mais um poder celestial do que uma escolha do indivíduo. Assim como a curva normal (em forma de sino) representa uma ordem natural, a curva em U representa outra. Não podemos suprimi-la. Mas como com qualquer força da natureza — tempestades, a gravidade, o impulso humano de consumir calorias —, podemos amenizar parte de seus males. O primeiro passo é ter consciência disso. Se a queda na meia-idade é inevitável, apenas estar ciente disso já alivia parte da dor, assim como saber que a condição não é permanente. Se estamos alertas para o fato de que nossos padrões tendem a cair no ponto médio, essa informação pode nos ajudar a moderar as consequências. Mesmo que não possamos deter a biologia e a natureza, podemos nos preparar para suas implicações.

Mas também temos outra opção. Podemos usar um pouco de biologia para contra-atacar.

O EFEITO OPS

Os melhores cientistas muitas vezes começam pequeno e pensam grande. Foi o que Niles Eldredge e Stephen Jay Gould fizeram. No início dos anos 1970, eram jovens paleontólogos. Eldredge estudava uma espécie de trilobita que viveu há mais de 300 milhões de anos. Gould, por sua vez, concentrava seu interesse em duas variedades de caracóis do Caribe. Mas quando Eldredge e Gould se juntaram, como fizeram em 1972, seus modestos objetos de pesquisa os levaram a um insight de proporções monumentais.

Na época, a maioria dos biólogos acreditava numa teoria chamada "gradualismo filético", que diz que as espécies se desenvolvem lentamente e em partes. A evolução, assim se pensava, avança de forma gradual — ao longo de milhões e milhões de anos —, com a natureza trabalhando constantemente em parceria com o tempo. Eldredge e Gould, porém, enxergaram algo diferente no registro fóssil dos artrópodes e moluscos que estavam estudando. A evolução das espécies às vezes avançava tão vagarosamente quanto os próprios caracóis. Mas em outros momentos explodia. As espécies passavam por longos períodos de estase que eram interrompidos por explosões de mudança súbita. Depois disso, a espécie recém-transformada permanecia estável por mais um longo período — até que outra explosão abrupta tornava a alterar seu curso. Eldredge e Gould chamaram sua nova teoria de "equilíbrio pontuado".[12] O caminho da evolução não era uma ascensão uniforme. A verdadeira trajetória era menos linear: períodos de estabilidade adormecida pontuados por rápidas explosões de mudança. A teoria Eldredge-Gould foi em si uma forma de equilíbrio pontuado — uma explosão conceitual gigantesca que interrompeu um período até então adormecido na biologia evolucionária e redirecionou o campo para um caminho alternativo.

Uma década mais tarde, uma pesquisadora chamada Connie Gersick estava começando a estudar outro organismo (seres humanos) em seu hábitat natural (salas de reunião). Ela acompanhou grupos reduzidos de pessoas enquanto estes trabalhavam em projetos — a força-tarefa em um banco que desenvolvia um novo tipo de contabilidade, os diretores de um hospital que planejavam um retiro de um dia, docentes e diretores de uma universidade que projetavam um novo instituto para ciência da computação —, da primeira reunião até o momento do prazo final. Estudiosos de administração acreditavam que equipes que trabalhavam em projetos aos poucos avançavam por uma série de estágios — e Gersick acreditava que, ao gravar em vídeo todas as reuniões e transcrever cada palavra dita pelas pessoas, poderia compreender esses processos consistentes de equipe de maneira mais detalhada.

O que ela descobriu em vez disso foi inconsistência. As equipes não progrediam regularmente por uma série universal de estágios. Usavam abordagens bem diversas e idiossincráticas para fazer o que precisavam. A equipe hospitalar evoluía de forma diferente da equipe do banco, que por sua vez evoluía diferente da equipe de ciência da computação. Porém, escreveu ela, o que permanecia igual, mesmo quando tudo mais diferia, era "o timing de quando os grupos eram formados, mantidos e alterados".[13]

Cada grupo passava primeiro por uma fase de inércia prolongada. Os membros das equipes começavam a se conhecer, mas não realizavam muita coisa. Conversavam sobre ideias, porém não avançavam. O relógio andava. Os dias passavam.

Então vinha uma súbita transição. "Numa explosão concentrada de mudanças, os grupos largavam antigos padrões, voltavam a se envolver com supervisores externos, adotavam novas perspectivas do trabalho e faziam um progresso dramático", descobriu Gersick. Após a fase inerte inicial, entravam em uma nova fase de total concentração em que executavam o planejamento e avançavam rápido rumo ao prazo final. Mas ainda mais interessante do que a explosão em si era quando ela acontecia. Não importa de quanto tempo as várias equipes dispunham, "cada grupo experimentou sua transição no mesmo ponto do calendário — precisamente o meio do caminho entre a primeira reunião e o deadline oficial".

Os bancários deram seu salto evolutivo na projeção de uma nova contabilidade no "17º dia de um período de 34 dias". A diretoria do hospital adotou uma direção nova e mais produtiva na sexta semana de uma incumbência de doze semanas. Assim foi com todas as equipes. "À medida que cada grupo se aproximava do ponto médio entre o período que começou o trabalho e seu prazo final, passava por grande mudança", escreveu Gersick. Os grupos não avançavam rumo a suas metas em um ritmo firme e regular. Em vez disso, passavam tempo considerável sem realizar quase nada — até experimentarem um pico de atividade que sempre surgia no "ponto médio temporal" de um projeto.[14]

Como Gersick obteve resultados que não esperava, e como esses resultados iam na contramão da visão predominante, ela procurou uma forma de compreendê-los. "O paradigma pelo qual vim a interpretar os resultados se parece com um conceito relativamente novo no campo da história natural e que nunca tinha sido aplicado a grupos: o equilíbrio pontuado", escreveu. Como aqueles trilobitas e caracóis, as equipes de seres humanos não progrediram de forma gradual. Elas experimentaram prolongados períodos de inércia — interrompidos por súbitas explosões de atividade. Mas no caso dos seres humanos, cujos horizontes de tempo cobriam alguns meses de trabalho, não milhões de anos de evolução, o equilíbrio sempre exibia o mesmo sinal de pontuação: um ponto médio.

Por exemplo, Gersick estudou um grupo de alunos de administração de empresas que tinha onze dias para analisar um caso e preparar um artigo explicativo. Os colegas de equipe discutiram e brigaram no início e resistiam a consultas externas. Mas no sexto dia de trabalho — o preciso ponto médio de seu projeto —, a questão do timing surgiu na conversa. "Nosso prazo é bem curto", advertiu um membro. Pouco depois desse comentário, o grupo abandonou a pouco promissora abordagem inicial e produziu uma estratégia revisada que perdurou até o fim. Na marca da metade para essa equipe e as demais, escreveu Gersick, os membros ficaram "com uma sensação de urgência".

Chame isso de "efeito ops".

Quando chegamos a um ponto médio, às vezes nos abatemos, mas outras vezes damos um salto. Uma sirene mental nos alerta de que desperdiçamos metade do nosso tempo. Isso injeta uma dose saudável de estresse — *Ops, nosso tempo está se esgotando!* — que reacende nossa motivação e reconfigura nossa estratégia.

Em uma pesquisa subsequente, Gersick confirmou o poder do efeito ops. Em um experimento, ela reuniu oito equipes de alunos de MBA e os incumbiu, após quinze ou vinte minutos da leitura de um briefing, de criar um comercial de rádio em uma hora. Então, como em seu trabalho anterior, gravou em vídeo as interações e transcreveu as conversas. Todos os grupos fizeram um comentário ops ("O.k., fizemos a metade. Agora estamos encrencados para valer.") entre o 28° e 31° minuto no período de uma hora de duração do projeto. E seis dessas oito equipes fizeram seu "progresso mais significativo" durante uma "explosão de ponto médio concentrada".[15]

Ela encontrou a mesma dinâmica ao estudar períodos mais longos. Em outra pesquisa, passou um ano acompanhando uma start-up financiada com capital de risco que chamou de M-Tech. Empresas inteiras não têm a vida finita nem os prazos específicos de pequenas equipes de projeto. Porém ela descobriu que a M-Tech "apresentou muitos dos mesmos padrões pontuais mostrados pelos grupos de projeto, em um nível mais sofisticado, deliberado". Ou seja, o CEO da M-Tech programou todo o planejamento principal e reuniões de avaliação da empresa em julho, o ponto médio do ano-calendário, e usou o que aprendeu de modo a redirecionar a estratégia para a segunda metade da M-Tech.

"Transições no meio do ano, como transições de ponto médio nos grupos, moldaram significativamente a história da M-Tech", escreveu Gersick. "Essas pausas no tempo interromperam táticas e estratégias existentes e forneceram oportunidades para que a gerência avaliasse e alterasse o curso da empresa."[16]

Pontos médios, como vemos, podem ter um efeito duplo. Em alguns casos, dispersam nossa motivação; em outros, ativam-na. Às vezes provocam um "oh, não" e recuamos; às vezes suscitam um "ops" e avançamos. Sob certas condições, ocasionam o declínio; sob outras, a centelha.

Pense no ponto médio como um despertador psicológico. Despertadores só são efetivos quando ajustamos o alarme, escutamos seu irritante bipe-bipe--bipe e não apertamos o botão da soneca. Mas com pontos médios, como no caso dos despertadores, o alarme para despertar mais motivador de todos é o que soa quando sentimos que estamos ficando para trás.

SHOW DO INTERVALO

No outono de 1981, um calouro de dezenove anos de Kingston, Jamaica, depois de passar por Cambridge, Massachusetts, entrou para a Georgetown University, em Washington. Patrick Ewing não se parecia com a maioria dos alunos do primeiro ano. Ele era alto. Um colosso de 2,13 metros de altura. Contudo, também era gracioso, um jovem que se movia com a rapidez fluida de um velocista.

Ewing chegara à Georgetown para ajudar o treinador John Thompson a firmar o nome da universidade como uma potência do basquete nacional. "Um gigante em movimento", chamou-o o *New York Times*. "O pivô que entrará para a posteridade", afirmou outro jornal. "Uma criança monstruosa" capaz de devorar os adversários como um "PAC-MAN humano", derreteu-se a *Sports Illustrated*.[17] Ewing rapidamente fez da Georgetown um dos principais times do país. Durante a temporada de calouros, os Hoyas venceram trinta jogos, um recorde universitário. Pela primeira vez em 39 anos, chegaram às semifinais da National Collegiate Athletic Association [Associação Atlética Acadêmica Nacional], quando venceram e passaram à final do campeonato.*

O adversário da Georgetown nessa final de 1982 da NCAA foram os Tar Heels da Universidade da Carolina do Norte, liderados pelo ala da seleção All-American James Worthy e treinados por Dean Smith. Dean Smith foi um treinador de prestígio, mas considerado pé-frio. Havia treinado os Tar Heels por 27 anos, levara-os às semifinais seis vezes e chegara a três finais. Mas para desolação dos fanáticos por basquete de seu estado, nunca ganhou o título nacional. Nos campeonatos, esse era um tema comum de provocação das torcidas adversárias.

---

* Durante as quatro temporadas de Ewing na Georgetown, os Hoyas chegaram às finais da NCAA três vezes.

Na noite da última segunda-feira de março, os Tar Heels de Smith e os Hoyas de Thompson se enfrentaram no Superdome de Louisiana diante de mais de 61 mil torcedores, "o maior público a comparecer a um jogo no hemisfério ocidental".[18] Ewing meteu medo desde o início, embora nem sempre com resultados produtivos. Os quatro primeiros pontos da Carolina do Norte vieram de bloqueios ilegais marcados contra Ewing. (Ewing atingia a bola quando ela estava descendo em direção à cesta, algo que geralmente só um jogador do seu tamanho consegue fazer.) A Carolina do Norte não encestou a bola de fato durante os oito primeiros minutos da partida.[19] Ewing distribuiu tocos, converteu lances livres e acabou marcando 23 pontos. Mas a Carolina do Norte não ficou muito atrás no placar. A quarenta segundos do intervalo, Ewing disparou por 24 metros na quadra e enterrou a bola com tanta força que quase envergou as tábuas do assoalho. Georgetown ficou na frente, 32 a 31, um bom presságio. Nas 43 últimas finais da NCAA, a equipe que terminara em primeiro no intervalo vencera em 34 ocasiões, uma taxa de sucesso de 80%. Durante sua temporada regular, Georgetown detinha um recorde de 26–1 em jogos em que terminou a primeira metade em vantagem.

O intervalo nos esportes representa outro tipo de ponto médio — um momento específico no tempo em que a atividade cessa e os times aproveitam para fazer uma reavaliação e novos ajustes. Mas os pontos médios esportivos diferem da vida, ou mesmo de um projeto, em um aspecto importante: no intervalo, a equipe que está em desvantagem enfrenta uma dura realidade matemática. O outro time tem mais pontos. Isso significa que apenas marcar o mesmo número de pontos na metade restante significará a derrota na certa. A equipe que está atrás no placar deve não só alcançar a pontuação do adversário, como também superar a vantagem aberta por ele. Um time que está à frente no intervalo — em qualquer esporte — tem mais probabilidade de ganhar o jogo. Isso tem pouco a ver com os limites da motivação pessoal e tudo a ver com as frias leis matemáticas.

Entretanto, há uma exceção — uma circunstância peculiar em que a motivação parece levar a melhor sobre a probabilidade.

Jonah Berger, da Universidade da Pensilvânia, e Devin Pope, da Universidade de Chicago, analisaram mais de 18 mil jogos da NBA durante quinze anos, prestando especial atenção ao placar no intervalo. Não surpreende que as equipes que terminaram na frente ao chegar o meio-tempo ganharam mais partidas do que aquelas que estavam perdendo. Por exemplo, uma vantagem de seis pontos no intervalo dá à equipe uma probabilidade de 80% de vencer a partida. Entretanto, Berger e Pope detectaram uma exceção à regra: as equipes que perdiam *por apenas um ponto* tinham mais probabilidade de vitória. Na verdade, estar perdendo por um ponto no intervalo era mais vantajoso do que estar vencendo por um ponto. Equipes da casa perdendo por um ponto no meio-tempo saíram vitoriosas em mais de 58% das vezes. Com efeito, ficar atrás em um ponto no intervalo, estranhamente, equivalia a estar *na frente* em dois pontos.[20]

Berger e Pope depois examinaram dez anos de partidas da NCAA, quase 46 mil jogos no total, e constataram o mesmo efeito, embora um pouco reduzido. "Estar um pouco atrás [no intervalo] aumenta de forma significativa a chance de vencer de uma equipe", escreveram. E quando observaram os padrões de pontuação em detalhes, descobriram que as equipes atrás no placar marcavam uma quantidade desproporcional de pontos logo depois do intervalo. Elas voltavam com toda a força no início do segundo tempo.

Toneladas de dados esportivos podem revelar correlações, mas não nos informam nada definitivo sobre as causas. Assim, Berger e Pope conduziram alguns experimentos simples para identificar os mecanismos em funcionamento. Eles reuniram os participantes e puseram cada um contra um adversário em salas separadas, numa disputa para ver quem digitava mais rapidamente no computador. Os que obtinham uma pontuação mais elevada que a do adversário ganhavam um prêmio em dinheiro. O jogo teve dois breves períodos separados por um intervalo. E foi durante o intervalo que os experimentadores trataram os participantes de forma diferente. Para alguns, disseram que estavam bem atrás de seu adversário, para outros, um pouco atrás, para outros ainda, que estavam empatados, e para outros, que estavam um pouco à frente.

Os resultados? Três grupos igualaram seu desempenho da primeira metade, mas um se saiu consideravelmente melhor — os que acreditavam estar só um pouco atrás. "Apenas dizer às pessoas que elas estavam logo atrás do adversário levou-as a se esforçar mais", escreveram Berger e Pope.[21]

No segundo tempo das finais de 1982, a Carolina do Norte voltou com um ataque agressivo e uma defesa sólida. Em quatro minutos, os Tar Heels tiraram a diferença e abriram três pontos de vantagem. Mas Georgetown e Ewing deram o troco e o jogo ficou lá e cá até os últimos minutos. Faltando

32 segundos para acabar, a Georgetown vencia por 62 a 61. Dean Smith pediu tempo, seu time atrás por um ponto. A Carolina do Norte pôs a bola em jogo, trocou sete passes na boca do garrafão e atacou pelo lado fraco da quadra, onde um desconhecido armador calouro arremessou a cinco metros da cesta para deixar os Tar Heels em vantagem. Nos segundos restantes, os Hoyas se perderam. E a desvantagem de um ponto da Carolina do Norte se transformou numa vitória por um ponto e na conquista do título nacional.

O campeonato de 1982 da NCAA entrou para os anais do basquete. Dean Smith, John Thompson e James Worthy se tornariam três dentre apenas cerca de 350 jogadores, treinadores e outras figuras na história do jogo a ganhar placas no Naismith Memorial Basketball Hall of Fame. E o obscuro calouro que marcou a cesta da vitória se chamava Michael Jordan, cuja carreira no basquete seria memorável, como todo mundo sabe.

Mas para aqueles mais interessados na psicologia do ponto médio, o momento mais crucial foi a conversa de Smith com sua equipe quando ela estava em desvantagem por um ponto. "Estamos muito bem", ele disse. "Prefiro estar na nossa pele do que na deles. Estamos exatamente onde queremos estar."[22]

Pontos médios são tanto um fato da vida como uma força da natureza, mas isso não torna seus efeitos inexoráveis. Nossa maior esperança de transformar um declínio em uma centelha envolve três passos.

Primeiro, atenção com os pontos médios. Não deixe que permaneçam invisíveis.

Segundo, use-os para despertar, não para postergar — para emitir um "ops" ansioso, não um "ah, não" resignado.

Terceiro, no ponto médio, imagine que você está atrás — mas só um pouco. Isso vai instigar sua motivação e quem sabe ajudá-lo a vencer um campeonato nacional.

Manual do programador do tempo IV

CINCO MANEIRAS DE REAVIVAR SUA MOTIVAÇÃO DURANTE UM DECLÍNIO DO PONTO MÉDIO

Se você chegou ao ponto médio de um projeto ou tarefa, e o efeito ops não bateu, eis aqui alguns métodos inequívocos, comprovados, de sair do declínio:

1. Estabeleça metas provisórias.

Para manter a motivação, e talvez reacendê-la, divida grandes projetos em passos menores. Em um estudo que examinou tentativas de perder peso, disputas de corrida e acúmulo de milhas para obtenção de passagens aéreas gratuitas, pesquisadores descobriram que a motivação das pessoas era forte no começo e no fim de sua meta — mas na etapa intermediária elas ficavam "empacadas no meio".[1] Por exemplo, na tentativa de juntar 25 mil milhas, as pessoas estavam mais dispostas a se esforçar para acumular as milhas quando tinham 4 mil ou 21 mil. Quando tinham 12 mil milhas, porém, seu ânimo esmorecia. Uma solução é fazer a mente encarar a metade do caminho de forma diferente. Em vez de pensar no total de 25 mil milhas, estabeleça um miniobjetivo na marca de 12 mil milhas para acumular 15 mil milhas e faça disso seu foco. Numa corrida, seja literal ou metafórica, em vez de imaginar sua distância da linha de chegada, concentre-se em chegar à marca do quilômetro seguinte.

2. Comprometa-se publicamente com essas metas provisórias.

Uma vez estabelecidos seus miniobjetivos, utilize o poder do comprometimento em público. Tendemos muito mais a nos ater a uma meta quando os outros nos consideram responsáveis por isso. Uma forma de superar um declínio é dizer a alguém *como* e *quando* você vai concretizar algo. Suponha que você esteja no meio da redação de uma tese, da preparação de um currículo ou da criação do planejamento estratégico da sua organização. Publique um tuíte ou post no Facebook afirmando que vai terminar o que está fazendo em determinada data. Peça aos seus seguidores que o cobrem quando chegar o momento. Com muita gente na expectativa do que você precisa terminar, você vai querer evitar o constrangimento público conquistando seu miniobjetivo.

3. Interrompa a sentença na metade.

Ernest Hemingway escreveu quinze livros durante a vida e uma de suas técnicas de produtividade favoritas foi uma que eu mesmo utilizei (até para escrever este livro). Ele muitas vezes encerrava uma sessão de trabalho não no fim de um trecho ou parágrafo, mas no meio da frase. Essa sensação de trabalho incompleto acendia uma centelha de ponto médio que o ajudava a iniciar o dia seguinte com ímpeto imediato. Um motivo para a técnica de Hemingway funcionar é algo chamado efeito Zeigarnik, nossa tendência a nos lembrar mais de tarefas por finalizar do que as finalizadas.[2] Quando você está na metade de um projeto, experimente encerrar o expediente no meio de uma tarefa com um claro passo seguinte. Isso pode servir de combustível para sua motivação diária.

4. Não quebre a corrente (a técnica Seinfeld).

Jerry Seinfeld tem o hábito de escrever todo dia. Não só nos dias em que se sente inspirado — mas todo santo dia. Para manter o foco, ele imprime um calendário com os 365 dias do ano. Então risca dia após dia com um grande X vermelho. "Após alguns dias, você tem uma corrente", contou ao desenvolvedor de software Brad Isaac. "Basta continuar fazendo isso e a corrente ficará mais longa a cada dia. Você vai gostar de ver essa corrente, especialmente quando a contagem já tiver algumas semanas. Sua única tarefa será não quebrá-la."[3] Imagine sentir o declínio do ponto médio, mas então observar essa sequência de trinta, cinquenta, cem Xs. Como Seinfeld, você vai dar conta do recado.

5. Imagine quem você ajudará com seu trabalho.

À nossa seleção de gênios da motivação do ponto médio, que inclui Hemingway e Seinfeld, vamos acrescentar Adam Grant, professor da Wharton e autor de *Originais: como os inconformistas mudam o mundo* e *Dar e receber*. Quando confrontado com tarefas difíceis, ele encontra motivação se perguntando como vai beneficiar outras pessoas.[4] O declínio de *Como posso continuar?* se torna a centelha de *Como posso ajudar?* Assim, se você estiver se sentindo empacado no meio de um projeto, imagine uma pessoa que se beneficiará de seus esforços. Dedicar seu trabalho a essa pessoa aprofundará a dedicação a sua tarefa.

ORGANIZE SEU PRÓXIMO PROJETO COM O MÉTODO *FORM-STORM-PERFORM* [FORMA-CONFRONTO--DESEMPENHO]

Nos anos 1960 e 1970, o psicólogo organizacional Bruce Tuckman desenvolveu uma influente teoria de como os grupos evoluem com o tempo. Tuckman acreditava que todas as equipes avançavam em quatro estágios: *form* (formar), *storm* (confrontar), *norm* (normatizar) e *perform* (desempenhar). Podemos combinar partes do modelo de Tuckman com a pesquisa de Gersick sobre fases de equipe para criar uma estrutura em três fases para seu próximo projeto.

Fase um: formar e confrontar.

Quando as equipes se reúnem pela primeira vez, muitas vezes passam por um período de máxima harmonia e mínimo conflito. Use esses momentos iniciais para desenvolver uma visão compartilhada, estabelecer valores de grupo e gerar ideias. No fim das contas, saiba, porém, que as nuvens da "tempestade" (*storm*) de Tuckman acabarão com esse clima tranquilo. A personalidade de uns os levará a tentar influenciar os demais e a silenciar as vozes mais acanhadas. Outros talvez contestem suas responsabilidades e papéis. À medida que o tempo passa, certifique-se de que todos os participantes tenham voz, que as expectativas fiquem claras e que todos os membros possam contribuir.

Fase dois: o ponto médio.

Depois de todo o *Sturm und Drang* (tempestade e ímpeto) da fase um, é provável que sua equipe ainda não tenha concretizado muita coisa. Esse foi o principal insight de Gersick. Assim, utilize o ponto médio — e o efeito ops que ele traz — para estabelecer o rumo e acelerar o ritmo. Ayelet Fishbach, da Universidade de Chicago, cujo trabalho com as velas de Chanucá descrevi antes, descobriu que quando uma equipe é muito comprometida em atingir um objetivo, é melhor enfatizar o trabalho que falta fazer. Mas quando a equipe é pouco comprometida, é mais sensato enfatizar o progresso que já foi feito, mesmo que ele não seja muito significativo.[5] Descubra qual é o nível de comprometimento da sua equipe e proceda de acordo com ele. Quando fixar uma rota, lembre-se de que as equipes geralmente se tornam menos abertas a novas ideias e soluções após o ponto médio.[6] Por outro lado, estão mais dispostas a serem instruídas.[7] Assim, incorpore seu Dean Smith interior, explique que vocês estão um pouco atrasados e encoraje a ação.

Fase três: desempenhar

Nesse ponto, os membros da equipe estão motivados, confiantes em conquistar a meta e, de modo geral, capacitados a trabalhar juntos com um mínimo de atrito. Monitore o avanço, mas cuidado para não regredir ao estágio de "confrontar". Vamos dizer que você seja parte de uma equipe de engenharia automobilística em que os engenheiros costumam se dar bem, mas estão agora começando a ter atitudes hostis uns com os outros. Para manter o desempenho ideal, peça aos colegas que reflitam por um momento e respeitem os papéis de cada um, então volte a enfatizar a visão compartilhada que estão perseguindo. Fique aberto a uma mudança de tática, mas nesse estágio direcione seu foco para a execução.

CINCO MANEIRAS DE COMBATER UM DECLÍNIO NA MEIA-IDADE

A autora e professora da Universidade de Houston Brené Brown oferece uma definição maravilhosa de "meia-idade". Ela afirma que esse é o período "em que o universo segura você pelos ombros e lhe diz 'Chega de enrolação, use os dons que você recebeu'". Como a maioria de nós vai um dia enfrentar a curva normal do bem-estar, eis algumas formas de reagir quando o universo sacudi-lo pelos ombros e você ainda não estiver pronto.

1. Priorize suas metas principais (a técnica de Buffett).

Para um bilionário, até que Warren Buffett parece ser um cara bem legal. Ele prometeu doar sua fortuna multibilionária para caridade. Mantém um estilo de vida simples. E continua a trabalhar duro, mesmo sendo um octogenário. Mas o Oráculo de Omaha também se mostra certeiro em como lidar com o declínio da meia-idade.

Reza a lenda que um dia Buffett conversava com seu piloto particular, o qual estava frustrado por não ter conseguido conquistar tudo que sonhara. Buffett prescreveu uma solução em três etapas.

Primeiro, disse, escreva suas 25 principais metas para o resto da vida.

Segundo, examine a lista e circule as cinco metas principais, as que são inquestionavelmente sua prioridade mais elevada. Isso vai deixá-lo com duas listas — uma com suas cinco metas principais e outra com as vinte restantes.

Terceiro, comece imediatamente a planejar como atingir essas cinco metas principais. E as outras vinte? Livre-se delas. Evite-as a todo custo. Nem sequer olhe para elas até ter conseguido as cinco primeiras, o que pode levar um longo tempo.

Fazer bem poucas coisas importantes tem muito mais chances de tirá-lo do declínio do que uma dúzia de projetos meia-boca abandonados pela metade.

2. Seja mentor de alguém na metade de sua carreira dentro da organização.

Na maioria dos casos, a figura do mentor de carreira surge quando há pessoas novas em uma área ou negócio, e depois desaparece, com a convicção de que estamos estabelecidos e não precisamos mais de orientação.

Hannes Schwandt, da Universidade de Zurique, diz que isso é um erro. Ele sugere que os empregados devem contar com um mentor formal e específico durante *toda* a carreira.[8] Isso traz dois benefícios. Primeiro, reconhece que a curva do bem-estar em formato de U é algo que a maioria de nós vai encontrar. Falar abertamente sobre o declínio pode nos ajudar a perceber que não há problema em sentir tédio no meio da carreira.

Segundo, os empregados mais experientes podem oferecer estratégias para lidar com o declínio. E os colegas podem oferecer orientação uns aos outros. O que as pessoas têm feito para renovar seu propósito no trabalho? Como estão construindo relacionamentos significativos no escritório e fora dele?

3. Subtraia mentalmente os eventos positivos.

Na matemática da meia-idade, às vezes a subtração é mais poderosa que a adição. Em 2008, quatro psicólogos sociais se inspiraram no filme *A felicidade não se compra* para sugerir uma técnica inédita baseada nessa ideia.[9]

Comece pensando em algo positivo em sua vida — o nascimento de um filho, seu casamento, uma realização espetacular na carreira. Depois liste todas as circunstâncias que tornaram isso possível — talvez uma decisão aparentemente insignificante sobre onde jantar certa noite, uma aula em que você decidiu se matricular impulsivamente ou o amigo de um amigo de um amigo que por acaso lhe contou sobre uma vaga de emprego.

Em seguida, escreva todos os eventos, circunstâncias e decisões que podiam nunca ter acontecido. E se você não tivesse ido àquela festa, escolhido um curso diferente ou deixado de tomar café com sua prima? Imagine sua vida sem essa cadeia de eventos e, mais importante, sem esse imenso lado positivo em sua vida.

Agora volte ao presente e lembre-se que a vida de fato lhe sorriu. Considere a aleatoriedade bela e feliz que trouxe determinada pessoa ou oportunidade até você. Dê um suspiro de alívio. Balance a cabeça diante de sua boa sorte. Seja grato. Sua vida pode ser mais maravilhosa do que você pensa.

4. Escreva alguns parágrafos demonstrando compaixão consigo mesmo.

Muitas vezes somos mais compassivos com os outros do que com nós mesmos. Mas a ciência do que chamamos de "autocompaixão" está mostrando que esse viés pode ferir nosso bem-estar e minar nossa resiliência.[10] É por isso que pessoas que pesquisam esse tópico recomendam cada vez mais práticas como a seguinte.

Comece identificando alguma coisa sobre si próprio que o enche de arrependimento, vergonha ou decepção. (Talvez você tenha sido mandado embora do emprego, reprovado numa matéria, estragado um namoro, arruinado suas finanças.) Depois escreva alguns detalhes sobre como se sente em relação a isso.

Então, em dois parágrafos, redija um e-mail expressando compaixão ou compreensão quanto a esse episódio da sua vida. Imagine o que alguém que gosta de você poderia lhe dizer. A pessoa provavelmente mostraria mais clemência. De fato, a professora Kristin Neff, da Universidade do Texas, sugere que você escreva sua carta "da perspectiva de um amigo imaginário que o ame sem restrições". Mas mescle compreensão com ação. Acrescente algumas frases sobre quais mudanças você pode fazer em sua vida e como pode melhorar no futuro. Uma carta de compaixão para si mesmo funciona como o corolário inverso da Regra de Ouro: oferece uma forma de tratar você mesmo como faria com outros.

5. Espere.

Às vezes o melhor curso de ação é a... inação. Sim, pode ser uma agonia, mas não fazer nada muitas vezes é a coisa certa a fazer. Declínios são normais, mas também têm vida curta. Sair deles é tão natural quanto entrar. Pense na situação como se fosse um resfriado: é um aborrecimento, mas acaba indo embora, e quando vai, você mal se lembra.

5. Fins

Maratonas, chocolates e o poder da pungência

Se você quer um final feliz, isso depende, é claro,
de onde interrompe sua história.
Orson Welles

Todo ano, mais de meio milhão de pessoas correm em maratona nos Estados Unidos. Após treinar por meses, elas acordam cedo no fim de semana, amarram o tênis e saem para cobrir 42,2 quilômetros em uma das 1100 maratonas anuais do país. Em outras partes do mundo, ocorrem cerca de 3 mil outras maratonas, atraindo bem mais de 1 milhão de corredores. Muitos desses participantes, nos Estados Unidos e no mundo todo, estão correndo sua primeira maratona. Segundo algumas estimativas, cerca de metade das pessoas em uma maratona típica é de marinheiros de primeira viagem.[1]

O que leva esses principiantes a arriscar joelhos doloridos, tornozelos torcidos e uma overdose de bebidas energéticas? Para Red Hong Yi, artista australiana, "a maratona sempre foi uma dessas coisas quase impossíveis", contou-me ela, que decidiu "abrir mão dos fins de semana e fazer uma tentativa". Ela correu na Maratona de Melbourne em 2015, sua primeira, após treinar por seis meses. Jeremy Medding, que trabalha com venda de diamantes em Tel Aviv e correu pela primeira vez na Maratona da Cidade de Nova York em 2005, contou-me que "sempre tem um objetivo que prometemos a nós mesmos" e que a maratona era uma das coisas em sua lista de desejos. Cindy Bishop, advogada na Flórida, disse que correu a primeira maratona em 2009 "para mudar minha vida e me reinventar". Andy Morozovsky, zoólogo que virou executivo de biotecnologia, correu a Maratona de San Francisco de 2015, embora nunca tivesse feito nada parecido com uma prova como essa. "Eu não tinha a menor intenção de vencer. Só planejava terminar", contou. "Queria ver como me sairia."

Quatro pessoas, com diferentes profissões, que vivem em quatro diferentes partes do mundo, todas unidas pela aspiração comum de correr 42,2 quilômetros. Mas alguma outra coisa esses corredores e legiões de outros maratonistas novatos têm em comum.

Red Hong Yi correu sua primeira maratona aos 29 anos. Jeremy Medding, aos 39. Cindy Bishop correu a primeira maratona aos 49 anos e Andy Morozovsky, aos 59.

Todos os quatro eram o que os psicólogos sociais Adam Alter e Hal Hershfield chamam de "9-enders", pessoas no último ano de uma década de vida. Cada um deles se forçou a fazer algo aos 29, 39, 49 e 59 anos que não haviam feito, nem sequer considerado fazer, aos 28, 38, 48 e 58 anos. Chegar ao fim de uma década de algum modo mexeu com seu íntimo e deu novo rumo a suas ações. Fins exercem esse efeito.

Como inícios e pontos médios, os fins silenciosamente guiam o que fazemos e como fazemos. Na verdade, fins de todo tipo — de experiências, projetos, semestres, negociações, estágios da vida — moldam nosso comportamento de quatro maneiras previsíveis. Eles nos ajudam a energizar. Ajudam a codificar. Ajudam a editar. Ajudam a elevar.

ENERGIZANDO: POR QUE NOS EMPENHAMOS MAIS PERTO DE (CERTAS) LINHAS DE CHEGADA

Décadas cronológicas têm pouca significação material. Para um biólogo ou médico, as diferenças fisiológicas de, digamos, Fred aos 39 anos e Fred aos quarenta não são grandes — provável que não muito diferentes de Fred aos 38 e Fred aos 39 anos. Tampouco nossas circunstâncias de vida divergem muito em idades terminando em nove, comparadas às que terminam em zero.

Nossas narrativas de vida muitas vezes progridem de segmento em segmento, algo como os capítulos de um livro. Mas nossa história real não se conforma a números redondos mais do que os romances o fazem. Afinal, você não avaliaria um livro pelos números de página. "As páginas 160 a 169 foram emocionantes, mas as páginas 170 a 179 foram um pouco chatas." Contudo, quando as pessoas se aproximam do fim do marcador arbitrário de uma década, algo desperta em sua mente e altera seu comportamento.

Por exemplo, para correr uma maratona, os participantes devem se inscrever e declarar a idade. Alter e Hershfield descobriram que *9-enders* estão super-representados entre os maratonistas de primeira viagem em excepcionais 48%. Ao longo da vida, a idade em que as pessoas revelaram maior probabilidade de correr sua primeira maratona foi 29 anos. Indivíduos de 29 anos tinham cerca de duas vezes mais chances de correr uma maratona do que pessoas de 28 ou trinta anos.

Já no início da casa dos quarenta a participação em maratona pela primeira vez diminui, mas sobe drasticamente aos 49 anos. Uma pessoa de 49 anos tem probabilidade cerca de três vezes maior de correr uma maratona do que alguém apenas um ano mais velho.

Além do mais, aproximar-se do fim de uma década parece acelerar o ritmo do participante. Pessoas que correm inúmeras maratonas mostraram tempos melhores com 29 e 39 anos do que durante os dois anos precedentes ou após essas idades.[2]

O efeito energizante do fim de uma década de vida não faz sentido lógico para o cientista e maratonista Morozovsky. "Monitorar a idade? A Terra não liga para isso. Mas as pessoas sim, porque nossa vida é breve. Monitoramos para ver como estamos nos saindo", afirmou ele. "Eu queria realizar esse desafio físico antes de chegar aos sessenta. Acabei de conseguir." Para Yi, a artista australiana, vislumbrar esse marco cronológico atiçou sua motivação. "Quando estava chegando aos trinta, eu tinha de realizar alguma coisa em meu 29º aniversário", disse ela. "Eu não queria que esse último ano passasse em branco."

Porém, a proximidade de um 9 qualquer no velocímetro da vida nem sempre desperta um comportamento saudável. Alter e Hershfield também descobriram que "a taxa de suicídio era mais elevada entre *9-enders* do que entre pessoas cuja idade terminava em qualquer outro dígito". O mesmo, aparentemente, se dava com a propensão masculina a trair a esposa. No site de casos extracon-

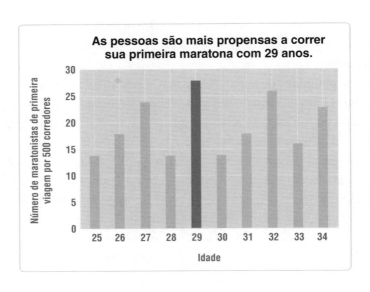

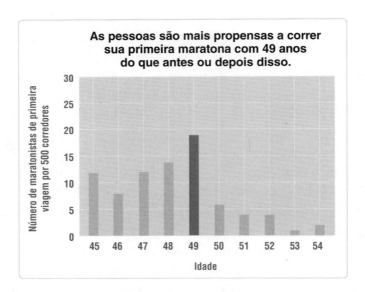

jugais Ashley Madison, quase um em cada oito homens tinham 29, 39, 49 ou 59 anos, cerca de 18% acima do que o acaso poderia prever.

O que o fim da década de fato parece despertar, para o bem e para o mal, é uma busca revigorada de significado. Como explicam Alter e Hershfield:

Pelo fato de a proximidade de uma nova década representar uma importante fronteira entre estágios da vida e funcionar como marcador de progresso no decorrer dela, e por causa de as transições da vida tenderem a suscitar mudanças nas avaliações do eu, as pessoas ficam mais aptas a avaliar sua existência quando uma década cronológica termina do que em outros momentos. Os 9-enders estão particularmente preocupados com a velhice e a falta de sentido, que estão ligadas a um aumento dos comportamentos que sugerem busca ou crise de significado.[3]

Chegar ao fim também nos leva a agir com maior urgência em outras áreas. Pegue a National Football League [Liga Nacional de Futebol Americano]. Cada jogo dura sessenta minutos, duas metades de trinta minutos. Nos dez anos que vão das temporadas 2007-8 a 2016-7, segundo a STATS LLC, as equipes marcaram um total de 119 040 pontos. Cerca de 50,7% desses pontos vieram na primeira metade e cerca de 49,3% na segunda — diferença não muito grande, sobretudo considerando que as equipes que estão na frente mais para o final do jogo muitas vezes deixam de tentar marcar para fazer o tempo correr. Mas olhemos para algumas camadas estatísticas mais profundas, para os padrões de pontuação minuto a minuto, e o efeito energizante dos fins é óbvio. Durante essas temporadas, as equipes marcaram um total de cerca de 3200 pontos no último minuto do jogo, mais do que quase todos os demais segmentos de um minuto da partida. Mas isso não foi nada comparado aos quase 7900 pontos que os times marcaram no último minuto da etapa inicial. Durante o minuto em que esse tempo está se encerrando, quando a equipe com a bola tem todo incentivo para acrescentar pontos ao seu placar, os times marcam bem mais que o dobro do que durante qualquer outro minuto do jogo.[4]

Clark Hull, embora tenha nascido quarenta anos antes da fundação da NFL, não teria ficado surpreso. Hull foi um psicólogo americano proeminente do início do século XX, uma das principais figuras do behaviorismo, que sustentava que os seres humanos não se comportavam de maneira muito diferente de ratos em um labirinto. No início da década de 1930, Hull propôs o que chamou de "hipótese do gradiente de meta".[5] Ele construiu uma longa pista que dividiu em seções iguais. Colocou comida em todas as "linhas de chegada". Depois pôs ratos para correr na pista e cronometrou a velocidade de cada um em sua seção. Descobriu que "animais atravessando um labirinto movem-se a um ritmo progressivamente mais rápido à medida que a meta se aproxima".[6] Em outras palavras, quanto mais perto da comida, mais rápido correm. A hipótese do gradiente de meta de Hull perdurou mais do que a maioria dos outros insights behavioristas. No início de uma busca, ficamos em geral mais motivados a constatar o quanto progredimos; no fim, ficamos em geral mais energizados para tentar tirar a pequena diferença que resta.[7]

O poder motivador dos finais é uma das razões para deadlines serem com frequência, embora não sempre, eficazes. Por exemplo, a Kiva é uma organização sem fins lucrativos que financia pequenos empréstimos a juros baixos ou sem juros para microempreendedores. Os que almejam um empréstimo devem completar um extenso requerimento on-line. Muitos começam a preencher o formulário mas não terminam. A Kiva procurou o Common Cents Lab, um laboratório de pesquisa comportamental, para encontrar uma solução. A sugestão deles: impor um encerramento. Dar às pessoas um prazo final específico dali a algumas semanas para que completem o formulário. A princípio, a ideia parece idiota. Um prazo final com certeza significa que algumas pessoas não vão completar o formulário a tempo e desse modo serão desqualificadas para o empréstimo. Mas a Kiva descobriu que quando enviava como lembrete aos solicitantes uma mensagem com deadline, em vez de uma mensagem sem deadline, 24% mais pessoas terminavam a requisição.[8] Igualmente, em outros estudos, pessoas que receberam um deadline rígido — data e horário — mostraram maior probabilidade de assinar um termo para serem doadores de órgãos do que outras para quem a escolha permanecia em aberto.[9] Pessoas com um vale-presente válido por duas semanas têm probabilidade três vezes maior de usá-lo do que pessoas com o mesmo vale-presente válido por dois meses.[10] Negociantes com um prazo final têm probabilidade duas vezes maior de chegar a um acordo do que outros sem prazo final — e esse acordo é feito desproporcionalmente perto do fim do prazo concedido.[11]

Pense nesse fenômeno como um primo de primeiro grau do efeito de recomeço — o efeito de terminar rápido. Quando estamos próximos do final, damos um pouco mais de nós mesmos.

Decididamente, o efeito não é uniforme nem 100% positivo. Por exemplo, à medida que nos aproximamos de uma linha de chegada, ter muitas maneiras de cruzá-la pode desacelerar nosso avanço.[12] Deadlines, sobretudo para tarefas criativas, às vezes reduzem a motivação intrínseca e acachapam a criatividade.[13] E embora impor um prazo final para as negociações — para contratos de trabalho ou até tratados de paz — possa muitas vezes acelerar uma resolução, isso nem sempre leva aos melhores ou mais duradouros resultados.[14]

Entretanto, como no caso dos ratos de Clark Hull, ser capaz de farejar a linha de chegada — esteja ela nos oferecendo um pedaço de queijo ou uma porção de significado — pode nos proporcionar energia para avançar mais rápido.

Red Hong Yi, agora com 31 anos, continua a correr por prazer, embora não tenha tentado uma segunda maratona nem cogitado fazê-lo nos próximos anos. "Quem sabe eu faça isso no meu aniversário de 39 anos", afirma ela.

CODIFICANDO: JIMMY, JIM E A BOA VIDA

Em 8 de fevereiro de 1931, Mildred Marie Wilson, de Marion, Indiana, deu à luz um menino que seria seu único filho, a quem ela e o marido chamaram de James. Jimmy, como os pais o chamavam, viveu uma infância feliz, ainda que tumultuada. Sua família se mudou do norte de Indiana para o sul da Califórnia quando ele estava no ensino fundamental. Mas alguns anos mais tarde sua mãe morreu repentinamente de câncer e o pai de Jimmy o mandou de volta a Indiana para viver com parentes. O resto de sua jovem vida no Meio-Oeste foi agradável e estável — igreja, esportes, clube de debates. Quando terminou a escola, ele voltou ao sul da Califórnia para cursar a faculdade, mas se apaixonou pelo mundo do cinema; então em 1951, prestes a completar vinte anos, largou a UCLA para tentar a carreira de ator.

A parti daí sua história comum tomou um rumo extraordinário.

Jimmy logo conseguiu fazer alguns comerciais e pequenos papéis na TV. E no ano em que completou 23 anos, um dos diretores mais famosos da época o escalou na adaptação cinematográfica de um romance de John Steinbeck. O filme foi um sucesso; Jimmy foi indicado ao Oscar. Nesse mesmo ano, conseguiu o papel principal em um filme ainda mais proeminente; isso lhe rendeu outra nomeação para o Oscar. Num piscar de olhos, ainda muito jovem, tornou-se um dos maiores astros de Hollywood. Então, cerca de quatro meses antes de completar 25 anos, Jimmy, cujo nome completo era James Byron Dean, morreu num acidente de automóvel.

Pare por um minuto e reflita sobre esta questão: considerando a vida de Jimmy como um todo, quão desejável você acha que ela foi? Numa escala de 1 a 9, com 1 sendo a vida mais indesejável e 9 a mais desejável, que nota você daria?

Agora considere uma hipótese. Imagine que Jimmy viveu mais algumas décadas, mas nunca obteve o mesmo sucesso profissional que conheceu aos vinte e poucos anos. Ele não virou um sem-teto nem viciado em drogas. Sua carreira não implodiu. Mas sua estrela simplesmente parou de brilhar. Quem sabe tenha feito uma ou duas sitcoms na TV e obtido alguns papéis menores em filmes de pouco sucesso antes de morrer, digamos, após os cinquenta anos. Que nota você atribuiria a sua vida agora?

Quando os pesquisadores estudaram cenários como esse, descobriram algo estranho. As pessoas tendem a classificar melhor vidas como a do primeiro cenário (uma vida breve que termina em ascensão) do que no segundo (uma vida mais longa que termina em declínio). Considerada do ponto de vista puramente utilitário, essa conclusão é bizarra. Afinal, no cenário hipotético, Jimmy vive trinta anos a mais! E esses anos extras não estão repletos de sofrimento; são apenas menos espetaculares do que os primeiros. A quantidade *cumulativa* de positividade dessa vida mais longa (que ainda inclui aqueles primeiros anos no cinema) é sem dúvida mais elevada.

"A sugestão de que acrescentar anos moderadamente agradáveis a uma vida muito positiva não aumenta, mas diminui, a percepção da qualidade de vida é contraintuitiva", escreveram os cientistas sociais Ed Diener, Derrick Wirtz e Shigehiro Oishi. "Rotulamos isso de efeito James Dean porque uma vida que é breve mas intensamente excitante, como a vivida pelo ator James Dean, é vista como mais positiva."[15]

O efeito James Dean é mais um exemplo de como os fins alteram nossa percepção. Eles nos ajudam a codificar — ou seja, a avaliar e registrar — experiências inteiras. Talvez você tenha ouvido falar da "regra do pico-fim". Formulada no início da década de 1990 por Daniel Kahneman e outros, incluindo Don Redelmeier e Barbara Fredrickson, que estudaram pacientes submetidos a colonoscopia e outras experiências desagradáveis, a regra diz que quando nos lembramos de um evento atribuímos maior peso a seu momento mais intenso (o pico) e a como ele culmina (o fim).[16] Assim, uma colonoscopia em que os momentos finais são dolorosos é lembrada como sendo pior que uma colonoscopia mais demorada que termina de forma menos desagradável, ainda que o último procedimento tenha causado substancialmente mais dor.[17] Minimizamos a duração de um evento — Kahneman chama isso de "negligência de duração" — e acentuamos o que acontece no fim.[18]

O poder codificador dos finais molda muitas de nossas opiniões e decisões subsequentes. Por exemplo, diversos estudos mostram que costumamos avaliar a qualidade de refeições, filmes e férias não com base na experiência completa, mas em momentos específicos, sobretudo o fim.[19] Assim, quando partilhamos nossas avaliações com outros — em conversas ou em um comentário no TripAdvisor — grande parte do que estamos transmitindo é nossa reação à conclusão. (Veja as avaliações do Yelp para restaurantes, por exemplo, e observe quantos comentários descrevem como terminou a refeição — uma cortesia inesperada, a conta com erro, um funcionário indo atrás dos clientes para devolver algum objeto que esqueceram.) Fins afetam também escolhas mais importantes. Por exemplo, quando os americanos votam para presidente, afirmam nas pesquisas que pretendem tomar uma decisão levando em conta todos os quatro anos do mandato presidencial que está terminando. Mas a pesquisa mostra que os eleitores decidem com base na economia do *ano da eleição* — a culminância de uma sequência de quatro anos, não sua totalidade. Essa "heurística do fim", argumentam os cientistas políticos, leva a uma "miopia eleitoral" e, talvez como resultado, a políticas míopes.[20]

Os efeitos codificadores dos finais são ainda mais fortes quando se trata da ideia do que constitui uma vida moral. Três pesquisadores de Yale fizeram um experimento usando diferentes versões da breve biografia de um personagem fictício que chamaram de Jim. Em todas as versões, Jim era CEO de uma empresa, mas os pesquisadores variaram as trajetórias da vida dele. Em alguns casos, ele era um sujeito malvado que explorava os empregados, recusava-se a lhes pagar um plano de saúde e nunca fazia doações para caridade — comportamento que durou três décadas. Porém mais tarde em sua carreira, perto de se aposentar, ele ficou generoso. Elevou os salários, concedeu participação no lucro e "começou a doar grandes quantias de dinheiro para várias instituições de caridade" — e então morreu de repente de ataque cardíaco, seis meses depois de ter se tornado uma pessoa benévola. Em outros cenários, Jim tomou a direção oposta. Por várias décadas, foi uma espécie de CEO generoso — "colocava o bem-estar de seus empregados à frente dos próprios interesses financeiros" e doava grandes quantias para instituições de caridade locais. Mas à medida que se aproximou da aposentadoria, "alterou drasticamente seu comportamento". Cortou salários, começou a ficar com a maior parte dos lucros para si e parou de fazer doações — e morreu subitamente de ataque cardíaco seis meses depois.[21]

Os pesquisadores distribuíram entre metade dos participantes a biografia do cara mau que se torna bonzinho e entre a outra metade a do cara bom que se torna mau, e pediram a ambos os grupos que avaliassem o caráter moral geral de Jim. Em múltiplas versões do estudo, as pessoas avaliaram a moralidade de Jim com base sobretudo em como se comportou no *fim* de sua vida. De fato, avaliaram uma vida com 29 anos de maldade e seis meses de bondade da mesma forma que uma vida com 29 anos de bondade e seis meses de maldade. "As pessoas estão dispostas a ignorar um período relativamente longo de um tipo de comportamento com um período relativamente curto de outro tipo só porque ocorreu no fim da vida."[22] Esse "viés de fim de vida", como os pesquisadores o chamam, sugere que acreditamos que o verdadeiro eu de uma pessoa é revelado no fim — mesmo que sua morte seja inesperada e o grosso de sua vida evidencie um eu diferente.

Os fins nos ajudam a codificar — a registrar, classificar e recordar experiências. Mas, ao fazê-lo, podem distorcer nossas percepções e obscurecer o panorama geral. Das quatro maneiras como os fins influenciam nosso comportamento, codificar é a única com a qual devemos ser mais cautelosos.

EDITANDO: POR QUE MENOS É MAIS – ESPECIALMENTE PERTO DO FIM

Nossa vida nem sempre é dramática, mas pode se desenrolar como um drama em três atos. Ato um: começo. Passamos da infância à juventude, depois tentamos ansiosamente encontrar nosso lugar no mundo. Ato dois: o mergulho na dura realidade. Lutamos para obter nosso sustento, talvez encontremos um parceiro e comecemos uma família. Avançamos, sofremos reveses, conhecemos triunfos e decepções. Ato três: o clímax agridoce. Talvez tenhamos realizado algo. Talvez as pessoas nos amem. Porém o desenlace está próximo, as cortinas estão se fechando.

Os demais personagens — amigos e familiares — aparecem ao longo do drama. Mas como Tammy English, da Universidade de Washington em St. Louis, e Laura Carstensen, da Universidade Stanford, descobriram, o tempo deles no palco varia de um ato para outro. English e Carstensen examinaram dez anos de dados sobre pessoas de dezoito a 93 anos para determinar como suas relações sociais e amizades mudavam ao longo dos três atos da vida. (As pesquisadoras não dividiram as idades em atos. Estou sobrepondo essa ideia a seus dados para ilustrar um ponto.) Como podemos ver no gráfico, quando as pessoas chegam aos sessenta anos, sua quantidade de amizades despenca e o tamanho da sua rede de relacionamentos encolhe.

Isso faz sentido. Quando paramos de trabalhar, podemos perder contatos e amigos que outrora figuravam em nossa vida diária. Quando nossos filhos saem de casa e passam a seu próprio segundo ato, em geral os vemos cada vez menos e sentimos cada vez mais saudade. Quando chegamos aos sessenta e aos setenta anos, nossos contemporâneos começam a morrer, encerrando relações de uma vida inteira e nos deixando com menos pares. Os dados confirmam

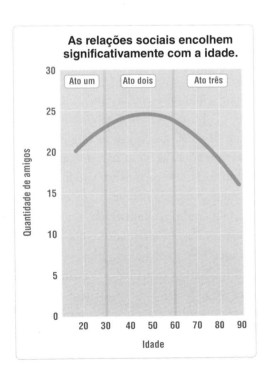

o que há muito suspeitamos. O ato três é cheio de perdas. A velhice pode ser solitária e isolada. É uma história triste.

Mas não é verdadeira.

Sim, pessoas mais velhas têm relações sociais muito mais seletas do que quando eram mais novas. Mas o motivo não é solidão ou isolamento. A razão é não apenas mais surpreendente como também é mais afirmativa. É o que *escolhemos*. À medida que envelhecemos, quando nos tornamos conscientes do fim derradeiro, *editamos* nossos amigos.

English e Carstensen pediram a alguns indivíduos que desenhassem suas redes de relacionamento e se colocassem no centro, cercados por três círculos concêntricos. O círculo interno era para "pessoas de quem você se sente muito próximo, tão próximo que seria difícil imaginar a vida sem elas". O círculo do meio era para pessoas que continuavam sendo importantes, mas menos próximas do que as do círculo interno. No círculo externo ficavam as pessoas que os indivíduos achavam um pouco menos próximas do que as do círculo do meio. Observe o gráfico que mostra o tamanho dos círculos interno e externo ao longo do tempo.

Mais ou menos depois dos sessenta anos, o círculo externo começa a minguar, mas o círculo interno permanece mais ou menos do mesmo tamanho. Então por volta dos 65 anos o número de pessoas no círculo interno passa à frente do círculo externo.

"À medida que os participantes envelheciam, houve um declínio no número de parceiros periféricos [...], mas grande estabilidade no número de parceiros sociais próximos no fim da vida", descobriram English e Carstensen. Contudo, os amigos do círculo externo e do meio não deixaram o palco furtivamente no ato três. "Foram eliminados de propósito", afirmam as pesquisadoras. Pessoas mais velhas têm menos amigos não graças às circunstâncias, mas porque iniciaram um processo de "redução deliberada, ou seja, removendo parceiros periféricos com quem as interações são menos emocionalmente significativas".[23]

Carstensen começou a desenvolver essa ideia em 1999, quando ela e dois ex-alunos publicaram um artigo intitulado "Levando o tempo a sério". "No decorrer da vida", escreveu, "as pessoas se tornam cada vez mais conscientes de que o tempo, em certo sentido, está 'se esgotando'. Ter mais contatos sociais parece superficial — trivial — em comparação com os laços cada vez mais aprofundados dos relacionamentos íntimos existentes. Passa a ser cada vez mais

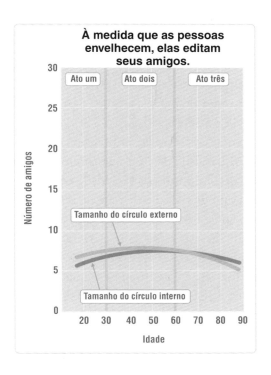

importante fazer a escolha 'certa', não desperdiçar tempo em investimentos futuros que perdem o valor gradualmente."²⁴

Carstensen chamou sua teoria de "seletividade socioemocional". Ela argumentou que a perspectiva que temos do tempo molda a orientação da nossa vida e, portanto, as metas que perseguimos. Quando o tempo é expansivo e com um final em aberto, como acontece nos atos um e dois, ficamos orientados para o futuro e perseguimos "metas ligadas ao conhecimento". Formamos redes de relacionamento que são amplas e maleáveis, na esperança de juntar informação e forjar relações que possam nos ajudar no futuro. Mas à medida que o horizonte se aproxima, quando o futuro é mais breve que o passado, nossa perspectiva muda. Embora muitos acreditem que pessoas mais velhas suspirem pelos dias de outrora, o trabalho de Carstensen mostra algo diferente. "A principal diferença etária na orientação do tempo diz respeito não ao passado, mas ao presente", escreveu.²⁵

Quando o tempo é restrito e limitado, como no terceiro ato, ficamos sintonizados com o agora. Perseguimos diferentes objetivos — satisfação emocional, apreciação da vida, um senso de significado. E essas metas atualizadas tornam as pessoas "extremamente seletivas em sua escolha de parceiros sociais" e as impelem a "sistematicamente ajustar suas redes de relacionamento". Editamos nossas relações. Omitimos pessoas desnecessárias. Preferimos passar os anos que nos restam com redes pequenas, seletas, e preenchidas por pessoas que satisfaçam necessidades mais elevadas.[26]

Além do mais, o que nos motiva a editar não é a idade em si, descobriu Carstensen, mas os finais, seja do tipo que forem. Por exemplo, quando ela comparou os alunos do último ano da faculdade com calouros, os mais velhos mostraram o mesmo tipo de redução da rede de relacionamento que seus avós de setenta e poucos anos. Quando estão prestes a mudar de emprego ou de cidade, as pessoas editam suas relações sociais imediatas porque seu período no lugar está chegando ao fim. Até mesmo transições políticas têm esse efeito. Em um estudo em Hong Kong quatro meses antes que a Grã-Bretanha devolvesse o território para a República Popular da China, em 1997, tanto jovens como velhos estreitaram seu círculo de amizades.

Igualmente intrigante, o contrário também é verdade. *Expandir* o horizonte de tempo das pessoas *suspende* seu comportamento de editar. Carstensen conduziu um experimento em que pediu às pessoas que "imaginassem que haviam acabado de receber o telefonema de um médico informando-os sobre uma nova descoberta que acrescentaria prováveis vinte anos a sua vida". Sob essas condições, pessoas mais velhas não apresentaram maior probabilidade de reduzir suas relações sociais do que as jovens.[27]

Porém, quando os fins se tornam evidentes — sempre que entramos em uma última etapa de algum tipo —, apontamos nossos lápis vermelhos existenciais e riscamos qualquer pessoa ou coisa não essencial. Antes de as cortinas se fecharem, nós editamos a nossa vida.

ELEVANDO: BOAS NOTÍCIAS, MÁS NOTÍCIAS E FINAIS FELIZES

"Tenho uma boa e uma má notícia."

Você com certeza já disse isso antes. Seja um pai, um professor, um médico, um escritor tentando explicar o prazo estourado, teve de transmitir informação — parte dela positiva, parte não — e começou por essa abordagem em duas frentes.

Mas qual parte da informação deve ser apresentada primeiro? A boa notícia deve vir antes da ruim? Ou o contrário?

Como alguém que se vê transmitindo notícias mistas com mais frequência do que deveria ou gostaria, sempre comecei pelo lado positivo. Meu instinto me levava a preparar um acolchoado macio de sensação boa para amortecer o duro golpe iminente.

Meu instinto, ai de mim, estava errado.

Para compreender por quê, vamos mudar a perspectiva — de mim para você. Suponha que você esteja do lado de quem vai *receber* as notícias mistas e, depois de dizer: "Tenho uma boa e uma má notícia", acrescento a pergunta: "Qual você quer ouvir primeiro?".

Pense nisso por um momento.

É provável que você queira escutar a má notícia primeiro. Diversos estudos ao longo de várias décadas revelaram que cerca de quatro em cinco pessoas "preferem começar com uma perda ou resultado negativo e terminar com um ganho ou resultado positivo, não o contrário".[28] A preferência, seja você um paciente recebendo resultados de um exame, seja um aluno aguardando a nota da prova, é clara: a má notícia primeiro, a boa notícia por último.

Mas quando damos as notícias muitas vezes fazemos o contrário. Transmitir uma dura avaliação de desempenho nos deixa apreensivos, então preferimos ir com calma e demonstrar nossas boas intenções e natureza solidária oferecendo um pouco de água com açúcar para ajudar a engolir o remédio amargo. Sem dúvida sabemos que *nós* gostamos de ouvir a má notícia primeiro. Mas de algum modo não percebemos que a pessoa sentada do outro lado da mesa, encolhida de medo com a pergunta sobre o que ela quer ouvir primeiro, sente-se da mesma forma. Ela preferiria eliminar logo o clima ruim e terminar a reunião de um jeito mais favorável. Como afirmam dois pesquisadores que estudaram a questão: "Nossa descoberta sugere que médicos, professores e cônjuges [...] podem não se sair muito bem transmitindo boas e más notícias porque esquecem por um momento como querem escutá-las quando são pacientes, alunos e cônjuges".[29]

Metemos os pés pelas mãos — eu, pelo menos — porque deixamos de compreender o princípio último dos finais: se tiverem opção, os seres humanos preferem finais que elevem. A ciência do timing revelou — repetidas vezes — o que parece ser uma preferência inata por finais felizes.[30] Favorecemos sequências de eventos que cresçam em vez de declinar, que melhorem em vez de piorar, que nos deixem animados em vez de nos derrubar. E apenas saber dessa inclinação pode nos ajudar a compreender nosso comportamento e a melhorar nossas interações com os outros.

Por exemplo, os psicólogos sociais Ed O'Brien e Phoebe Ellsworth, da Universidade de Michigan, queriam ver como os finais moldavam o juízo das pessoas. Assim, encheram um saco com bombons Kisses da Hershey e se dirigiram a uma área movimentada do campus Ann Arbor. Ali montaram uma mesa e disseram aos estudantes que estavam conduzindo uma degustação de novas variedades de Kisses contendo ingredientes locais.

A pessoa se aproximava da mesa e uma assistente da pesquisa, que não sabia o que O'Brien e Ellsworth estavam medindo, tirava um bombom do saco e pedia ao participante que o provasse e o classificasse em uma escala de 0 a 10.

Então a assistente dizia "Aqui está seu próximo chocolate", dava outro bombom à pessoa e pedia que ela o classificasse. A seguir o experimentador e o participante faziam a mesma coisa outra vez com mais três chocolates, contabilizando um total de cinco bombons. (Os participantes nunca sabiam o total de chocolates que iriam experimentar.)

O ponto crucial do experimento vinha pouco antes que a pessoa experimentasse o quinto chocolate. Para metade deles, a assistente dizia: "Aqui está seu próximo chocolate". Mas para a outra metade do grupo, dizia: "Aqui está seu último chocolate".

As pessoas informadas de que o quinto chocolate era o último — de que a suposta degustação estava no fim — afirmavam gostar desse chocolate muito mais que as pessoas que sabiam ser apenas o seguinte. Na verdade, pessoas informadas de que um chocolate era o último gostavam dele significativamente mais que qualquer outro que haviam experimentado. Elas escolheram o chocolate número cinco como seu chocolate favorito 64% das vezes (comparado com o grupo "seguinte", que escolhia esse chocolate como seu favorito 22% das vezes). "Participantes que sabiam que estavam comendo o último chocolate de uma degustação o apreciavam mais, preferiam-no a outros chocolates e classificavam a experiência global como mais gratificante que outros participantes que achavam que estavam apenas comendo mais um chocolate numa série."[31]

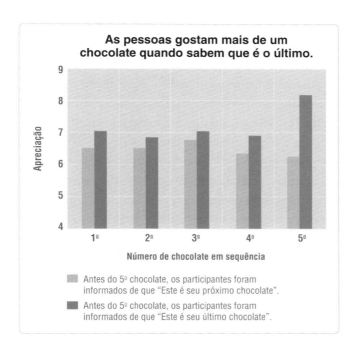

Roteiristas compreendem a importância de finais que elevam, mas sabem também que os melhores finais nem sempre são felizes no sentido tradicional. Muitas vezes, como um chocolate derradeiro, são agridoces. "Qualquer um pode produzir um final feliz — basta dar aos personagens tudo que eles querem", diz o guru dos roteiros Robert McKee. "Um artista nos entrega a emoção que prometeu [...] mas com um ímpeto de insight inesperado."[32] Isso acontece com frequência quando o personagem principal enfim compreende uma verdade emocionalmente complexa. John August, que escreveu o roteiro de *A fantástica fábrica de chocolate* e de outros filmes, sustenta que essa forma mais sofisticada de elevação é o segredo do sucesso dos filmes da Pixar, como *Up*, *Carros* e a trilogia *Toy Story*.

"Em todo filme da Pixar o protagonista conquista o objetivo que quer para então se dar conta de que não é aquilo de que necessita. Normalmente, isso leva o protagonista a abrir mão do que quer (uma casa, a Piston Cup, Andy) para obter aquilo de que necessita (um companheiro de verdade mas improvável; amigos de verdade; uma vida junto aos amigos)."[33] Essa complexidade emocional se revela central para os finais mais elevados.

Hal Hershfield, um dos pesquisadores de *9-enders* que mencionei no começo deste capítulo, e Laura Carstensen se juntaram a dois outros estudiosos para explorar o que torna os finais significativos. Em um de seus estudos, os pesquisadores abordaram alunos de Stanford no dia da formatura para fazer um levantamento de como se sentiam. Para um grupo, deram as seguintes instruções: "Tendo em mente suas atuais experiências, por favor classifique em que grau você sente cada uma das seguintes emoções" e então lhes deram uma lista de dezenove emoções. Para outro grupo, acrescentaram uma frase às instruções para ampliar o significado de que algo estava se encerrando: "Hoje é seu último dia como aluno de graduação em Stanford. Tendo isso em mente, classifique por favor em que grau você sente cada uma das seguintes emoções".[34]

Os pesquisadores descobriram que no âmago dos finais significativos está uma das emoções mais complexas vivenciadas pelos seres humanos: pungência, um misto de felicidade e tristeza. Para recém-formados e todo mundo, os finais mais poderosos transmitem pungência porque a pungência transmite significado. Um motivo para negligenciarmos a pungência é que ela opera segundo uma forma invertida de física emocional. Acrescentar um pequeno componente de tristeza a um momento em tudo mais feliz *eleva* esse momento, em vez de depreciá-lo. "A pungência", escrevem os pesquisadores, "parece ser específica à experiência de finais." Os melhores finais não nos deixam felizes. Em vez disso, produzem algo mais rico — um ímpeto de insight inesperado, um momento fugaz de transcendência, a possibilidade de que abrindo mão do que queríamos obtemos o que necessitamos.

Finais oferecem boas e más notícias sobre nosso comportamento e juízo. Vou lhe dar a má notícia primeiro, é claro. Os finais nos ajudam a codificar, mas às vezes distorcem nossa memória e anuviam nossa percepção ao sobrecarregarem os momentos derradeiros e negligenciarem a totalidade.

Mas finais também podem ser uma força positiva. Eles ajudam a nos energizar para conquistar um objetivo. Podem nos ajudar a cortar (editar) o que não é essencial em nossas vidas. E ajudam a nos elevar — não mediante a simples busca da felicidade, mas pelo poder mais complexo da pungência. Encerramentos, conclusões e auges revelam algo essencial sobre a condição humana. No fim, estamos em busca de significado.

Manual do programador do tempo v

LEIA AS ÚLTIMAS LINHAS

"No fim do verão desse ano ficamos em uma casa num vilarejo com vista para o rio, a planície e as montanhas mais além."

Quem gosta de ler talvez reconheça essas palavras como a primeira linha de *Adeus às armas*, de Ernest Hemingway. Em literatura, frases de abertura trazem consigo uma grande responsabilidade. Elas precisam prender e seduzir o leitor. É por isso que as frases de abertura são tão estudadas e lembradas por longo tempo.

(Não acreditais em mim? Então chamai-me Ismael.)

Mas e as últimas linhas? As palavras finais de uma obra são tão importantes quanto e merecem reverência comparável. As últimas linhas podem elevar e codificar — encapsulando um tema, resolvendo uma questão, fixando a história na cabeça do leitor. Hemingway disse que reescreveu o fim de *Adeus às armas* pelo menos 39 vezes.

Uma maneira fácil de apreciar o poder dos finais e melhorar sua capacidade de criá-los é pegar alguns de seus livros favoritos na estante e folheá-los até o fim. Leia a última frase. Leia de novo. Reflita sobre ela por um momento. Memorize, talvez.

Aqui estão algumas das minhas favoritas, para começarmos:

"As criaturas de fora olhavam de um porco para um homem, de um homem para um porco e de um porco para um homem outra vez; mas já era impossível distinguir quem era homem, quem era porco."

A revolução dos bichos, George Orwell

"'Não é justo, não é correto', gritou a sra. Hutchinson, então eles foram para cima dela."

"A loteria", Shirley Jackson

"Pois agora ele sabia o que Shalimar sabia: se você se entregasse ao ar, podia cavalgá-lo."

Canção de Salomão, Toni Morrison

"Tive um sono breve, num lugar longe de tudo e de todos."

Crônica do Pássaro de Corda, Haruki Murakami

"E assim avançamos, botes contra a corrente, impelidos incessantemente de volta ao passado."

O grande Gatsby, F. Scott Fitzgerald

E aquela última sentença do *Adeus às armas* — a que Hemingway finalmente acabou adotando? "Após algum tempo saí, deixei o hospital e voltei caminhando para o hotel, sob a chuva."

QUANDO LARGAR O EMPREGO: UM GUIA

Muitas decisões "quando" envolvem finais. E uma das maiores é quando largar um emprego que simplesmente não está funcionando. Esse é um grande passo, uma decisão de risco e nem sempre uma opção, para alguns. Mas se você está considerando isso, eis aqui cinco perguntas para ajudá-lo a decidir.

Se a sua resposta para duas ou mais delas for não, pode ser hora de elaborar um fim.

1. Você quer completar mais um ano nesse emprego?

As pessoas têm maior probabilidade de largar o emprego ao completar o aniversário de um ano nele. O segundo período mais provável? O aniversário de dois anos. O terceiro? O aniversário de três anos.[1] Pegou o princípio da coisa? Se você abomina a ideia de estar em seu emprego no próximo aniversário, comece a procurar já. Vai estar mais bem preparado quando chegar a hora.

2. Seu emprego atual exige muito e está sob seu controle?

Os empregos mais gratificantes partilham de um traço comum. Eles nos impelem a trabalhar em nosso nível mais elevado, mas de maneira que nós, e mais ninguém, esteja no controle. Empregos que são exigentes mas não oferecem autonomia nos deixam exauridos. Empregos que oferecem autonomia mas pouco desafio nos entediam. (E empregos que não são exigentes nem estão sob nosso controle são os piores de todos.) Se o seu emprego não oferece desafio nem autonomia, e não há nada que você possa fazer para melhorar as coisas, considere tomar uma atitude.

3. Seu chefe lhe permite fazer seu melhor trabalho?

Em seu excelente livro *Good Boss, Bad Boss: How to Be the Best... and Learn from the Worst* [Melhor chefe, pior chefe: Como ser o melhor... e como aprender com o pior], o professor da Escola de Negócios de Stanford Robert Sutton explica as qualidades que fazem valer a pena trabalhar para alguém. Se o seu chefe está sempre pronto a defendê-lo, assume a responsabilidade em vez de culpar os outros, encoraja seus esforços mas também sai do caminho e mostra senso de humor em vez de um temperamento irascível, você provavelmente está em um bom local de trabalho.[2] Se o seu chefe é o oposto, se cuide — e, talvez, se mande.

4. Você está fora da janela salarial de três a cinco anos?

Uma das melhores maneiras de aumentar seu salário é trocar de emprego. E o melhor momento para fazer isso costuma ser três a cinco anos depois de ter começado. A ADP, uma importante empresa de gerenciamento de recursos humanos, descobriu que esse período representa o ponto preciso para aumentos salariais.[3] Menos de três anos pode ser muito pouco tempo para desenvolver as habilidades mais negociáveis. Mais de cinco é quando os empregados começam a ficar amarrados a sua empresa e a subir de escalão, o que torna mais difícil começar em algum outro lugar.

5. Seu trabalho diário se alinha a suas metas de longo prazo?

Pesquisa ampla de muitos países revela que quando suas metas individuais se alinham com as de sua empresa, você é mais feliz e mais produtivo.[4] Então pare um pouco e faça uma lista de suas duas ou três metas para os próximos cinco e dez anos. Se o seu empregador atual pode ajudá-lo a conquistá-las, ótimo. Se não, considere pedir demissão.

QUANDO SAIR DE UM CASAMENTO

Quando é hora de se divorciar? Esse tipo de final é problemático demais, a pesquisa, dispersa demais, as circunstâncias de vida das pessoas, variadas demais para oferecermos uma resposta definitiva. Mas a pesquisa indica quando *a outra pessoa* pode querer tomar uma atitude.

Julie Brines e Brian Serafini analisaram catorze anos de processos de divórcio no estado de Washington e detectaram um ritmo sazonal distinto. Os processos de divórcio saltaram nos meses de março e agosto, padrão que mais tarde foi encontrado em quatro outros estados e que deu origem a um gráfico (parecido com o Bat Sinal!), mostrado a seguir.[5]

Os motivos para os picos nesses dois meses não estão claros. Mas Brines e outros especulam que os picos gêmeos podem ser forjados por rituais domésticos e calendários familiares. "A alta temporada para advogados de família é janeiro e fevereiro, quando o período de festas terminou e as pessoas podem enfim parar de fingir que são felizes", diz a *Bloomberg Businessweek*.[6] Durante as férias, os casais costumam empreender uma última tentativa.

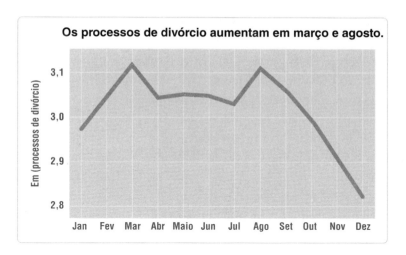

Mas quando o período termina e bate a desilusão, procuram um advogado de família. Como divórcios litigiosos dão trabalho, os papéis só são preenchidos de quatro a seis semanas mais tarde, o que explica o pico em março. A mesma coisa pode acontecer no fim do ano letivo. Os pais permanecem juntos por causa dos filhos. Mas assim que as aulas terminam, fazem uma visita ao escritório do advogado em junho e julho, resultando em outro pico de processos em agosto. Considere-se avisado.

QUATRO ÁREAS EM QUE VOCÊ PODE CRIAR FINAIS MELHORES

Se temos consciência do poder dos momentos de encerramento e nossa capacidade de moldá-los, podemos criar finais mais memoráveis e significativos em muitos domínios da vida. Eis aqui quatro ideias:

O dia de trabalho

Quando o dia de trabalho termina, muitos de nós queremos cair fora o mais rápido possível — para buscar as crianças na escola, voltar para casa e preparar o jantar ou simplesmente ir direto para o bar mais próximo. Mas a ciência dos finais sugere que em vez de fugir seria melhor reservar os cinco minutos finais do trabalho para algumas pequenas medidas calculadas que levem a um encerramento satisfatório para o dia. Comece tirando dois ou três minutos para escrever o que você realizou desde de manhã. Fazer progresso é o maior motivador isolado no dia a dia do emprego.[7] Mas sem monitorar nossos "finalizados", muitas vezes não sabemos se estamos progredindo. Encerrar o dia registrando o que você realizou pode codificar o dia inteiro como mais positivo. (Um testemunho: tenho feito isso nos últimos quatro anos e garanto que funciona. Em dias bons, o exercício passa uma sensação de completude; em dias ruins, muitas vezes me mostra que fiz mais do que suspeitava.)

Agora use os outros dois ou três minutos para traçar seu planejamento para o dia seguinte. Isso vai ajudar a pôr um ponto final no hoje e energizá-lo para amanhã.

Bônus: se sobrar um minutinho extra, mande para alguém — qualquer pessoa — um e-mail de agradecimento. Mencionei no capítulo 2 que a gratidão é revigorante. É uma forma poderosa de elevação.

O semestre ou ano escolar

No fim de um período letivo, muitos alunos têm uma sensação de alívio. Mas com um pouco de reflexão e planejamento, também podem vivenciar uma sensação de elevação. É por isso que alguns professores inspirados estão usando encerramentos para produzir significado. Por exemplo, Anthony Gonzalez, professor de economia da Nazareth Academia, nos arredores de Chicago, fez seus alunos de último ano escreverem uma carta para si mesmos — e a envia para eles via correio cinco anos depois. "Nela, eles incluem experiências do ensino médio, conjecturas sobre carreiras, aventuras que esperam viver, preços de ações e assim por diante. É uma oportunidade muito bacana de refletirem." E é um bom modo de Gonzalez voltar a entrar em contato com eles quando estão com 23 anos e o ensino médio é uma lembrança distante.

Na North High School, em Des Moines, Iowa, a professora de coral Vanessa Brady convoca seu marido, Justin, no último dia de aula para trazer formas, manteiga, xarope e seu batedor de panqueca para um Dia da Panqueca de fim do ano.

Para a última aula de um semestre, Alecia Jioeva, que leciona na Universidade Estatal de Moscou, na Rússia, leva seus alunos para um pequeno restaurante onde brindam uns aos outros.

No início do ano letivo, Beth Pandolpho, professora de língua e artes na West Windsor-Plainsboro High School North, em Nova Jersey, pede a seus alunos que escrevam uma "autobiografia" em seis palavras que ela pendura em um varal esticado em torno da sala de aula. No fim do ano, os alunos escrevem novas autobiografias. Eles leem as primeiras em voz alta, tiram-nas do varal e depois leem as novas. "Para mim", diz Pandolpho, "é um pouco como se fechássemos o círculo de nosso tempo passado juntos."

Férias

A maneira como as férias terminam molda as histórias que contamos mais tarde sobre a experiência. Como explicou Elizabeth Dunn, psicóloga da Universidade da Colúmbia Britânica, à revista *New York*, "O fim de uma experiência parece afetar em demasia nossa lembrança dela", o que significa que "terminar bem as férias, saindo para um passeio num balão de ar quente ou qualquer coisa assim no último dia de viagem, pode [...] ser uma boa estratégia para potencializar as lembranças".[8] Quando você planejar suas próximas férias, não precisa guardar o melhor para o fim. Mas vai apreciá-las mais, tanto na hora como em retrospecto, se planejar uma experiência final elevada.

Uma compra

Com tudo que escrevemos e alardeamos sobre a importância do atendimento ao consumidor, em geral damos pouca atenção ao final dos encontros com consumidores e clientes. Sim, alguns restaurantes oferecem chocolates para os clientes quando trazem a conta. E sim, nas lojas da Nordstrom, os vendedores saem de trás do balcão para entregar em mãos o que o cliente acabou de comprar. Mas imagine se mais organizações tratassem os finais com maior respeito e criatividade. Por exemplo, e se no fim de uma refeição em que os clientes gastaram acima de determinada quantia os restaurantes deixassem na mesa um cartão pedindo ao grupo que escolha uma dentre três instituições de caridade, de modo que o restaurante faça uma pequena doação em nome deles? E se alguém que fez uma compra importante numa loja — um computador, um aparelho eletrônico, uma roupa cara — ao sair do estabelecimento passasse por uma fila de funcionários dizendo "Obrigado" e fosse aplaudido por eles?

E se um autor, num gesto de gratidão, oferecesse aos leitores algo que eles não esperavam?

Parte 3

Sincronizando e pensando

6. Rápido e devagar — duas formas de sincronizar
Os segredos do timing coletivo

Felicidade é isso; ser dissolvido em algo completo e grande.
Willa Cather, *My Ántonia*

Em uma abafada manhã de fevereiro, os raios de sol cintilando nos enormes outdoors que anunciam descontos de 50% em vestidos de noiva, a maior cidade da Índia começa a acordar. Aqui em Mumbai, o cheiro penetrante de fumaça paira no ar. Carros, caminhões e riquixás motorizados entopem as ruas, buzinando como gansos irritados. Funcionários de escritório em calças largas e sáris percorrem as travessas e afluem para os trens a caminho do trabalho. E Ahilu Adhav, de quarenta anos, ajusta seu boné branco e sobe na bicicleta para começar seu trabalho.

Adhav pedala pelo bairro de Vile Parle em Mumbai, passa por vendedores de rua oferecendo de repolho fresco a meias e vai em direção a um pequeno prédio. Desce da bicicleta — a capacidade de descer rapidamente de veículos em movimento é uma das muitas habilidades de Adhav —, entra no edifício e toma o elevador para o apartamento da família Turakhia, no terceiro andar.

São 9h15 da manhã. Ele aperta a campainha uma, duas vezes. A porta é aberta. Após um rápido pedido de desculpas por fazê-lo esperar, Riyankaa Turakhia entrega a Adhav uma sacola de lona vermelha do tamanho de um galão de leite. Dentro da sacola há uma pilha com quatro marmitas redondas. Dentro dessas *tiffins*, como eles chamam, está o almoço de seu marido — couve-flor, dahl amarelo, arroz e roti. Em três horas e meia, esse almoço caseiro vai estar na mesa dele no centro de Mumbai, a cerca de trinta quilômetros dali. E em cerca de sete horas, a sacola de lona e suas *tiffins* vazias estarão de volta a essa mesma porta.

Adhav é um *dabbawala*. (*Dabba* é a palavra hindu para os recipientes cilíndricos de lata e *wala* é um amálgama de "fazedor" e "comerciante".) Durante os primeiros 68 minutos de sua segunda-feira, ele vai buscar quinze almoços como esse, prendendo as sacolas no guidão ou na traseira da bicicleta. Depois, em coordenação com uma equipe de uma dúzia de outros *dabbawalas* que foram buscar suas marmitas em outras partes desse bairro desordenado com cerca de meio milhão de pessoas, ele vai separar os almoços, alçá-los nas costas, embarcar no compartimento de bagagem de um trem e entregá-los em lojas e escritórios nos distritos comerciais da cidade.

Ele não está sozinho. Cerca de 5 mil *dabbawalas* trabalham em Mumbai. Todos os dias eles entregam mais de 200 mil almoços. Fazem isso seis vezes por semana, praticamente todas as semanas do ano — com uma precisão de fazer inveja à FedEx.

"No mundo de hoje, somos muito cientes da saúde", conta-me Turakhia na primeira parada de Adhav. "Queremos comida feita em casa. E esse pessoal faz um serviço excelente entregando a *dabba* no lugar certo na hora certa, sem furo." Seu marido, que trabalha em uma corretora financeira, sai para o escritório às sete da manhã, cedo demais para que alguém lhe prepare um almoço adequado. Mas os *dabbawalas* proporcionam tempo e paz de espírito para a família. "Eles são muito coordenados e sincronizados", diz Turakhia. Nos cinco anos em que requisitou Adhav e sua equipe, por um preço acessível à maioria das famílias de classe média urbana (cerca de doze dólares mensais), eles nunca erraram, tampouco atrasaram a entrega.

O que os *dabbawalas* conseguem fazer todo dia beira o absurdo. Mumbai funciona com intensidade febril 24 horas por dia, com uma ética de trabalho de rolo compressor que faz Manhattan parecer uma aldeia de pescadores. Mumbai não é apenas uma das maiores cidades do mundo; é também uma das mais densamente povoadas. A mera quantidade de gente apinhada ali — 12 milhões de pessoas espremidas em uma área equivalente a um quinto de Rhode Island — transmite uma sensação palpitante de caos. "Uma cidade no

O dabbawala Ahilu Adhav prende um almoço na traseira de sua bicicleta.

cio", disse o jornalista Suketu Mehta.[1] No entanto, os *walas* de algum modo conseguem fazer a entrega das refeições caseiras em sacolas de lona, em meio à azáfama de Mumbai, com precisão e pontualidade militares.

Mais impressionante, os *dabbawalas* têm uma sincronia tão profunda entre si, estão tão sintonizados com o ritmo de seu trabalho, que realizam a proeza — 200 mil entregas de almoço todos os dias — sem qualquer tecnologia além de bicicletas e trens.

Sem celulares. Sem scanners. Sem códigos de barra. Sem GPS.

E sem erros.

Seres humanos quase nunca fazem as coisas sozinhos. Grande parte de nossas atividades — no trabalho, na escola, em casa — ocorre em conjunto com outras pessoas. Nossa capacidade de sobreviver, até de *viver*, depende de nossa capacidade de coordenação com outros no tempo. Sim, o timing individual — gerenciar nossos inícios, pontos médios e finais — é crucial. Mas o timing coletivo é igualmente importante e é fundamental sabermos o que reside em seu núcleo.

Considere um paciente dando entrada no pronto-socorro após sofrer um ataque cardíaco. A vida dele depende do bom entrosamento dos profissionais médicos — se eles são capazes de sincronizar suas ações enquanto o relógio está correndo — e a vida do paciente está em risco.

Ou pense em circunstâncias menos graves que também exigem timing coletivo. Engenheiros de software trabalhando em diferentes continentes, em diferentes fusos horários, que precisam enviar um produto em certa data. Organizadores de eventos que coordenam múltiplas equipes de técnicos, serviços de hotelaria e palestrantes de modo que uma conferência de três dias possa acontecer no prazo e livre de calamidades. Candidatos políticos que organizam voluntários de campanha para angariar votos pelo bairro, registrar eleitores e distribuir cartazes antes do dia da eleição. Professores escolares que conduzem sessenta alunos ao entrar e sair do ônibus para uma visita ao museu durante uma excursão. Equipes esportivas. Bandas de música. Companhias de transporte. Fábricas. Restaurantes. Tudo isso exige indivíduos que trabalhem de forma entrosada para sincronizar suas ações com outros, para se mover em um mesmo ritmo e rumo a um objetivo comum.

O avanço que mais nos possibilitou essas coisas veio no fim do século XVI, quando Galileu Galilei era um aluno de medicina de dezenove anos na Universidade de Pisa. Inspirado em um lustre pendurado no teto, Galileu conduziu alguns experimentos improvisados com pêndulos. Ele descobriu que o que mais afetava o movimento de um pêndulo era o comprimento do fio — e que para qualquer comprimento de fio o pêndulo sempre levava a mesma quantidade de tempo para realizar um movimento completo. Essa periodicidade, concluiu ele, fazia do pêndulo um marcador de tempo ideal. O insight de Galileu levou à invenção dos relógios de pêndulo algumas décadas depois. E relógios de pêndulo, por sua vez, produziram algo que não nos damos conta de ser um conceito relativamente novo: "o tempo".

Imagine a vida sem um consenso do que seja o tempo. As pessoas dariam um jeito de sobreviver. Mas as coisas seriam desajeitadas e ineficientes de maneiras que hoje mal podemos conceber. Como você saberia quando fazer uma entrega, esperar o ônibus ou levar seu filho para o dentista? Os relógios de pêndulo, que são muito mais precisos do que seus predecessores, refizeram a civilização, permitindo que as pessoas sincronizassem suas ações. Relógios públicos surgiram nas praças municipais e começaram a estabelecer um padrão de tempo único. Duas da tarde para você passou a ser duas da tarde para mim. E essa ideia do tempo geral — "o tempo" — azeitou as engrenagens do comércio e lubrificou as interações sociais. Não demorou muito para que a padronização do horário local se tornasse regional e a padronização regional se tornasse nacional, dando origem a horários previsíveis e ao trem das 17h16 para Poughkeepsie.[2]

Essa capacidade de sincronizar nossas ações com os outros, liberada pelas comportas que Galileu abriu séculos atrás, foi crucial para o progresso humano. No entanto, um consenso sobre o que o relógio diz é apenas o primeiro ingrediente. Grupos que dependem da sincronização para ter sucesso — corais, equipes de remo e os *dabbawalas* de Mumbai — obedecem a três princípios do timing coletivo. Um padrão externo dita o ritmo. Uma sensação de pertencimento ajuda os indivíduos a aderir. E a sincronização tanto requer como amplia o bem-estar.

Dizendo de outra forma, os grupos devem sincronizar em três níveis — com o chefe, com a tribo e com o coração.

O REGENTE, O TIMONEIRO E O RELÓGIO: EM SINCRONIA COM O CHEFE

David Simmons tem a mesma altura de Ahilu Adhav, mas a semelhança entre ambos termina na ponta da fita métrica. Simmons é branco, americano e formado em direito e passa seus dias regendo corais, não entregando marmitas. Depois de largar a prática do direito, há 25 anos — ele entrou na sala do sócio majoritário de seu escritório certo dia e disse: "Não nasci pra isso" —, esse filho com inclinações musicais de um pastor luterano tornou-se diretor de coral. Hoje ele é diretor artístico do Coral do Congresso em Washington. E, numa gelada noite de sexta-feira no fim do inverno, ele está diante de oitenta cantores no Atlas Performing Arts Center da cidade, enquanto o coral apresenta *Road Trip!* — um show de duas horas e meia com mais de vinte canções e medleys americanos.

Corais são peculiares. Uma voz isolada pode cantar uma canção, mas combine algumas vozes, às vezes um monte delas, e o resultado transcende a soma das partes. Porém, juntar todas essas vozes é desafiador, sobretudo para um coral como esse, que é composto inteiramente de amadores. O Coral do Congresso recebeu esse nome quando começou em meados dos anos 1980 como um grupo desorganizado de doze funcionários de Capitol Hill à procura de uma plataforma para seu amor pela música e uma válvula de escape para suas frustrações com a política. Hoje, cerca de cem adultos — alguns deles ainda assessores dos congressistas, mas também um punhado de advogados, lobistas, contadores, marketeiros e professores — se apresentam no coral. (Washington, na verdade, tem mais corais per capita do que qualquer cidade dos Estados Unidos.) Muitos cantores têm experiência em corais universitários ou religiosos. Alguns exibem talento genuíno. Mas ninguém é profissional. E como todos eles têm outras obrigações de trabalho, podem ensaiar apenas algumas vezes por semana.

Então como Simmons os mantém em sincronia? Como, durante o medley de surfistas da Califórnia apresentado nessa noite, ele consegue fazer seis dúzias de cantores amadores se perfilarem nas plataformas e meia dúzia de dançarinos amadores se apresentarem diante deles para passar — em tempo real e diante do público — de "Surfer Girl" para "I Get Around" e concluir com todos cantando o som final da sílaba final da palavra final de "Surfin' U.S.A." exatamente no mesmo momento?

"Sou um ditador", afirma. "Dou muito duro com eles."

As audições são feitas pelo próprio Simmons e só ele decide quem fica e quem está fora. Ele começa os ensaios pontualmente às sete da noite, cada minuto planejado de antemão. Seleciona todas as músicas para cada concerto. (Ser mais democrático e deixar que os membros escolham o que querem cantar, diz ele, transformaria o concerto em um "enterro dos ossos", em vez de uma refeição com três estrelas no guia Michelin.) Ele tolera pouca discordância dos cantores. Mas o motivo não é nenhuma tendência autoritária irredutível. É porque descobriu que a eficiência nesse domínio exige direção firme e, de vez em quando, um suave despotismo. Como certa vez lhe disse um de seus cantores que a princípio chiou com essa forma de liderança, "sempre achei incrível começar sem ninguém saber nada no primeiro ensaio. E quando chega o último concerto, basta fazer um meneio de pulso e todo mundo entra no compasso".

O primeiro princípio de sincronizar rápido e devagar é que o timing coletivo exige um chefe — alguém ou alguma coisa acima e à parte do próprio grupo para ditar o ritmo, manter o padrão e dar foco à mente do grupo.

No início da década de 1990, uma jovem professora da Sloan School of Management do MIT estava frustrada com uma lacuna na percepção acadêmica de como as organizações funcionavam. "O tempo talvez seja o aspecto mais onipresente em nossas vidas", escreveu Deborah Ancona, contudo "não desempenhou um papel significativo nem explícito na pesquisa do comportamento organizacional". Então, em um artigo de 1992 intitulado "Timing é tudo", ela tomou emprestado um conceito da cronobiologia dos indivíduos e o aplicou à antropologia das equipes.[3]

Você deve se lembrar, do capítulo 1, que dentro de nosso corpo e cérebro há relógios biológicos que afetam nosso desempenho, humor e vigilância. Mas talvez não lembre que esses relógios costumam funcionar por um período um pouco maior do que 24 horas. Deixado por conta própria — digamos, passando meses em uma câmera subterrânea não exposta à luz ou a outras pessoas, como em alguns experimentos —, nosso comportamento pouco a pouco sai dos eixos, de modo que não demora para nos sentirmos sonolentos à tarde e despertos à noite.[4] O que impede tal desalinhamento, na superfície da Terra, são os sinais ambientais e sociais, como o nascer do sol e os alarmes de relógio. O processo pelo qual nossos relógios internos ficam sincronizados com as deixas externas de modo que acordemos a tempo de trabalhar ou durmamos numa hora razoável é chamado "*entrainment*" [arrastamento].

Ancona argumentou que o *entrainment* também ocorre em organizações.[5] Certas atividades — desenvolvimento de produto ou marketing — ditam seu próprio tempo. Mas esses ritmos necessariamente devem estar sincronizados com os ritmos externos da vida organizacional — anos fiscais, ciclos de vendas, até mesmo a idade da companhia ou o estágio das carreiras das pessoas. Assim como os indivíduos reagem a deixas externas, argumentou Ancona, as organizações também o fazem.

Em cronobiologia, essas deixas externas são conhecidas como "*zeitgebers*" ("doadores de tempo" em alemão): "sinais ambientais que podem sincronizar o relógio circadiano", nas palavras de Till Roenneberg.[6] O raciocínio de

Ancona ajudou a determinar que os grupos também necessitam de *zeitgebers*. Às vezes essa pessoa que dita o ritmo dos demais é um único líder, alguém como David Simmons. De fato, a evidência mostra que os grupos em geral entram em sintonia com as preferências de ritmo de seus membros de status mais elevado.[7] Entretanto, status e estatura nem sempre são a mesma coisa.

O remo é uma das únicas modalidades esportivas em que os competidores ficam de costas para a linha de chegada. Apenas um membro da equipe olha para a frente. E na equipe feminina de primeira divisão da NCAA da Universidade George Washington, essa pessoa era Lydia Barber, a timoneira. Nos treinamentos e nas competições, Barber, que se formou em 2017, ficava na popa do barco, um headset com microfone preso em sua cabeça, gritando instruções para oito remadores. Tradicionalmente, timoneiros devem ser tão pequenos e leves quanto possível, de modo que o barco carregue menos peso. Barber tem apenas 1,20 metro (ela sofre de nanismo). Mas seu temperamento e habilidades são uma combinação tão impetuosa de foco e liderança que, de muitas formas, ela conduz o barco.

Barber ditava o ritmo e, portanto, era a líder de uma equipe de remadores cujas competições de dois quilômetros costumavam durar sete minutos. Durante esses quatrocentos a quinhentos segundos, ela ditava o ritmo das remadas, o que significava que "você precisa estar disposta a ficar no comando e ter uma personalidade forte", contou-me. Uma corrida normalmente começa com o barco na água, assim os remadores devem dar cinco remadas breves e rápidas só para entrar em movimento. Barber em seguida ordenava quinze "remadas altas" — a um ritmo de cerca de quarenta remadas por minuto. Então executava a mudança para um ritmo um pouco mais lento, alertando os remadores para "mudar um... mudar dois... mudaaar!".

Durante o restante da corrida, seu trabalho era guiar o barco, executar a estratégia de corrida e, mais importante, manter a equipe motivada e sincronizada. Numa competição contra a Universidade Duquesne, era mais ou menos assim que soavam seus brados:

We're RAAAAACCCCIIIING this!
It's BEAUtiful.
Put the blade innnnn . . . and GO!
(beat)

That's one.
(beat)
Two . . . Load it up!
Three . . .
TAKE that gap!
Four . . .
TAKE that gap!
Five . . .
Run away with it.
Six . . .
Go!
Seven . . .
GO!
Eight . . .
Big LEGGGGS!
Nine . . .
Hell yeah!
Ten . . .
Sit up! Blades in!
Fuck yeah, G-Dubs! Get the legs in and GO!*

O barco não pode se mover em seu ritmo mais rápido sem que os oito remadores estejam em perfeita sincronia uns com os outros. E eles não podem ficar sincronizados de forma eficiente sem Barber. Sua velocidade depende de alguém que nunca põe a mão no remo, assim como o som do Coral do Congresso depende de Simmons, que não chega a cantar uma única nota. Para o timing coletivo, o chefe fica acima e à parte, mas é essencial.

No caso dos *dabbawalas*, porém, o chefe — o *zeitgeber* deles — não se posiciona diante de um suporte de partitura nem fica acocorado na popa de

---

* Em tradução livre: "*Estamos indo RÁÁÁÁPIDO! / Está LIINdo. /Ajeitem a pá... e REMEM! / (batida) / Essa foi uma. (batida) / Duas.... Força! / Três... / APROVEITEM o espaço! / Quatro... /APROVEITEM o espaço! / Cinco... / Corram. / Seis. / Remem! / Sete. /REMEM! / Oito. / DePREEEssa! / Nove... / Isso aí! /Dez... / Se endireitem. Pás para dentro! / Isso aí, garotas! Pernas para dentro e REmem!*".

um barco. Ele paira sobre a cabeça deles na estação de trem e na mente deles ao longo do dia.

A maioria das paradas matinais de Ahilu Adhav é rápida e eficiente — um braço estendido de dentro do apartamento pondo uma sacola nas mãos estendidas de Adhav. Ele não telefona antes. Os clientes não acompanham seu progresso como se ele fosse um Uber ou outro aplicativo do gênero. No fim do trajeto, há quinze sacolas penduradas em sua bicicleta. Ele pedala até um trecho pavimentado diante da estação de trem Vile Parle, onde logo se reúne com cerca de dez outros *walas*. Eles soltam suas entregas, empilham tudo no chão e começam a separar as sacolas com a velocidade e a segurança de um crupiê de cassino. Cada *wala* então monta de dez a vinte almoços, amarra-os e pendura o fardo nas costas. Então marcham rumo à estação de trem, para a plataforma da linha Oeste do sistema ferroviário de Mumbai.

Dabbawalas têm considerável autonomia em seu trabalho. Ninguém lhes diz em que ordem devem pegar ou entregar o almoço. Eles determinam a divisão de trabalho entre a equipe sem que ninguém atue como um tirano.

Mas em um aspecto, eles não têm margem de manobra alguma: o tempo. Na cultura do comércio indiano o almoço em geral é programado para ser feito entre uma e duas da tarde. Isso significa que os *dabbawalas* devem fazer todas as entregas até as 12h45. E isso significa que a equipe de Adhav deve embarcar no trem das 10h51 na estação Vile Parle. Se eles perdem esse trem, o cronograma todo desmorona. Para os *walas*, a tabela de horários do trem é quem manda — ela é o padrão externo impondo disciplina no que de outro modo poderia ser um caos. É a déspota irredutível, a *zeitgeber* czarista cuja autoridade é inquestionável e cujas decisões são definitivas — uma inanimada timoneira ou regente de coral.

Assim, nessa segunda-feira, como em todos os dias, os *dabbawalas* chegam à plataforma com vários minutos de antecedência. Com o relógio no alto se aproximando das 10h45, todos pegam suas sacolas e, antes que o trem tenha parado inteiramente, sobem no compartimento de bagagem para se dirigir ao sul de Mumbai.

OS BENEFÍCIOS DO PERTENCIMENTO: EM SINCRONIA COM A TRIBO

Eis algo que você precisa saber sobre os *dabbawalas* de Mumbai: a maioria, na melhor das hipóteses, estudou só até a oitava série. Muitos não sabem ler nem escrever, fato que apenas acentua o caráter implausível do que fazem.

Suponha que você seja um investidor para quem eu apresento a seguinte ideia de negócios:

> É um serviço de entrega de almoços. Refeições caseiras que buscamos na casa das pessoas e entregamos no horário do almoço para o membro da família em seu trabalho do outro lado da cidade. A cidade, a propósito, é a décima maior do mundo, com o dobro da população de Nova York, mas muito carente de infraestrutura básica. Nosso negócio não vai usar celulares, mensagens de texto, mapas on-line nem nenhuma outra tecnologia de comunicações. E para equipe operacional vamos contratar pessoas que não terminaram o ensino médio, muitas das quais são analfabetas funcionais.

Imagino que você não vai sugerir uma segunda reunião, muito menos oferecer financiamento.

No entanto, Raghunath Medge, presidente da Nutan Mumbai Tiffin Box Suppliers Association, afirma que os *dabbawalas* têm uma taxa de erro de um em 16 milhões, estatística bastante divulgada mas nunca verificada. Mesmo assim, a eficiência dos *walas* é notável o bastante para ter sido celebrada por Richard Branson e o príncipe Charles — e para ter sido lembrada em um estudo de caso da Harvard Business School. De algum modo, desde o seu início em 1890, sempre funcionou. E o motivo para isso é o segundo princípio do timing coletivo.

Depois que os indivíduos entram em sincronia com o chefe — o padrão externo que estabelece o ritmo de seu trabalho —, eles devem entrar em sincronia com a tribo: uns com os outros. Isso exige um profundo senso de pertencimento.

Em 1995, dois psicólogos, Roy Baumeister e Mark Leary, sugeriram a assim chamada "hipótese da condição de pertencimento". Eles propuseram que "a necessidade de pertencer é uma motivação humana fundamental [...] e grande parte das ações humanas é feita em nome do pertencimento". Outros pensadores, incluindo Sigmund Freud e Abraham Maslow, haviam feito alegações semelhantes, mas Baumeister e Leary começaram a procurar provas empíricas. A evidência que conseguiram era esmagadora (seu artigo de 26 páginas cita mais de trezentas fontes). O pertencimento, descobriram, molda profundamente nossos pensamentos e emoções. Sua ausência leva a efeitos ruins, sua presença, a saúde e satisfação.[8]

O evolucionismo oferece uma explicação ao menos parcial.[9] Depois que os primatas desceram das árvores para percorrer a savana descampada, pertencer a um grupo tornou-se essencial para a sobrevivência. Precisávamos dos outros para dividir o trabalho e nos proteger dos perigos. O pertencimento nos manteve vivos. Não pertencer nos transformava em almoço de alguma fera pré-histórica.

Hoje, essa preferência duradoura pelo pertencimento ajuda a sincronizar nossas ações com a dos outros. A coesão social, descobriram muitos estudiosos, leva a maior sincronia.[10] Ou, nas palavras de Simmons: "O som fica melhor se há uma sensação de pertencimento. Você tem melhores índices de comparecimento nos ensaios, rostos mais sorridentes". Mas, embora o impulso por pertencer seja inato, suscitá-lo às vezes exige certo esforço. No entrosamento de grupo, ele vem em três formas: códigos, roupa e tato.

CÓDIGOS

Para os *dabbawalas*, o código secreto está pintado (ou escrito com caneta marcadora) em todo almoço que transportam. Por exemplo, veja a fotografia à direita, tirada do alto, na tampa da marmita que Adhav transportava.

Para você, para mim e até para o dono do almoço, o que está rabiscado ali não faz sentido. Mas para os *dabbawalas*, é crucial para o entrosamento. Conforme o trem avança sacolejando rumo ao sul de Mumbai, e nossos corpos dentro dele sacolejam junto (não é nenhuma viagem de luxo), Adhav explica os símbolos: VP e Y indicam o bairro e o prédio onde o almoço foi recolhido de manhã; o 0 é a estação de onde o almoço vai sair; o 7 informa qual *wala* vai levar o almoço da estação para o cliente; e S137 indica o prédio e o andar onde o cliente trabalha. Só isso. Sem códigos de barras, sem endereços. "Eu olho pra isto", diz Adhav, "e fica tudo gravado."

No compartimento de bagagens — ninguém tem permissão de carregar bagagens volumosas nos vagões apinhados de Mumbai —, os *dabbawalas* se sentam no chão, em meio a uma pilha com cerca de duzentas sacolas de pano e

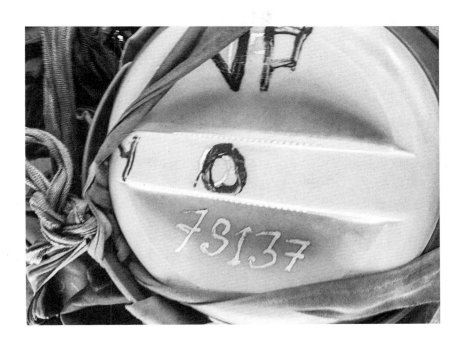

de plástico. Eles conversam e trocam gracejos entre si em marathi, a língua do estado de Maharashtra, não na língua dominante, o híndi. Todos os *dabbawalas* se originam do mesmo grupo de pequenas aldeias a cerca de 150 quilômetros de Mumbai. Muitos são parentes. Adhav e Medge, na verdade, são primos.

Swapnil Bache, um dos *walas*, me conta que compartilhar uma mesma língua e região de origem gera o que ele chama de "sentimento fraternal". E esse senso de afiliação, como os códigos nos almoços, produz uma compreensão informal que permite aos *walas* prever as ações uns dos outros e atuar em harmonia.

A sensação de pertencimento aumenta a satisfação e o desempenho no trabalho. Uma pesquisa feita por Alex Pentland no MIT "mostrou que quanto mais coesa e comunicativa a equipe — quanto mais seus membros conversam e fofocam —, mais eles resolvem coisas".[11] Até a estrutura da operação promove o pertencimento. Os *dabbawalas* não são uma corporação, mas uma cooperativa, que opera em um modelo de divisão dos lucros que remunera cada *wala* com cotas iguais.* A língua e a herança compartilhadas facilitam a divisão dos lucros.

* Um *dabbawala* costuma ganhar em média 210 dólares por mês — um salário nada nababesco mesmo para os padrões indianos, mas suficiente para sustentar uma família rural.

ROUPA

Adhav é magro e robusto. A visão do caimento de sua camisa branca no corpo está mais para um cabide do que um manequim. Ele usa calça e sandálias pretas e exibe dois pontinhos *bindi* na testa. Mas sobre sua cabeça está a peça mais importante de seu traje — um quepe branco ao estilo Gandhi indicando que ele é um *dabbawala*. Uma das poucas restrições ao comportamento dos *walas* é que devem usar esse chapéu no trabalho o tempo todo. O chapéu é outro elemento do seu sincronismo. Ele os conecta entre si e os diferencia dos que não pertencem ao grupo dos *dabbawalas*.

Os dabbawalas *Eknath Khanbar (à esquerda)* e *Swapnil Bache* examinam o código que determina onde entregar um almoço.

O traje, funcionando como marcador de afiliação e identificação, permite o entrosamento. Pense em restaurantes caros, cujo funcionamento é parte balé, parte invasão militar. Auguste Escoffier, um pioneiro da cozinha francesa, acreditava que as roupas criavam sincronia. "Escoffier disciplinava, treinava e vestia seus chefs", escreve um psicanalista. "Os uniformes os obrigavam a manter a postura e a conduta. O paletó branco trespassado se tornou padrão de ênfase na limpeza e da boa higiene. Mais sutilmente, esses paletós ajudaram a infundir um senso de lealdade, inclusão e orgulho entre os chefs e entre eles e o resto da equipe do restaurante."[12]

O que é verdade para os preparadores de almoço franceses é também verdade para os entregadores de almoço indianos.

TATO

Alguns corais estendem sua sincronização à ponta dos dedos. Quando cantam, dão as mãos — para se conectar e melhorar a qualidade do som. Os *dabbawalas* não dão as mãos. Mas exibem nos gestos a naturalidade de pessoas que se conhecem bem. Eles apoiam o braço no ombro de um colega ou trocam tapinhas nas costas. Conseguem se comunicar com os que estão mais longe apontando e usando outros sinais. E quando o trem está em movimento, num compartimento de bagagem sem assentos separados, muitas vezes se apoiam uns nos outros, um *wala* cochilando no ombro do colega.

O tato é mais uma coisa que promove o pertencimento. Por exemplo, alguns anos atrás, pesquisadores da Universidade da Califórnia, em Berkeley, tentaram prever o sucesso de times de basquete na NBA examinando seu uso de linguagem tátil. Observaram as equipes em jogos no início da temporada e contaram a frequência com que os jogadores se tocavam — uma lista que incluía "bater punho contra punho, fazer *high fives*, bater peito contra peito, bater ombro contra ombro saltando, soquinhos no peito, tapinhas na cabeça, segurar a cabeça, fazer *low fives*, bater as palmas das mãos no alto, abraços, abraços parciais e abraços coletivos". Então monitoraram o desempenho do time durante o restante da temporada.

Mesmo após controlar os fatores óbvios que afetam os resultados no basquete — por exemplo, a qualidade dos jogadores —, eles descobriram que o contato físico previa o desempenho tanto individual como da equipe. "O tato é o sentido mais desenvolvido desde o nascimento e precedeu a linguagem na evolução do hominídeo", escreveram. "O toque acentua o comportamento cooperativo dentro dos grupos, que por sua vez possibilita melhor desempenho coletivo." Tocar no outro é uma forma de sincronizar, um modo primitivo de indicar onde você está e para onde está indo. "O basquete desenvolveu sua própria linguagem tátil", escreveram. "*High fives* e soquinhos de punho, aparentemente manifestações dramáticas menores durante interações coletivas, têm muito a dizer sobre o funcionamento cooperativo de um time e se esse time ganha ou perde."[13]

O timing coletivo exige pertencimento, que é possibilitado por códigos, roupa e tato. Assim que os grupos sincronizam com a tribo, estão prontos para sincronizar com o próximo, e último, nível.

ESFORÇO E ÊXTASE: EM SINCRONIA COM O CORAÇÃO

O intervalo terminou. O Coral do Congresso sobe nos quatro degraus da plataforma para o segundo ato de *Road Trip!* Pelos setenta minutos seguintes, cantarão mais uma dúzia de canções, incluindo uma linda interpretação de 24 pessoas entoando "Baby, What a Big Surprise" *a cappella*.

As vozes estão em sincronia, claro. Qualquer um consegue perceber isso. Mas o que está acontecendo em seus corpos, embora não seja audível, é importante e intrigante. Durante a apresentação, o coração dessa coletividade diversificada de cantores amadores está batendo em uníssono.[14]

Ter o coração em sincronia é o terceiro princípio do timing coletivo. Sincronizar nos proporciona bem-estar — e sentir-se bem ajuda as engrenagens de um grupo a funcionar com mais eficiência. O entrosamento com os outros também os leva a *fazer* bem — e fazer bem melhora a sincronização.

Exercício físico é uma das poucas atividades na vida que é indiscutivelmente boa para nós — algo que traz enormes benefícios e acarreta pouco custo. O exercício nos ajuda a viver mais. Previne doenças do coração e diabetes. Regula o peso e aumenta a força. E seu valor psicológico é enorme. Para pessoas que sofrem de depressão, pode ser tão eficaz quanto medicação. Para pessoas saudáveis, é um incremento no humor instantâneo e de longa duração.[15] Qualquer um que examine a ciência por trás do exercício chega à mesma conclusão: seria uma tolice não fazer exercício.

Cantar em um coral pode ser uma nova forma de se exercitar.

A pesquisa sobre os benefícios de cantar em grupo revela coisas espantosas. Cantar em coral acalma o batimento cardíaco e aumenta os níveis de endorfina.[16] Melhora a função pulmonar.[17] Aumenta o limiar da dor e reduz a necessidade de analgésicos.[18] E até alivia os sintomas da síndrome do intestino irritado.[19] Cantar em grupo — não só nas apresentações, mas também nos ensaios — aumenta a produção de imunoglobina, facilitando o combate a infecções.[20] De fato, pacientes de câncer que cantam em coral mostram uma resposta imunológica melhorada logo depois do primeiro ensaio.[21]

E embora as compensações fisiológicas sejam muitas, as psicológicas podem ser ainda maiores. Diversos estudos demonstram que cantar em corais traz um incremento significativo ao humor positivo.[22] Também fomenta a autoestima, ao mesmo tempo que reduz a sensação de estresse e os sintomas da depressão.[23] A atividade aumenta a sensação de propósito e significado e melhora a sensibilidade em relação aos outros.[24] E esses efeitos advêm não do canto em si, mas de cantar *em grupo*. Por exemplo, pessoas que cantam em corais relatam bem-estar maior do que pessoas que cantam sozinhas.[25]

A consequência é um círculo virtuoso de bons sentimentos e entrosamento aperfeiçoado. Sentir-se bem promove a coesão social, o que facilita a sincronização. Sincronizar com os outros traz uma sensação boa, aprofundando a conexão e melhorando ainda mais o sincronismo.

Cantar em corais é a expressão mais sólida desse fenômeno, mas outras atividades em que os participantes encontram uma forma de estar em sincronia também criam sensações boas similares. Pesquisadores da Universidade de Oxford descobriram que dançar em grupo — "uma atividade humana onipresente que envolve o movimento sincronizado com música" — aumenta o limiar de dor dos adeptos.[26] O mesmo se aplica ao remo, atividade envolta em sofrimento. Outra pesquisa de Oxford, feita com os membros da equipe de remo da universidade, revelou limiares de dor elevados quando as pessoas remavam juntas, mas menos elevados quando os indivíduos remavam sozinhos. Eles até chamam esse estado de espírito em que os participantes sincronizados se tornam menos suscetíveis à dor de "barato de remador".[27]

O livro *The Boys in the Boat* [Os garotos no barco], de Daniel James Brown, que conta a história de uma equipe de nove pessoas da Universidade de Washington que ganhou a medalha de ouro na Olimpíada de Berlim de 1936, oferece uma descrição particularmente vívida:

E ele veio a compreender como esses laços quase místicos de confiança e afeição, se nutridos corretamente, podiam erguer uma equipe acima da esfera ordinária, transportá-la para um lugar onde nove rapazes de algum modo se tornavam uma coisa só — uma coisa que não podia ser muito bem definida, uma coisa que estava tão sintonizada com a água, a terra e o céu acima que, à medida que remavam, o esforço era substituído pelo êxtase.[28]

O fato de que nove indivíduos possam se tornar uma unidade vibrante e, como consequência, o êxtase possa suplantar o esforço sugere uma necessidade profundamente arraigada de sincronização. Alguns estudiosos defendem que temos um desejo inato de entrar no ritmo dos outros.[29] Numa tarde de domingo, fiz uma pergunta a David Simmons mais geral do que o simples fato de os cantores do Coro do Congresso pronunciarem os Ts ao mesmo tempo: *Por que* seres humanos cantam em grupo?

Ele pensou por um momento e respondeu: "Cantar faz as pessoas sentirem que não estão sozinhas no mundo".

No concerto do Coral do Congresso, uma versão animada de "My Shot", do musical *Hamilton*, leva o público a se levantar da cadeira. A multidão agora está sincronizada também, explodindo em palmas e gritos ritmados.

O penúltimo número, anuncia Simmons, é "This Land Is Your Land". Mas antes que os cantores comecem, Simmons diz ao público: "Vamos convidá--los para se juntar a nós no refrão final [da canção]. Quando eu der a deixa". A música começa, o coral canta. Então Simmons sinaliza para o público com um gesto de mão e aos poucos trezentas pessoas — a maioria das quais não se conhece e talvez nunca mais estejam numa mesma sala de novo — começam a cantar junto, imperfeitamente mas com vontade, até chegarem ao último verso: "*This land was made for you and me*".

Após a viagem de quarenta minutos, Ahilu Adhav deixa o trem na estação Marine Lines, perto do ponto em que o extremo sul de Mumbai encontra o mar da Arábia. Juntam-se a ele *dabbawalas* vindos de outras partes da cidade. Com a ajuda dos códigos, rapidamente separam as sacolas outra vez. Então Adhav pega uma bicicleta que outro *wala* deixou nessa estação e parte para fazer suas entregas.

Dessa vez, porém, ele não consegue avançar. As ruas estão tão entupidas de veículos, a maioria parecendo pouco familiarizada com o conceito de faixas, que empurrar sua bicicleta entre carros parados, scooters roncando e a ocasional vaca é mais rápido do que pedalar. Sua primeira parada é uma loja de componentes elétricos em uma rua comercial chamada Vithaldas Lane, onde ele deposita a surrada sacola com o almoço sobre a mesa do dono da loja. A meta é entregar todos os almoços até 12h45, assim seus clientes (e os próprios *dabbawalas*) podem comer entre uma e duas da tarde, e Adhav pode buscar as marmitas vazias a tempo de embarcar no trem das 14h48. Hoje, Adhav completou suas entregas às 12h46.

No dia anterior, Medge, o presidente da associação, descrevera o trabalho dos *dabbawalas* para mim como uma "missão sagrada". Ele costuma falar sobre a entrega de almoço em termos quase religiosos. Conta que os dois pilares importantes do credo *dabbawala* são: "trabalho é veneração" e "o cliente é deus". E essa filosofia celestial tem um impacto terreno. Como Medge explicou para Stefan Thomke, autor do estudo de caso na Harvard Business School, "se você trata o *dabba* como um recipiente apenas, pode não levá-lo a sério. Mas se pensa nesse recipiente como contendo remédios que devem chegar a pacientes enfermos que podem morrer, então a sensação de urgência exige comprometimento".[30]

Esse propósito mais elevado é a versão *wala* de sincronia com o coração. Uma missão em comum os ajuda a se entrosar, mas também provoca outro ciclo virtuoso. A ciência mostra que trabalhar em harmonia com outros aumenta a probabilidade de fazermos o bem. Por exemplo, uma pesquisa realizada por Bahar Tunçgenç e Emma Cohen, da Universidade de Oxford, revelou que crianças participando de uma brincadeira rítmica e sincronizada de bater palmas e pés tinham maior probabilidade de depois ajudar os coleguinhas do que crianças participando de brincadeiras que não exigiam sincronia.[31] Em experimentos similares, crianças que primeiro participaram de brincadeiras

Ahilu Adhav entrega dois almoços em uma agitada rua de mercado em Mumbai.

sincronizadas manifestaram maior probabilidade do que outras de dizer que, se fossem voltar para mais atividades, estariam interessadas em brincar com uma criança que não estava no grupo original.[32] Até mesmo ir e vir em sincronia com outra criança no balanço aumentou a subsequente cooperação e as habilidades colaborativas.[33] Agir em sincronia expande nossa receptividade a pessoas de fora e nos deixa mais propensos a um comportamento "pró-social". Em outras palavras, o entrosamento nos torna pessoas melhores — e ser pessoas melhores nos torna melhores entrosadores.

A última parada para buscar as *tiffins* são as Indústrias Jayman, uma fábrica de equipamentos cirúrgicos cujo escritório se resume a duas salas apertadas. Quando Adhav chega, o dono da empresa, Hitendra Zaveri, ainda não teve tempo de almoçar. Então Adhav espera enquanto Zaveri abre seu almoço. Não é um *sad desk lunch*. A aparência é boa — chapatis, arroz, *dahl* e legumes.

Zaveri, que usa o serviço há 23 anos, diz que prefere um almoço caseiro porque a qualidade é segura e comer fora "não faz bem para a saúde". Ele também se mostra satisfeito com o que chama de "precisão do tempo". Mas é algo mais sutil que o mantém sendo um cliente. Sua mulher prepara seu almoço. Ela faz isso há duas décadas. Mesmo ele tendo uma longa baldeação e um dia cheio pela frente, a breve pausa ao meio-dia o mantém em conexão com ela. Os *dabbawalas* fazem isso acontecer. A missão de Adhav pode não ser sagrada, mas chega perto. Ele está entregando comida — comida caseira preparada por um membro da família. E não faz isso uma ou duas vezes por mês. Faz isso quase todo dia.

O que Adhav faz é fundamentalmente diferente de entregar uma pizza. Ele vê o membro de uma família no começo da manhã, depois outro mais tarde. Ajuda a primeira pessoa a alimentar a segunda e a segunda a apreciar a primeira. Adhav é o tecido conectivo que mantém as famílias unidas. O entregador de pizza pode ser eficiente, mas seu trabalho não é transcendente. Adhav, porém, é eficiente *porque* seu trabalho é transcendente.

Ele sincroniza primeiro com o chefe — aquele trem das 10h51 da estação Vile Parle. Sincroniza em seguida com a tribo — seus colegas *walas* do chapéu branco falam a mesma língua e conhecem o código cifrado. Mas no fim das contas sincroniza com algo mais sublime — o coração —, fazendo um trabalho difícil e fisicamente exigente que alimenta pessoas e une famílias.

Durante uma das paradas matinais de Adhav, no sétimo andar de um prédio chamado Pelican, conheci um homem que usa os serviços dos *dabbawalas* há quinze anos. Como tantos outros que encontrei, ele diz que as entregas nunca falharam nem chegaram tarde ou erradas.

Mas tinha uma queixa.

Na extraordinária jornada que seu almoço faz saindo de sua cozinha, na bicicleta de Adhav, na primeira estação de trem, nas costas do *dabbawala*, em outra estação de trem, pelas ruas apinhadas de Mumbai, até chegar a sua mesa, "às vezes o curry mistura no arroz".

Manual do programador do tempo VI

SETE MANEIRAS DE DESCOBRIR O PRÓPRIO "BARATO DE SINCRONIZADOR"

Entrosar-se e sincronizar com outras pessoas é uma forma muito efetiva de aumentar o bem-estar físico e psicológico. Se a sua vida não envolve hoje esse tipo de atividade, eis alguns modos de descobrir o próprio barato de sincronizador:

1. Cante em um coral.

Mesmo que você nunca tenha feito parte de um grupo musical, cantar com outros vai melhorar instantaneamente sua motivação. Para encontros de corais no mundo todo, visite <https://www.meetup.com/topics/choir>.

2. Corra em grupo.

Correr junto com outros oferece uma trinca de benefícios: exercício, socialização e sincronia — tudo numa coisa só.

3. Pratique remo.

Poucas atividades exigem sincronia tão perfeita quanto remar em uma equipe. E além disso é um exercício completo: segundo fisiologistas, uma corrida de dois quilômetros queima tantas calorias quanto disputar duas partidas de basquete em noites consecutivas.

4. Dance.

Bailes e outros tipos de socialização por meio da dança têm tudo a ver com sincronizar com outras pessoas e entrosar os movimentos com a música.

5. Faça ioga.

Como se você precisasse escutar mais um motivo por que a ioga faz bem, a prática em grupo pode lhe dar um barato de sincronização.

6. Participe de um flash mob.

Para algo mais aventureiro que dançar e mais agitado que ioga, considere um flash mob — manifestar-se em público numa grande aglomeração é um jeito divertido de estranhos fazerem um show para outros estranhos. Costuma ser de graça. E — surpresa — a maioria dos flash mobs é anunciada com antecedência. Mais informações em <http://www.makeuseof.com/tag/5-websites--tells-flash-mob-place-organize>.

7. Cozinhe a dois.

Cozinhar, comer e cuidar da louça sozinho pode ser uma chatice. Mas fazer isso junto com alguém exige sincronização e pode trazer um benefício emocional (para não mencionar uma refeição decente).

FAÇA ESTAS TRÊS PERGUNTAS, DEPOIS CONTINUE A FAZÊ-LAS

Ainda que um grupo esteja funcionando em sincronia, o trabalho dos membros não terminou. O entrosamento de grupo não obedece à lógica de uma panela elétrica de ser programada para cozinhar por um tempo determinado e pronto. Exige mexer com frequência e ficar de olho. Isso significa que para manter um grupo bem sincronizado você deve fazer regularmente — uma vez por semana ou pelo menos uma vez por mês — estas três perguntas:

1. Temos um chefe definido — seja uma pessoa, seja algum padrão externo — que engendra respeito, cujo papel é inequívoco e para quem todo mundo pode direcionar seu foco inicial?
2. Estamos promovendo uma sensação de pertencimento que enriquece a identidade individual, aprofunda as ligações e permite que todos sincronizem com a tribo?
3. Estamos ativando o estado de elevação — sentir-se bem e fazer o bem — necessário para um grupo ser bem-sucedido?

QUATRO EXERCÍCIOS DE IMPROVISAÇÃO QUE PODEM PROMOVER AS HABILIDADES DE TIMING COLETIVO

O teatro de improviso exige não só agilidade de raciocínio como também muita sincronia. Combinar suas palavras e movimentos com outros atores sem a ajuda de um roteiro é bem mais desafiador do que o público pensa. É por isso que grupos de improviso praticam uma variedade de exercícios de timing e entrosamento. A seguir veja quatro dicas, recomendadas por Cathy Salit, guru do improviso, que podem funcionar para sua equipe:

1. Espelho, espelho meu

Encontre um parceiro ou parceira e fiquem se encarando. Depois, lentamente, mexa os braços e as pernas — ou arqueie as sobrancelhas, ou mude a expressão facial. A outra pessoa deve copiar tudo o que você faz — esticar o cotovelo ou arquear a sobrancelha ao mesmo tempo e no mesmo ritmo que você. Depois troquem os papéis e deixe que a outra pessoa gesticule e a copie. Isso também pode ser feito em um grupo maior. Sente-se numa roda com outras pessoas e copie o que vê de qualquer um no grupo. "Em geral começa sutilmente e depois aumenta até que o círculo todo está se copiando", diz Salit.

2. Telepatia

Esse exercício promove um tipo mais conceitual de sincronização. Encontre um par. Contem juntos até três, depois cada um diz uma palavra — qualquer palavra que quiser — ao mesmo tempo. Suponha que você diga "banana" e a outra pessoa, "bicicleta". Agora ambos contam até três e dizem uma palavra que de algum modo conecte as duas palavras anteriores. Nesse caso, ambos poderiam dizer "saúde". Telepatia! Mas se ambos sugerirem diferentes palavras, o que é bem mais provável — suponha que um diga "feira" e o outro "roda" —, então o processo se repete, contando até três e dizendo uma palavra que conecte "feira" e "roda". Ambos pensaram na mesma palavra? (Estou pensando em "carrinho" — e você?) Caso contrário, continue até que ambos digam a mesma palavra. É mais difícil do que parece, mas realmente ajuda no entrosamento de seus músculos mentais.

3. Passe as palmas

Esse é um exercício de aquecimento clássico para improvisar. Forme um círculo. A primeira pessoa vira para a direita e faz contato visual com a seguinte. Então ambas batem palmas ao mesmo tempo. Em seguida, a pessoa número dois vira para a direita, faz contato visual com a pessoa número três e elas batem palmas em uníssono. (Ou seja, o número dois passa as palmas para o número três.) Então o número três continua o processo. À medida que as palmas são passadas de pessoa a pessoa, alguém pode decidir reverter a direção "batendo palmas de volta", em vez de virar e passar adiante. Então todo mundo pode reverter a direção outra vez. O objetivo é se concentrar em sincronizar com apenas uma pessoa, o que ajuda o grupo todo a se entrosar e passar adiante um objeto invisível. Pesquise "*pass the clap*" (passe as palmas) no YouTube e veja o exercício em ação.

4. Rap dos Beastie Boys

Batizado com o nome do grupo de hip-hop, esse jogo exige que os indivíduos estabeleçam uma estrutura para ajudar os outros a agir em uníssono. A primeira pessoa canta um verso que segue uma estrutura particular de batidas fortes e fracas. O Improv Resource Center (https://wiki.improvresourcecenter.com) usa este exemplo: "*LIVing at home is SUCH a DRAG*". O resto do grupo em seguida entra com o refrão: "*YAH buh-buh-BAH buh-BAH Buh-BAH BAH!*". Então cada pessoa subsequente entra com um novo verso, parando um pouco antes da palavra final de modo que o grupo todo a diga junto. Continuando, por exemplo:

> Pessoa dois: "*I always pack my lunch in the same brown BAG*".
> Grupo: "*YAH buh-buh-BAH buh-BAH Buh-BAH BAH!*".
> Pessoa três: "*I like to take a nap on carpet made of SHAG*".
> Grupo: "*YAH buh-buh-BAH buh-BAH Buh-BAH BAH!*".

Para ficar claro. Nem todo mundo vai gostar desses exercícios de imediato, mas às vezes você precisa lutar por seu direito de sincronizar.*

QUATRO TÉCNICAS PARA PROMOVER O PERTENCIMENTO EM SEU GRUPO

1. Responda rapidamente aos e-mails.

Quando perguntei ao diretor artístico do Coral do Congresso, David Simmons, que estratégias ele usava para promover o pertencimento, sua resposta me surpreendeu. "Responda os e-mails deles", disse. A pesquisa dá respaldo à intuição de Simmons.

O tempo de resposta dos e-mails é a melhor maneira de descobrir se os funcionários estão satisfeitos com seu chefe, segundo pesquisa feita por Duncan Watts, sociólogo da Universidade Columbia que é hoje o principal pesquisador da Microsoft Research. Quanto mais tempo um chefe leva para responder os e-mails, menos satisfeitas com seu líder as pessoas ficam.[1]

2. Conte histórias sobre sua luta.

Uma das maneiras de os grupos criarem coesão é contar histórias. Mas as histórias contadas pelo grupo não devem ser apenas casos de triunfo. Histórias de fracasso e vulnerabilidade

---

* Um trocadilho com a mais conhecida música dos Beastie Boys, "(You Gotta) Fight For Your Right (To Party)", traduzido como "você precisa lutar pelo seu direito de se divertir". (N. E.)

também fomentam um senso de pertencimento. Por exemplo, Gregory Walton, da Universidade Stanford, descobriu que esse tipo de história pode ser eficaz entre indivíduos que se sentem isolados do grupo — por exemplo, mulheres em um ambiente dominado por homens ou alunos negros em uma universidade majoritariamente branca.[2] O simples ato de ler o relato de outro aluno cujo primeiro ano não foi dos melhores, mas que depois se encontrou, aumentou a sensação subsequente de pertencimento.

3. Fomente rituais de grupo organizados internamente.

Grupos coesos e entrosados têm rituais que ajudam a fundir a identidade e aprofundar o pertencimento. Mas nem todos os rituais têm o mesmo peso. Os mais poderosos emergem dos membros do grupo, em vez de serem orquestrados ou impostos por quem lidera. Para remadores, talvez seja a canção que cantam durante o aquecimento. Para membros de coral, talvez seja o café onde todos se reúnem antes dos ensaios. Como Robb Willer, de Stanford, descobriu, "funções sociais no local de trabalho são menos eficazes se iniciadas pelo gerente. O melhor são compromissos determinados pelos trabalhadores em horários e lugares que sejam convenientes para a equipe".[3] Rituais orgânicos, não artificiais, geram coesão.

4. Tente uma sala quebra-cabeça.

No início da década de 1970, o psicólogo social Elliot Aronson e seus alunos na Universidade do Texas projetaram uma técnica de aprendizado cooperativo para lidar com as divisões raciais nas escolas públicas recém-integradas de Austin. Eles batizaram isso de "sala quebra-cabeça". E à medida que era aplicada nas escolas, os educadores perceberam que a técnica podia promover o entrosamento de grupo.

Eis como funciona.

O professor divide os alunos em "grupos quebra-cabeça" de cinco pessoas. Depois divide a aula do dia em cinco segmentos. Por exemplo, se a classe está estudando a vida de Abraham Lincoln, esses segmentos podem ser a infância de Lincoln, o início de sua carreira política, a posse no começo da Guerra de Secessão, a assinatura da Proclamação de Emancipação e seu assassinato. Cada aluno é responsável por pesquisar uma dessas seções.

Os alunos então começam a estudar sua "peça", formando "grupos especializados" com alunos dos outros grupos de cinco pessoas da classe que compartilham a mesma tarefa. (Em outras palavras, todos os alunos incumbidos do segmento Proclamação da Emancipação se juntam.) Quando a pesquisa terminar, os alunos voltam a seu grupo quebra-cabeça original e ensinam os outros quatro colegas.

O segredo dessa estratégia de aprendizado é a interdependência estruturada. Cada aluno fornece uma peça necessária para o todo, algo essencial para os demais vislumbrarem o cenário geral. E o sucesso de cada aluno depende tanto de sua contribuição como da dos parceiros. Se você for professor, faça uma tentativa. Mesmo que seus dias de escola estejam no passado, você pode adaptar a abordagem do quebra-cabeça para muitos ambientes de trabalho.

7. Pensando em tempos verbais

Algumas palavras finais

> *Time flies like an arrow. Fruit flies like a banana.**
> Groucho Marx (*talvez*)

O trocadilho que abre este capítulo sempre me faz rir. É bem Groucho, uma piada com um jogo de palavras que dá um nó na cabeça, na linha de "Fora [d] o cachorro [*outside of a dog*], o livro é o melhor amigo do homem. Dentro do cachorro [*inside of a dog*] está escuro demais para ler".[1] Infelizmente, é provável que Julius Henry Marx, que veio a ser o irmão Marx mais famoso, nunca tenha dito isso. Mas a verdadeira história da piada, e o pensamento surpreendentemente complexo que ela representa, oferece uma ideia final para este livro.

O verdadeiro pai dessas linhas, ou pelo menos a pessoa que forneceu o material genético original, foi um linguista, matemático e cientista da computação chamado Anthony Oettinger. Hoje, inteligência artificial e aprendizado de máquina são assuntos badalados, objetos de fascínio público e de bilhões de dólares em pesquisa e investimento. Mas na década de 1950, quando Oettinger começou a lecionar na Universidade Harvard, as pessoas mal ou-

---

* Trocadilho intraduzível: "O tempo voa como uma flecha. A fruta voa como uma banana/ Moscas de fruta gostam de banana". (N. T.)

viam falar nesses temas. Oettinger foi um dos pioneiros nesses campos — um polímata poliglota e uma das primeiras pessoas no mundo a investigar como os computadores podem compreender a linguagem humana natural. A busca era, e ainda é, um desafio.

"Alegações prematuras de que os computadores poderiam traduzir línguas foram muito exageradas", escreveu Oettinger em um artigo de 1966 na *Scientific American* que previa com acerto sobrenatural vários dos usos científicos posteriores dos computadores.[2] A dificuldade inicial é que muitas frases podem ter múltiplos sentidos quando são removidas de um contexto da vida real. O exemplo que ele usou foi "O tempo voa como uma flecha" (*Time flies like an arrow*). A oração pode significar que o tempo se move com a rapidez de uma flecha cruzando o céu. Mas como explicou Oettinger, "*time*" também poderia ser um verbo no imperativo — uma instrução ríspida para um pesquisador de velocidade de insetos "pegar seu cronômetro e medir a velocidade das moscas [*flies*] com toda presteza, ou como uma flecha". Ou poderia estar descrevendo determinada espécie de insetos alados — *time flies* — que gostam de flechas. Segundo ele, os programadores poderiam fazer os computadores tentar compreender a diferença entre esses três significados, mas o conjunto de regras subjacente criaria uma nova leva de problemas. Essas regras não dariam conta de sentenças sintaticamente parecidas mas semanticamente diferentes como — ei-la aqui de novo! — "*Fruit flies like a banana*". Era um enigma.

Não demorou para a frase "*Time flies like an arrow*" se tornar um exemplo recorrente em conferências e palestras para ilustrar os desafios do aprendizado de máquina. "A palavra '*time*' aqui pode ser tanto um substantivo como um adjetivo ou um verbo, rendendo três interpretações sintáticas diferentes", escreveu Frederick Crosson, professor da Universidade de Notre Dame e editor de um dos primeiros livros didáticos sobre inteligência artificial.[3] A paridade flecha-banana perdurou e, anos mais tarde, de algum modo ficou ligada a Groucho Marx. Mas o bibliotecário de Yale e guru de citações Fred Shapiro afirma que "não há motivo para acreditar que Groucho tenha dito isso de verdade".[4]

Contudo, a força da frase revela algo importante. Como Crosson observa, mesmo numa oração de cinco palavras, "*time*" pode funcionar como substantivo, adjetivo ou verbo. É uma das palavras mais expansivas e versáteis da língua inglesa. "*Time*" pode ser um substantivo próprio, como em "Greenwich

Mean Time" [Tempo Médio de Greenwich]. A forma do substantivo também pode significar uma duração discreta (*"How much time is left in the second period?"*) [Quanto falta para o fim do segundo tempo?], um momento específico (*"What time does the bus to Narita arrive?"*) [A que hora chega o ônibus para Narita?], uma ideia abstrata (*"Where did the time go?"*) [Não vi o tempo passar], uma experiência geral (*"I'm having a good time"*) [Estou me divertindo muito], sua vez de fazer algo (*"He rode the roller coaster only one time"*) [Ele só foi à montanha-russa apenas uma vez], um período histórico (*"In Winston Churchill's time..."*) [Nos tempos de Winston Churchill] etc. Na verdade, segundo pesquisadores da Oxford University Press, *"time"* é o substantivo mais comum do inglês.[5]

Como verbo, também possui múltiplos significados. Podemos marcar o tempo de uma corrida (*time a race*), algo que sempre envolve um relógio ou cronômetro, ou marcar a hora de um ataque (*time an attack*), algo que em geral não precisa de um. Podemos marcar o andamento (*keeping time*) quando estamos tocando um instrumento musical (com um metrônomo, por exemplo). E, como os *dabbawalas* e remadores, podemos sincronizar (*time*) nossas ações com os demais. A palavra pode funcionar como um adjetivo, como em *"time bomb"* (bomba-relógio), *"time zone"* (fuso horário) e *"time clock"* (cronômetro) — e os "advérbios de tempo" representam toda uma categoria dessa parte da fala.

Mas o tempo permeia nossa linguagem e dá um colorido ainda mais profundo a nosso pensamento. A maioria das línguas do mundo marca os verbos usando tempos verbais — sobretudo passado, presente e futuro — para transmitir significado e revelar pensamentos. Quase toda frase que pronunciamos vem matizada com o tempo. Em certo sentido, pensamos em termos de tempos verbais. E isso é especialmente verdade quando pensamos em nós mesmos.

Considere o passado. Costuma-se dizer que não devemos viver no passado, mas pesquisas realizadas comprovam que pensar no pretérito verbal pode levar a uma compreensão maior de nós mesmos. Por exemplo, a nostalgia — contemplar e às vezes ansiar pelo passado — foi outrora considerada uma patologia, uma debilidade que nos distraía de pensar em objetivos presentes. Os eruditos dos séculos XVII e XVIII achavam que era um mal físico — "uma doença cerebral de causa essencialmente demoníaca" estimulada pela "vibração contínua de espíritos animais através das fibras do mesencéfalo". Outros acreditavam que a nostalgia era causada por mudanças na pressão atmosférica ou por uma "superabundância de bile negra no sangue" ou era talvez uma aflição particular para os suíços. No século XIX, essas ideias foram descartadas, mas a caracterização da nostalgia como doença, não. Eruditos e médicos daquela época acreditavam que fosse uma disfunção mental, um distúrbio psiquiátrico ligado a psicose, compulsão e anseios edipianos.[6]

Hoje, graças ao trabalho do psicólogo Constantine Sedikides, da Universidade de Southampton, e outros, a nostalgia foi redimida. Sedikides a chama de "recurso intrapessoal vital que contribui para a igualdade psicológica [...] um repositório de sustento psicológico". Os benefícios de pensar com carinho no passado são vastos porque a nostalgia gera dois ingredientes essenciais para o bem-estar: um senso de significado e uma conexão com os outros. Quando pensamos de maneira nostálgica, muitas vezes nos caracterizamos como protagonistas em um evento importante (um casamento ou formatura, por exemplo) que envolve nossos entes mais queridos.[7] A nostalgia, mostra a pesquisa, pode melhorar o humor, proteger contra a ansiedade e o estresse e estimular a criatividade.[8] Pode aumentar o otimismo, aprofundar a empatia e aliviar o tédio.[9] A nostalgia pode aumentar até as sensações *fisiológicas* de conforto e aconchego. Somos mais propensos a ficar nostálgicos em dias frios. E quando os pesquisadores induzem a nostalgia — por meio de música ou algum cheiro, por exemplo —, as pessoas ficam mais tolerantes ao frio e têm uma sensação térmica de maior calor.[10]

Como a pungência, a nostalgia é uma "emoção agridoce, mas predominantemente positiva e social em sua essência". Pensar no pretérito oferece "uma janela para o eu intrínseco", um portal para quem somos de fato.[11] Torna o presente significativo.

O mesmo princípio se aplica ao futuro. Dois proeminentes cientistas sociais — Daniel Gilbert, da Universidade Harvard, e Timothy Wilson, da Universidade da Virginia — afirmam que, embora "todos os animais estejam em uma viagem no tempo", os humanos têm uma vantagem. Antílopes e salamandras conseguem prever as consequências de eventos que vivenciaram antes. Mas só os seres humanos conseguem "pré-vivenciar" o futuro simulando-o na própria mente, o que Gilbert e Wilson chamam de "perspectivação".[12] Entretanto, estamos longe de ser tão talentosos nessa habilidade quanto acreditamos que somos. Embora os motivos variem, a língua que falamos — literalmente, os tempos verbais que usamos — podem ter um papel.

M. Keith Chen, economista hoje na UCLA, foi um dos primeiros a explorar a ligação entre a língua e o comportamento econômico. Ele começou por agrupar 36 línguas em duas categorias — as dotadas de um forte tempo futuro e as que têm um tempo verbal futuro fraco ou inexistente. Chen, americano criado em uma família que falava chinês, apresenta as diferenças entre inglês e mandarim para ilustrar a distinção. Ele diz: "Se eu quisesse explicar para um colega falante de inglês por que não posso comparecer a uma reunião mais tarde hoje, não poderia dizer '*I go to a seminar*'". Em inglês, Chen teria de marcar explicitamente o futuro dizendo: "*I will be going to a seminar*" ou "*I have to go to a seminar*". Entretanto, diz Chen, se "por outro lado eu estivesse falando mandarim, seria muito natural omitir qualquer marcador do tempo futuro e dizer '*Wǒ qù tīng jiǎngzò*' (Vou assistir seminário)".[13] Línguas com futuro forte, como inglês, italiano e coreano, exigem que os falantes façam nítidas distinções entre o presente e o futuro. Línguas de futuro fraco, como mandarim, finlandês e estoniano, traçam pouco ou nenhum contraste.

Chen em seguida observou — com grupos de controle para renda, nível de instrução, idade e outros fatores — se as pessoas falantes de línguas com futuro forte e futuro fraco se comportavam de maneira diferente. Elas o fazem — de modo um pouco surpreendente. Chen descobriu que falantes de línguas de futuro fraco — os que não marcam diferenças explícitas entre presente e futuro — tinham probabilidade 30% maior de guardar dinheiro para a aposentadoria e 24% menor de se tornar fumantes. Também praticavam sexo seguro, exercitavam-se com mais regularidade e eram tanto mais saudáveis como mais abonadas na aposentadoria. Isso era verdade mesmo em países como Suíça, onde alguns cidadãos falam uma língua com futuro fraco (alemão) e outras com futuro forte (francês).[14]

Chen não concluiu que a língua falada pela pessoa *causava* esse comportamento. Ela podia apenas *refletir* diferenças mais profundas. E a questão de saber se a língua de fato molda o pensamento e, portanto, a ação permanece tema de disputa no campo da linguística.[15] Não obstante, outra pesquisa mostra que planejamos com mais eficiência e nos tornamos mais responsáveis quando o futuro parece conectado mais de perto ao momento presente e a nossos "eus" atuais. Por exemplo, um motivo de as pessoas não pouparem para a aposentadoria é que de algum modo consideram a versão futura de si mesmos uma pessoa diferente da versão atual. Mas mostrar às pessoas imagens com idade avançada de suas próprias fotos pode aumentar sua propensão a poupar.[16] Outra pesquisa revelou que simplesmente pensar no futuro em unidades de tempo menores — dias, não anos — "fazia as pessoas se sentirem mais próximas de seu futuro eu e menos inclinadas a sentir que seu eu presente e futuro não eram a mesma pessoa de fato".[17] Como com a nostalgia, a função mais elevada do futuro é intensificar o significado do presente.

O que leva ao presente em si. Dois últimos estudos são ilustrativos. No primeiro, cinco pesquisadores de Harvard pediram às pessoas que fizessem pequenas "cápsulas do tempo" do momento presente (três canções que escutaram há pouco tempo, uma piada específica, a última ocasião social a que compareceram, uma foto etc.) ou escrever sobre uma conversa recente. Então pediram a elas que adivinhassem até que ponto ficariam curiosas para ver o que documentaram vários meses mais tarde. Quando chegou a hora de ver as cápsulas do tempo, as pessoas estavam muito mais curiosas do que haviam previsto. Também acharam o conteúdo do que guardaram muito mais significativo do que haviam esperado. Em inúmeros experimentos, as pessoas subestimaram o valor de redescobrir experiências presentes no futuro.

"Ao registrar momentos comuns hoje, podemos tornar o momento presente um 'momento presente' para o futuro", escreveram os pesquisadores.[18]

O outro estudo examinou o efeito da reverência. A reverência habita "as alturas mais elevadas do prazer e a fronteira do medo", nas palavras de dois estudiosos. Ela "é uma emoção pouco estudada [...] fundamental para a experiência da religião, política, natureza e arte".[19] Tem dois atributos fundamentais: vastidão (a experiência de algo maior do que nós mesmos) e acomodação (a vastidão nos força a ajustar nossas estruturas mentais).

Melanie Rudd, Kathleen Vohs e Jennifer Aaker descobriram que a experiência de sentir reverência — ver o Grande Canyon, presenciar uma criança nascendo, observar uma tempestade espetacular — muda nossa percepção do tempo. Quando sentimos reverência, o tempo corre mais devagar. Ele se expande. Temos a sensação de dispor de mais tempo. E essa sensação aumenta nosso bem-estar. "Experiências de reverência trazem as pessoas para o momento presente, e estar no momento presente enfatiza a capacidade da reverência de ajustar a percepção do tempo, influenciar decisões e fazer a vida parecer mais gratificante do que seria de outro modo."[20]

Tomados em conjunto, todos esses estudos sugerem que o caminho para uma vida significativa não é "viver no presente" como tantos gurus espirituais costumam aconselhar. É integrar nossas perspectivas sobre o tempo em um todo coerente, que nos ajude a compreender quem somos e por que estamos aqui.

Em uma cena não muito memorável do filme *Animal Crackers*, de 1930, Groucho Marx se corrige usando o verbo "*are*" quando deveria ter dito "*were*". E explica: "*I was using the subjunctive instead of the past tense*" (Eu estava usando o subjuntivo em vez do pretérito). Então, um segundo depois, acrescenta: "*We're way past tents, we're living in bungalows now*" (Barracas são um passado remoto; moramos em bangalôs, hoje em dia).

Nós também já deixamos os tempos verbais para trás. O desafio da condição humana é juntar passado, presente e futuro.

Quando comecei a trabalhar neste livro, sabia que o timing era importante, mas também que ele é inescrutável. No começo do projeto, eu não fazia ideia do destino. Meu objetivo era chegar a algo próximo da verdade, identificar fatos e insights capazes de ajudar as pessoas, incluindo a mim, a trabalhar de forma um pouco mais inteligente e a viver melhor.

O *produto* da escrita — este livro — contém mais respostas do que perguntas. Mas o *processo* de escrever é o oposto. Escrever é um ato de descobrir o que você pensa e no que acredita.

Eu costumava acreditar em ignorar as ondas do dia. Agora acredito em surfá-las.

Eu costumava acreditar que horários de almoço, cochilos e caminhadas fossem amenidades. Agora acredito que são necessidades.

Eu costumava acreditar que a melhor maneira de superar um mau começo no trabalho, na escola ou em casa era deixar para lá e passar para outra. Agora acredito que a melhor abordagem é recomeçar ou começar junto com alguém.

Eu costumava acreditar que pontos médios não tinham importância — principalmente porque ignorava sua mera existência. Agora acredito que pontos médios ilustram algo fundamental sobre como as pessoas se comportam e como o mundo funciona.

Eu costumava acreditar no valor dos finais felizes. Agora acredito que o poder dos finais repousa não em sua consumada alegria, mas em sua pungência e significado.

Eu costumava acreditar que sincronizar com os outros era um mero processo mecânico. Agora acredito que exige um senso de pertencimento, oferece um senso de propósito e revela uma parte de nossa natureza.

Eu costumava acreditar que timing era tudo. Agora acredito que tudo é timing.

Leitura complementar

Tempo e timing são temas de interesse infinito que outros autores exploraram com habilidade e entusiasmo. Eis aqui seis livros, listados em ordem alfabética de título, que irão aprofundar sua compreensão:

168 Hours: You Have More Time Than You Think (2010) [168 horas: você tem mais tempo do que pensa]
De Laura Vanderkam
Todos nós temos a mesma cota: 168 horas por semana. Vanderkam oferece conselhos perspicazes e práticos sobre como aproveitar ao máximo essas horas, estabelecendo prioridades, eliminando o que não é essencial e se concentrando no que importa de verdade.

A Geography of Time: Temporal Misadventures of a Social Psychologist (1997) [Uma geografia do tempo: desventuras temporais de um psicólogo social]
De Robert V. Levine
Por que algumas culturas avançam mais rápido que outras? Por que algumas seguem um "tempo cronológico" rígido e outras um "tempo circunstancial" mais fluido? Um cientista do comportamento oferece algumas respostas fascinantes, muitas delas baseadas em suas próprias aventuras peripatéticas.

Daily Rituals: How Artists Work (2013) [Rituais diários: como artistas trabalham]
Editado por Mason Currey
Como os maiores artistas do mundo organizavam seu tempo? O livro revela os hábitos diários de vários criadores famosos: Agatha Christie, Sylvia Plath, Charles Darwin, Toni Morrison, Andy Warhol e 156 outros.

Internal Time: Chronotypes, Social Jet Lag, and Why You're So Tired (2012) [Tempo interno: cronotipos, jet lag social e por que você está tão cansado]
De Till Roenneberg
Se for ler um livro sobre cronobiologia, leia esse. Você vai aprender mais com este trabalho inteligente e conciso — organizado em 24 capítulos para representar as 24 horas do dia — do que com qualquer outro livro.

The Dance of Life: The Other Dimension of Time (1983) [A dança da vida: a outra dimensão do tempo]
De Edward T. Hall
Um antropólogo americano examina como as culturas pelo mundo afora percebem o tempo. A análise é por vezes um pouco datada, mas os insights são poderosos, motivo para esse livro continuar sendo indicado nas faculdades.

Why Time Flies: A Mostly Scientific Investigation (2017) [Por que o tempo voa: uma investigação acima de tudo científica]
De Alan Burdick
Uma obra maravilhosa e espirituosa de jornalismo científico que captura a complexidade, a frustração e a alegria de tentar compreender a natureza do tempo.

Agradecimentos

Se você lê agradecimentos — e pelo jeito lê — é provável que tenha notado um fenômeno similar à descoberta de Laura Carstensen sobre o declínio das redes de relacionamento à medida que a pessoa envelhece. Em seu primeiro livro, os autores costumam agradecer a um círculo de contatos ridiculamente amplo. ("Meu professor de ginástica da terceira série me ajudou a superar meu medo de subir na corda, talvez a lição mais vital que aprendi como escritor.")

Mas a cada livro subsequente, a lista fica mais curta. Os agradecimentos se restringem aos mais íntimos. Aqui estão os meus:

Cameron French foi o pesquisador mais dedicado e produtivo que um escritor poderia desejar. Ele encheu gigabytes de pastas do Dropbox com artigos científicos e resenhas de livros, aperfeiçoou muitas ferramentas e dicas e verificou cada fato e citação. Além do mais, fez isso com tanta inteligência, zelo e animação que fico tentado no futuro a trabalhar apenas com pessoas que cresceram em Oregon e foram para o Swarthmore College. Shreyas Raghavan, hoje aluno de pós na Fuqua School of Business da Universidade de Duke, encontrou alguns dos melhores exemplos citados no livro, ofereceu regularmente contra-argumentos desafiadores e explicou com paciência técnicas estatísticas e análises quantitativas que me escaparam.

Rafe Sagalyn, meu agente literário e amigo de duas décadas, mostrou-se espetacular como sempre. Em cada estágio do processo — desenvolvendo a ideia, produzindo o manuscrito, contando o resultado para o mundo — ele foi indispensável.

Em Riverhead Books, o sagaz e perspicaz Jake Morrissey leu o texto múltiplas vezes e cobriu cada página de atenções. Sua enxurrada de comentários e perguntas — "Isso não é roteiro de televisão"; "É a palavra certa?"; "Dá para aprofundar aqui" — foi com frequência irritante e sempre justificada. Tenho sorte ainda de ter ao meu lado a equipe fantástica que trabalha com Jake: Katie Freeman, Lydia Hirt, Geoff Kloske e Kate Stark.

Tanya Maiboroda criou cerca de duas dúzias de gráficos que capturaram ideias fundamentais com clareza e graça. Elizabeth McCullough, como sempre, pegou erros no texto que todos os demais deixaram passar. Rajesh Padmashali foi um brilhante parceiro, contato e intérprete em Mumbai. Jon Auerbach, Marc Tetel e Renée Zuckerbrot, amigos desde o primeiro ano na faculdade, ajudaram-me a identificar vários possíveis entrevistados. Também desfrutei de conversas com Adam Grant, Chip Heath e Bob Sutton, todos os quais ofereceram inteligentes sugestões de pesquisa, e um deles (Adam) me convenceu a abandonar meu atroz rascunho inicial. Agradecimentos especiais também a Francesco Cirillo e ao falecido Amar Bose por motivos que eles compreenderiam.

Quando comecei a escrever livros, um dos meus filhos era minúsculo e dois não existiam. Hoje, todos os três são jovens incríveis, normalmente dispostos a ajudar seu pai não tão incrível assim. Sophia Pink leu vários capítulos e propôs diversos cortes precisos. A considerável perspicácia de Saul Pink no basquete — aliada a sua capacidade de pesquisa por telefone — proporcionou a ótima história de esportes do capítulo 4. Eliza Pink, que terminava o ensino médio enquanto eu concluía este livro, foi meu exemplo a seguir de bravura e dedicação.

E no centro está a mãe deles. Jessica Lerner leu cada palavra deste livro. Mas isso não é tudo. Ela também leu cada palavra deste livro *em voz alta*. (Se você não faz ideia de como isso é heroico, abra a introdução, comece a ler em voz alta e veja até onde chega. Depois tente fazer isso com alguém que fica interrompendo o tempo todo porque você não está lendo com alma suficiente ou com a ênfase apropriada.) Sua inteligência e solidariedade tornaram este livro melhor, assim como por um quarto de século me tornaram uma pessoa melhor. A todo momento, seja no presente, no pretérito ou no futuro, ela sempre será o amor da minha vida.

Notas

INTRODUÇÃO: A DECISÃO DO CAPITÃO TURNER [pp. 9-13]

1. Tad Fitch e Michael Poirier, *Into the Danger Zone: Sea Crossings of the First World War*. Stroud, Reino Unido: The History Press, 2014, p. 108.
2. Erik Larson, *Dead Wake: The Last Crossing of the Lusitania*. Nova York: Broadway Books, 2016, p. 1. [Ed. bras.: *A última viagem do Lusitânia*. Rio de Janeiro: Intrínseca, 2015.]
3. Colin Simpson, "A Great Liner with Too Many Secrets". *Life*, 13 out. 1972, p. 58.
4. Tad Fitch e Michael Poirier, op. cit., p. 118; Adolph A. Hoehling e Mary Hoehling, *The Last Voyage of the Lusitania*. Lanham, MD: Madison Books, 1996, p. 247.
5. Daniel Joseph Boorstin, *The Discoverers: A History of Man's Search to Know His World and Himself*. Nova York: Vintage, 1985, p. 1.

1. O PADRÃO OCULTO DA VIDA COTIDIANA [pp. 17-40]

1. Kit Smith, "44 Twitter Statistics for 2016". *Brandwatch*, 17 maio 2016, disponível em: <https://www.brandwatch.com/2016/05/44-twitter-stats-2016>. Acesso em: 16 fev. 2018.
2. Scott A. Golder e Michael W. Macy, "Diurnal and Seasonal Mood Vary with Work, Sleep, and Daylength Across Diverse Cultures". *Science* 333, n. 6051, pp. 1878-81, 2011). Tenha em mente, por favor, que essa pesquisa foi conduzida antes de Donald Trump ser eleito presidente e seus tuítes se tornarem parte do debate político.
3. Para um relato mais completo da descoberta de De Mairan, ver Till Roenneberg, *Internal Time: Chronotypes, Social Jet Lag, and Why You're So Tired*. Cambridge, MA: Harvard University Press, 2012, pp. 31-5.
4. William J. Cromie, "Human Biological Clock Set Back an Hour". *Harvard University Gazette*, 15 jul. 1999.

5. Peter Sheridan Dodds et al., "Temporal Patterns of Happiness and Information in a Global Social Network: Hedonometrics and Twitter". *PloS ONE* 6, n. 12, 2011 e26752. Ver também Riccardo Fusaroli et al., "Timescales of Massive Human Entrainment". *PloS ONE* 10, n. 4, 2015, e0122742.

6. Daniel Kahneman et al., "A Survey Method for Characterizing Daily Life Experience: The Day Reconstruction Method". *Science* 306, n. 5702, pp. 1776-80, 2004.

7. Arthur A. Stone et al., "A Population Approach to the Study of Emotion: Diurnal Rhythms of a Working Day Examined with the Day Reconstruction Method". *Emotion* 6, n. 1, pp. 139-49, 2006.

8. Jing Chen, Baruch Lev e Elizabeth Demers, "The Dangers of Late-Afternoon Earnings Calls". *Harvard Business Review*, out. 2013.

9. Ibid.

10. Jing Chen, Elizabeth Demers e Baruch Lev, "Oh What a Beautiful Morning! Diurnal Variations in Executives' and Analysts' Behavior: Evidence from Conference Calls." Disponível em: <http://dardenexeced.com/uploadedFiles/Darden_Web/Content/Faculty_Research/Seminars_and_Conferences/CDL_March_2016.pdf>. Acesso em: 15 mar. 2018.

11. Ibid.

12. Amos Tversky e Daniel Kahneman, "Extensional Versus Intuitive Reasoning: The Conjunction Fallacy in Probability Judgment". *Psychological Review* 90, n. 4, pp. 293-315, 1983.

13. Galen V. Bodenhausen, "Stereotypes as Judgmental Heuristics: Evidence of Circadian Variations in Discrimination". *Psychological Science* 1, n. 5, pp. 319-22, 1990.

14. Ibid.

15. Russell G. Foster e Leon Kreitzman, *Rhythms of Life: The Biological Clocks That Control the Daily Lives of Every Living Thing*. New Haven, CT: Yale University Press, 2005, p. 11.

16. Carolyn B. Hines, "Time-of-Day Effects on Human Performance". *Journal of Catholic Education* 7, n. 3, pp. 390-413, 2004, citando Tamsin L. Kelly, *Circadian Rhythms: Importance for Models of Cognitive Performance*. U. S. Naval Health Research Center Report, n. 96-1, pp. 1-24, 1996.

17. Simon Folkard, "Diurnal Variation in Logical Reasoning". *British Journal of Psychology* 66, n. 1, pp. 1-8, 1975; Timothy H. Monk et al., "Circadian Determinants of Subjective Alertness". *Journal of Biological Rhythms* 4, n. 4, pp. 393-404, 1989.

18. Robert L. Matchock e J. Toby Mordkoff, "Chronotype and Time-of-Day Influences on the Alerting, Orienting, and Executive Components of Attention". *Experimental Brain Research* 192, n. 2, pp. 189-98, 2009.

19. Hans Henrik Sievertsen, Francesca Gino e Marco Piovesan, "Cognitive Fatigue Influences Students' Performance on Standardized Tests". *Proceedings of the National Academy of Sciences* 113, n. 10, pp. 2621-4, 2016.

20. Nolan G. Pope, "How the Time of Day Affects Productivity: Evidence from School Schedules". *Review of Economics and Statistics* 98, n. 1, pp. 1-11, 2016.

21. Mareike B. Wieth e Rose T. Zacks, "Time of Day Effects on Problem Solving: When the Non-optimal Is Optimal". *Thinking & Reasoning* 17, n. 4, pp. 387-401, 2011.

22. Lynn Hasher, Rose T. Zacks e Cynthia P. May, "Inhibitory Control, Circadian Arousal, and Age". In: Daniel Gopher e Asher Koriat (Orgs.), *Attention and Performance XVII: Cognitive Regulation of Performance: Interaction of Theory and Application*. Cambridge, MA: MIT Press, 1999, pp. 653-75.

23. Cindi May, "The Inspiration Paradox: Your Best Creative Time Is Not When You Think". *Scientific American*, 6 mar. 2012.

24. Mareike B. Wieth e Rose T. Zacks, "Time of Day Effects on Problem Solving: When the Non-optimal Is Optimal". *Thinking & Reasoning* 17, n. 4, pp. 387-401, 2011.

25. Inez Nellie Canfield McFee, *The Story of Thomas A. Edison*. Nova York: Barse & Hopkins, 1922.

26. Till Roenneberg et al., "Epidemiology of the Human Circadian Clock". *Sleep Medicine Reviews* 11, n. 6, pp. 429-38, 2007.

27. Ana Adan et al., "Circadian Typology: A Comprehensive Review". *Chronobiology International* 29, n. 9, pp. 1153-75, 2012; Franzis Preckel et al., "Chronotype, Cognitive Abilities, and Academic Achievement: A Meta-Analytic Investigation". *Learning and Individual Differences* 21, n. 5, pp. 483-92, 2011; Till Roenneberg, Anna Wirz-Justice e Martha Merrow, "Life Between Clocks: Daily Temporal Patterns of Human Chronotypes". *Journal of Biological Rhythms* 18, n. 1, pp. 80-90, 2003; Iwona Chelminski et al., "Horne and Ostberg Questionnaire: A Score Distribution in a Large Sample of Young Adults". *Personality and Individual Differences* 23, n. 4, pp. 647-52, 1997; G. M. Cavallera e S. Giudici, "Morningness and Eveningness Personality: A Survey in Literature from 1995 up till 2006". *Personality and Individual Differences* 44, n. 1, pp. 3-21, 2008.

28. Renuka Rayasam, "Why Sleeping In Could Make You a Better Worker". *BBC Capital*, 25 fev. 2016.

29. Markku Koskenvuo et al., "Heritability of Diurnal Type: A Nationwide Study of 8753 Adult Twin Pairs". *Journal of Sleep Research* 16, n. 2, pp. 156-62, 2007; Yoon-Mi Hur, Thomas J. Bouchard, Jr. e David T. Lykken, "Genetic and Environmental Influence on Morningness-Eveningness". *Personality and Individual Differences* 25, n. 5, pp. 917-25, 1998.

30. Uma possível explicação: os nascidos em estações com menos luz atingem seu pico circadiano diário mais cedo a fim de tirar vantagem da luz limitada. Vincenzo Natale e Ana Adan, "Season of Birth Modulates Morning-Eveningness Preference in Humans". *Neuroscience Letters* 274, n. 2, pp. 139-41, 1999; Hervé Caci et al., "Transcultural Properties of the Composite Scale of Morningness: The Relevance of the 'Morning Affect' Factor". *Chronobiology International* 22, n. 3, pp. 523-40, 2005.

31. Till Roenneberg et al., "A Marker for the End of Adolescence". *Current Biology* 14, n. 24, 2004, R1038-39.

32. Till Roenneberg et al., "Epidemiology of the Human Circadian Clock". *Sleep Medicine Reviews* 11, n. 6, pp. 429-38, 2007. Ver também Ana Adan et al., "Circadian Typology: A Comprehensive Review". *Chronobiology International* 29, n. 9, pp. 1153-75, 2012.

33. Ana Adan et al., "Circadian Typology: A Comprehensive Review". *Chronobiology International* 29, n. 9, pp. 1153-75, 2012. Ver também Ryan J. Walker et al., "Age, the Big Five, and Time-of-Day Preference: A Mediational Model", *Personality and Individual Differences* 56, pp. 170-4, 2014; Christoph Randler, "Proactive People Are Morning People". *Journal of Applied Social Psychology* 39, n. 12, pp. 2787-97, 2009; Hervé Caci, Philippe Robert e Patrice Boyer, "Novelty Seekers and Impulsive Subjects Are Low in Morningness". *European Psychiatry* 19, n. 2, pp. 79-84, 2004; Maciej Stolarski, Maria Ledzińska e Gerald Matthews, "Morning Is Tomorrow, Evening Is Today: Relationships Between Chronotype and Time Perspective". *Biological Rhythm Research* 44, n. 2, pp. 181-96, 2013.

34. Renée K. Biss e Lynn Hasher, "Happy as a Lark: Morning-Type Younger and Older Adults Are Higher in Positive Affect". *Emotion* 12, n. 3, pp. 437-41, 2012.

35. Ryan J. Walker et al., "Age, the Big Five, and Time-of-Day Preference: A Mediational Model". *Personality and Individual Differences* 56, pp. 170-4, 2014; Christoph Randler, "Morningness--Eveningness, Sleep-Wake Variables and Big Five Personality Factors". *Personality and Individual Differences* 45, n. 2, pp. 191-6, 2008.

36. Ana Adan, "Chronotype and Personality Factors in the Daily Consumption of Alcohol and Psychostimulants". *Addiction* 89, n. 4, pp. 455-62, 1994.

37. Ji Hee Yu et al., "Evening Chronotype Is Associated with Metabolic Disorders and Body Composition in Middle-Aged Adults", *Journal of Clinical Endocrinology & Metabolism* 100, n. 4, pp. 1494-502, 2015; Seog Ju Kim et al., "Age as a Moderator of the Association Between Depressive Symptoms and Morningness-Eveningness". *Journal of Psychosomatic Research* 68, n. 2, pp. 159-64, 2010; Iwona Chelminski et al., "Horne and Ostberg Questionnaire: A Score Distribution in a Large Sample of Young Adults". *Personality and Individual Differences* 23, n. 4, pp. 647-52, 1997; Michael D. Drennan et al., "The Effects of Depression and Age on the Horne-Ostberg Morningness--Eveningness Score". *Journal of Affective Disorders* 23, n. 2, pp. 93-8, 1991; Christoph Randler et al., "Eveningness Is Related to Men's Mating Success". *Personality and Individual Differences* 53, n. 3, pp. 263-7, 2012; J. Kasof, "Eveningness and Bulimic Behavior". *Personality and Individual Differences* 31, n. 3, pp. 361-9, 2001.

38. Kai Chi Yam, Ryan Fehr e Christopher M. Barnes, "Morning Employees Are Perceived as Better Employees: Employees' Start Times Influence Supervisor Performance Ratings". *Journal of Applied Psychology* 99, n. 6, pp. 1288-99, 2014.

39. Catharine Gale e Christopher Martyn, "Larks and Owls and Health, Wealth, and Wisdom". *British Medical Journal* 317, n. 7174, pp. 1675-7, 1998.

40. Richard D. Roberts e Patrick C. Kyllonen, "Morning-Eveningness and Intelligence: Early to Bed, Early to Rise Will Make You Anything but Wise!". *Personality and Individual Differences* 27, pp. 1123-33, 1999; Davide Piffer et al., "Morning-Eveningness and Intelligence Among High--Achieving US Students: Night Owls Have Higher GMAT Scores than Early Morning Types in a Top-Ranked MBA Program". *Intelligence* 47, pp. 107-12, 2014.

41. Christoph Randler, "Evening Types Among German University Students Score Higher on Sense of Humor After Controlling for Big Five Personality Factors". *Psychological Reports* 103, n. 2, pp. 361-70, 2008.

42. Galen V. Bodenhausen, "Stereotypes as Judgmental Heuristics: Evidence of Circadian Variations in Discrimination". *Psychological Science* 1, n. 5, pp. 319-22, 1990.

43. Mareike B. Wieth e Rose T. Zacks, "Time-of-Day Effects on Problem Solving: When the Non-optimal is Optimal", *Thinking & Reasoning* 17, n. 4, pp. 387-401, 2011.

44. Cynthia P. May e Lynn Hasher, "Synchrony Effects in Inhibitory Control over Thought and Action". *Journal of Experimental Psychology: Human Perception and Performance* 24, n. 2, pp. 363-79, 1998; Ana Adan et al., "Circadian Typology: A Comprehensive Review". *Chronobiology International* 29, n. 9, pp. 1153-75, 2012.

45. Ángel Correa, Enrique Molina e Daniel Sanabria, "Effects of Chronotype and Time of Day on the Vigilance Decrement During Simulated Driving". *Accident Analysis & Prevention* 67, pp. 113-8, 2014.

46. John A. E. Anderson et al., "Timing Is Everything: Age Differences in the Cognitive Control Network Are Modulated by Time of Day". *Psychology and Aging* 29, n. 3, pp. 648-58, 2014.

47. Brian C. Gunia, Christopher M. Barnes e Sunita Sah, "The Morality of Larks and Owls: Unethical Behavior Depends on Chronotype as Well as Time of Day". *Psychological Science* 25, n. 12, pp. 2272-4, 2014; Maryam Kouchaki e Isaac H. Smith, "The Morning Morality Effect; The Influence of Time of Day on Unethical Behavior". *Psychological Science* 25, n. 1, pp. 95-102, 2013.

48. Mason Currey (Org.), *Daily Rituals: How Artists Work*. Nova York: Knopf, 2013, pp. 62-3.

49. Ibid., pp. 29-32, 62-3.

50. Céline Vetter et al., "Aligning Work and Circadian Time in Shift Workers Improves Sleep and Reduces Circadian Disruption". *Current Biology* 25, n. 7, pp. 907-11, 2015.

MANUAL DO PROGRAMADOR DO TEMPO I [pp. 41-51]

1. Karen van Proeyen et al., "Training in the Fasted State Improves Glucose Tolerance During Fat-Rich Diet". *Journal of Physiology* 588, n. 21, pp. 4289-302, 2010.

2. Michael R. Deschenes et al., "Chronobiological Effects on Exercise: Performance and Selected Physiological Responses". *European Journal of Applied Physiology and Occupational Physiology* 77, n. 3, pp. 249-560, 1998.

3. Elise Facer-Childs and Roland Brandstaetter, "The Impact of Circadian Phenotype and Time Since Awakening on Diurnal Performance in Athletes". *Current Biology* 25, n. 4, pp. 518-22, 2015.

4. Boris I. Medarov, Valentin A. Pavlov e Leonard Rossoff, "Diurnal Variations in Human Pulmonary Function". *International Journal of Clinical Experimental Medicine* 1, n. 3, pp. 267-73, 2008.

5. Barry Drust et al., "Circadian Rhythms in Sports Performance: An Update". *Chronobiology International* 22, n. 1, pp. 21-44, 2005; João Paulo P. Rosa et al., "2016 Rio Olympic Games: Can the Schedule of Events Compromise Athletes' Performance?". *Chronobiology International* 33, n. 4, pp. 435-40, 2016.

6. American Council on Exercise, "The Best Time to Exercise". *Fit Facts*, 2013. Disponível em: <https://www.acefitness.org/fitfacts/pdfs/fitfacts/itemid_2625.pdf>. Acesso em: 16 fev. 2018.

7. Miguel Debono et al., "Modified-Release Hydrocortisone to Provide Circadian Cortisol Profiles". *Journal of Clinical Endocrinology & Metabolism* 94, n. 5, pp. 1548-54, 2009.

8. Alicia E. Meuret et al., "Timing Matters: Endogenous Cortisol Mediates Benefits from Early-Day Psychotherapy". *Psychoneuroendocrinology* 74, pp. 197-202, 2016.

2. POENTES E CAFÉ QUENTE [pp. 52-72]

1. Melanie Clay Wright et al., "Time of Day Effects on the Incidence of Anesthetic Adverse Events". *Quality and Safety in Health Care* 15, n. 4, pp. 258-63, 2006. A citação no fim do parágrafo é do principal autor sobre o artigo e aparece em "Time of Surgery Influences Rate of Adverse Health Events Due to Anesthesia". *Duke News*, 3 ago. 2006.

2. Alexander Lee et al., "Queue Position in the Endoscopic Schedule Impacts Effectiveness of Colonoscopy". *American Journal of Gastroenterology* 106, n. 8, pp. 1457-65, 2011.

3. Um estudo revelou uma diferença de gênero, concluindo que "colonoscopias realizadas à tarde tendem a ter taxas de detecção de pólipos e adenomas mais baixas, [mas] a taxa de detecção de adenoma mais baixa nas colonoscopias vespertinas parece se aplicar principalmente a pacientes do sexo feminino". Shailendra Singh et al., "Differences Between Morning and Afternoon Colonoscopies for Adenoma Detection in Female and Male Patients". *Annals of Gastroenterology* 29, n. 4, pp. 497-501, 2016. Outros estudos foram mais circunspectos sobre o efeito do horário do dia. Ver, por exemplo, Jerome D. Waye, "Should All Colonoscopies Be Performed in the Morning?" *Nature Reviews: Gastroenterology & Hepatology* 4, n. 7, pp. 366-7, 2007.

4. Madhusudhan R. Sanaka et al., "Afternoon Colonoscopies Have Higher Failure Rates Than Morning Colonoscopies". *American Journal of Gastroenterology* 101, n. 12, pp. 2726-30, 2006; Jerome D. Waye, "Should All Colonoscopies Be Performed in the Morning?" *Nature Reviews: Gastroenterology & Hepatology* 4, n. 7, pp. 366-7, 2007.

5. Jeffrey A. Linder et al., "Time of Day and the Decision to Prescribe Antibiotics". *JAMA Internal Medicine* 174, n. 12, pp. 2029-31, 2014.

6. Hengchen Dai et al., "The Impact of Time at Work and Time Off from Work on Rule Compliance: The Case of Hand Hygiene in Health Care". *Journal of Applied Psychology* 100, n. 3, pp. 846-62, 2015. Os 38% representam "as probabilidades ajustadas de consentimento no decorrer de um turno de doze horas ou um decréscimo de 8,7 pontos percentuais na taxa de consentimento para um cuidador médio no curso de um turno de doze horas".

7. Ibid.

8. Jim Horne e Louise Reyner, "Vehicle Accidents Related to Sleep: A Review". *Occupational and Environmental Medicine* 56, n. 5, pp. 289-94, 1999.

9. Justin Caba, "Least Productive Time of the Day Officially Determined to Be 2:55 PM: What You Can Do to Stay Awake?" *Medical Daily*, 4 jun. 2013. Disponível em: <http://www.medicaldaily.com/least-productive-time-day-officially-determined-be-255-pm-what-you-can-do-stay-awake-246495>. Acesso em: 16 fev. 2018.

10. Maryam Kouchaki e Isaac H. Smith, "The Morning Morality Effect: The Influence of Time of Day on Unethical Behavior". *Psychological Science* 25, n. 1, pp. 95-102, 2014; Maryam Kouchaki, "In the Afternoon, the Moral Slope Gets Slipperier". *Harvard Business Review*, maio 2014.

11. Julia Neily et al., "Association Between Implementation of a Medical Team Training Program and Surgical Mortality". *JAMA* 304, n. 15, pp. 1693-700, 2010.

12. Hans Henrik Sievertsen, Francesca Gino e Marco Piovesan, op. cit., pp. 2621-4.

13. Francesca Gino, "Don't Make Important Decisions Late in the Day". *Harvard Business Review*, 23 fev. 2016.

14. Hans Henrik Sievertsen, Francesca Gino e Marco Piovesan, op. cit, pp. 2621-4.

15. Kyoungmin Cho, Christopher M. Barnes e Cristiano L. Guanara, "Sleepy Punishers Are Harsh Punishers: Daylight Saving Time and Legal Sentences". *Psychological Science* 28, n. 2, pp. 242-7, 2017.

16. Shai Danziger, Jonathan Levav e Liora Avnaim-Pesso, "Extraneous Factors in Judicial Decisions". *Proceedings of the National Academy of Sciences* 108, n. 17, pp. 6889-92, 2011.

17. Atsunori Ariga e Alejandro Lleras, "Brief and Rare Mental 'Breaks' Keep You Focused: Deactivation and Reactivation of Task Goals Preempt Vigilance Decrements". *Cognition* 118, n. 3, pp. 439-43, 2011.

18. Emily M. Hunter e Cindy Wu, "Give Me a Better Break: Choosing Workday Break Activities to Maximize Resource Recovery". *Journal of Applied Psychology* 101, n. 2, pp. 302-11, 2016.

19. Hannes Zacher, Holly A. Brailsford e Stacey L. Parker, "Micro-Breaks Matter: A Diary Study on the Effects of Energy Management Strategies on Occupational Well-Being". *Journal of Vocational Behavior* 85, n. 3, pp. 287-97, 2014.

20. Audrey Bergouignan et al., "Effect of Frequent Interruptions of Prolonged Sitting on Self--Perceived Levels of Energy, Mood, Food Cravings and Cognitive Function". *International Journal of Behavioral Nutrition and Physical Activity* 13, n. 1, pp. 13-24, 2016.

21. Li-Ling Wu et al., "Effects of an 8-Week Outdoor Brisk Walking Program on Fatigue in Hi-Tech Industry Employees: A Randomized Control Trial". *Workplace Health & Safety* 63, n. 10, pp. 436-45, 2015; Marily Oppezzo e Daniel L. Schwartz, "Give Your Ideas Some Legs: The Positive Effect of Walking on Creative Thinking". *Journal of Experimental Psychology: Learning, Memory, and Cognition* 40, n. 4, pp. 1142-52, 2014.

22. Johannes Wendsche et al., "Rest Break Organization in Geriatric Care and Turnover: A Multimethod Cross-Sectional Study". *International Journal of Nursing Studies* 51, n. 9, pp. 1246-57, 2014.

23. Sooyeol Kim, Young Ah Park e Qikun Niu, "Micro-Break Activities at Work to Recover from Daily Work Demands". *Journal of Organizational Behavior* 38, n. 1, pp. 28-41, 2016.

24. Kristen M. Finkbeiner, Paul N. Russell e William S. Helton, "Rest Improves Performance, Nature Improves Happiness: Assessment of Break Periods on the Abbreviated Vigilance Task". *Consciousness and Cognition* 42, pp. 277-85, 2016.

25. Jo Barton e Jules Pretty, "What Is the Best Dose of Nature and Green Exercise for Improving Mental Health? A Multi-Study Analysis". *Environmental Science & Technology* 44, n. 10, pp. 3947-55, 2010.

26. Elizabeth K. Nisbet e John M. Zelenski, "Underestimating Nearby Nature: Affective Forecasting Errors Obscure the Happy Path to Sustainability". *Psychological Science* 22, n. 9, pp. 1101-6, 2011; Kristen M. Finkbeiner, Paul N. Russell e William S. Helton, op. cit., pp. 277-85.

27. Sooyeol Kim, Young Ah Park e Qikun Niu, "Micro-Break Activities at Work to Recover from Daily Work Demands". *Journal of Organizational Behavior* 38, n. 1, pp. 28-41, 2016.

28. Hongjai Rhee e Sudong Kim, "Effects of Breaks on Regaining Vitality at Work: An Empirical Comparison of 'Conventional' and 'Smartphone' Breaks". *Computers in Human Behavior* 57, pp. 160-7, 2016.

29. Marjaana Sianoja et al., "Recovery During Lunch Breaks: Testing Long-Term Relations with Energy Levels at Work". *Scandinavian Journal of Work and Organizational Psychology* 1, n. 1, pp. 1-12, 2016.

30. Ver, por exemplo, Megan A. McCrory, "Meal Skipping and Variables Related to Energy Balance in Adults: A Brief Review, with Emphasis on the Breakfast Meal". *Physiology & Behavior* 134, pp. 51-4, 2014; Hania Szajewska e Marek Ruszczyński, "Systematic Review Demonstrating That Breakfast Consumption Influences Body Weight Outcomes in Children and Adolescents in Europe". *Critical Reviews in Food Science and Nutrition* 50, n. 2, pp. 113-9, 2010, em que os autores alertam que os "resultados devem ser interpretados com grau substancial de cautela graças à fraca divulgação do processo de revisão e uma falta de informação sobre a qualidade dos estudos incluídos".

31. Emily J. Dhurandhar et al., "The Effectiveness of Breakfast Recommendations on Weight Loss: A Randomized Controlled Trial". *American Journal of Clinical Nutrition* 100, n. 2, pp. 507-13, 2014.

32. Andrew W. Brown, Michelle M. Bohan Brown e David B. Allison, "Belief Beyond the Evidence: Using the Proposed Effect of Breakfast on Obesity to Show 2 Practices That Distort Scientific Evidence". *American Journal of Clinical Nutrition* 98, n. 5, pp. 1298-308, 2013; David A. Levitsky e Carly R. Pacanowski, "Effect of Skipping Breakfast on Subsequent Energy Intake". *Physiology & Behavior* 119, pp. 9-16, 2013.

33. Enhad Chowdhury e James Betts, "Should I Eat Breakfast? Health Experts on Whether It Really Is the Most Important Meal of the Day". *Independent*, 15 fev. 2016. Ver também Dara Mohammadi, "Is Breakfast Really the Most Important Meal of the Day?" *New Scientist*, 22 mar. 2016.

34. Ver, por exemplo, <http://saddesklunch.com> (acesso em: 15 mar. 2018), a fonte dos talvez duvidosos 62% do parágrafo.

35. Marjaana Sianoja et al., "Recovery During Lunch Breaks: Testing Long-Term Relations with Energy Levels at Work". *Scandinavian Journal of Work and Organizational Psychology* 1, n. 1, pp. 1-12, 2016.

36. Kevin M. Kniffin et al., "Eating Together at the Firehouse: How Workplace Commensality Relates to the Performance of Firefighters". *Human Performance* 28, n. 4, pp. 281-306, 2015.

37. John P. Trougakos et al., "Lunch Breaks Unpacked: The Role of Autonomy as a Moderator of Recovery During Lunch". *Academy of Management Journal* 57, n. 2, pp. 405-21, 2014.

38. Marjaana Sianoja et al., op. cit., pp. 1-12. Ver também Hongjai Rhee e Sudong Kim, "Effects of Breaks on Regaining Vitality at Work: An Empirical Comparison of 'Conventional' and 'Smartphone' Breaks". *Computers in Human Behavior* 57, pp. 160-7, 2016.

39. Wallace Immen, "In This Office, Desks Are for Working, Not Eating Lunch". *Globe and Mail*, 27 fev. 2017.

40. Mark R. Rosekind et al., "Crew Factors in Flight Operations 9: Effects of Planned Cockpit Rest on Crew Performance and Alertness in Long-Haul Operations". *Nasa Technical Reports Server*, 1994. Disponível em: <https://ntrs.nasa.gov/search.jsp?R=19950006379>. Acesso em: 16 fev. 2018.

41. Tracey Leigh Signal et al., "Scheduled Napping as a Countermeasure to Sleepiness in Air Traffic Controllers". *Journal of Sleep Research* 18, n. 1, pp. 11-9, 2009.

42. Sergio Garbarino et al., "Professional Shift-Work Drivers Who Adopt Prophylactic Naps Can Reduce the Risk of Car Accidents During Night Work". *Sleep* 27, n. 7, pp. 1295-302, 2004.

43. Felipe Beijamini et al., "After Being Challenged by a Video Game Problem, Sleep Increases the Chance to Solve It". *PloS ONE* 9, n. 1, 2014. e84342.

44. Bryce A. Mander et al., "Wake Deterioration and Sleep Restoration of Human Learning". *Current Biology* 21, n. 5, 2011. R183-84; Ibid.

45. Nicole Lovato e Leon Lack, "The Effects of Napping on Cognitive Functioning". *Progress in Brain Research* 185, pp. 155-66, 2010; Sara Studte, Emma Bridger e Axel Mecklinger, "Nap Sleep Preserves Associative but Not Item Memory Performance". *Neurobiology of Learning and Memory* 120, pp. 84-93, 2015.

46. Catherine E. Milner e Kimberly A. Cote, "Benefits of Napping in Healthy Adults: Impact of Nap Length, Time of Day, Age, and Experience with Napping". *Journal of Sleep Research* 18, n. 2, pp. 272-81, 2009; Scott S. Campbell et al., "Effects of a Month-Long Napping Regimen in Older Individuals". *Journal of the American Geriatrics Society* 59, n. 2, pp. 224-32, 2011; Junxin Li et al., "Afternoon Napping and Cognition in Chinese Older Adults: Findings from the China

Health and Retirement Longitudinal Study Baseline Assessment". *Journal of the American Geriatrics Society* 65, n. 2, pp. 373-80, 2016.

47. Catherine E. Milner e Kimberly A. Cote, "Benefits of Napping in Healthy Adults: Impact of Nap Length, Time of Day, Age, and Experience with Napping". *Journal of Sleep Research* 18, n. 2, pp. 272-81, 2009.

48. Isso é particularmente verdade quando combinado a uma luz forte. Ver Kosuke Kaida, Yuji Takeda e Kazuyo Tsuzuki, "The Relationship Between Flow, Sleepiness and Cognitive Performance: The Effects of Short Afternoon Nap and Bright Light Exposure". *Industrial Health* 50, n. 3, pp. 189-96, 2012.

49. Nicholas Bakalar, "Regular Midday Snoozes Tied to a Healthier Heart". *The New York Times*, 13 fev. 2007, artigo sobre Androniki Naska et al., "*Siesta* in Healthy Adults and Coronary Mortality in the General Population". *Archives of Internal Medicine* 167, n. 3, pp. 296-301, 2007. Um aviso: esse estudo mostrou uma correlação entre cochilar e o risco reduzido de doença cardíaca, não necessariamente que cochilar causou o benefício à saúde.

50. Brice Faraut et al., "Napping Reverses the Salivary Interleukin-6 and Urinary Norepinephrine Changes Induced by Sleep Restriction". *Journal of Clinical Endocrinology & Metabolism* 100, n. 3, 2015. E416-26.

51. Mohammad Zaregarizi et al., "Acute Changes in Cardiovascular Function During the Onset Period of Daytime Sleep: Comparison to Lying Awake and Standing". *Journal of Applied Physiology* 103, n. 4, pp. 1332-8, 2007.

52. Amber Brooks e Leon C. Lack, "A Brief Afternoon Nap Following Nocturnal Sleep Restriction: Which Nap Duration Is Most Recuperative?" *Sleep* 29, n. 6, pp. 831-40, 2006.

53. Amber J. Tietzel e Leon C. Lack, "The Recuperative Value of Brief and Ultra-Brief Naps on Alertness and Cognitive Performance". *Journal of Sleep Research* 11, n. 3, pp. 213-8, 2002.

54. Catherine E. Milner e Kimberly A. Cote, "Benefits of Napping in Healthy Adults: Impact of Nap Length, Time of Day, Age, and Experience with Napping". *Journal of Sleep Research* 18, n. 2, pp. 272-81, 2009.

55. Luise A. Reyner e James A. Horne, "Suppression of Sleepiness in Drivers: Combination of Caffeine with a Short Nap". *Psychophysiology* 34, n. 6, pp. 721-5, 1997.

56. Mitsuo Hayashi, Akiko Masuda e Tadao Hori, "The Alerting Effects of Caffeine, Bright Light and Face Washing After a Short Daytime Nap", *Clinical Neurophysiology* 114, n. 12, pp. 2268-78, 2003.

57. Renwick McLean, "For Many in Spain, *Siesta* Ends". *The New York Times*, 1 jan. 2006; Jim Yardley, "Spain, Land of 10 P.M. Dinners, Asks If It's Time to Reset Clock". *The New York Times*, 17 fev. 2014; Margarita Mayo, "Don't Call It the 'End of the *Siesta*': What Spain's New Work Hours Really Mean. *Harvard Business Review*, 13 abr. 2016.

58. Ahmed S. BaHammam, "Sleep from an Islamic Perspective". *Annals of Thoracic Medicine* 6, n. 4, pp. 187-92, 2011.

59. Dan Bilefsky e Christina Anderson, "A Paid Hour a Week for Sex? Swedish Town Considers It". *The New York Times*, 23 fev. 2017.

MANUAL DO PROGRAMADOR DO TEMPO ii [pp. 73-83]

1. Mayo Clinic staff, "Napping: Do's and Don'ts for Healthy Adults". Disponível em: <https://www.mayoclinic.org/healthy-lifestyle/adult-health/in-depth/napping/art-20048319>. Acesso em: 16 fev. 2018.

2. Hannes Zacher, Holly A. Brailsford e Stacey L. Parker, "Micro-Breaks Matter: A Diary Study on the Effects of Energy Management Strategies on Occupational Well-Being". *Journal of Vocational Behavior* 85, n. 3, pp. 287-97, 2014.

3. Daniel Z. Levin, Jorge Walter e J. Keith Murnighan, "The Power of Reconnection: How Dormant Ties Can Surprise You". *MIT Sloan Management Review* 52, n. 3, pp. 45-50, 2011.

4. Christopher Peterson et al., "Strengths of Character, Orientations to Happiness, and Life Satisfaction". *Journal of Positive Psychology* 2, n. 3, pp. 149-56, 2007.

5. Ver Anna Brones e Johanna Kindvall, *Fika: The Art of the Swedish Coffee Break*. Berkeley, CA: Ten Speed Press, 2015; Anne Quito, "This Four-Letter Word Is the Swedish Key to Happiness at Work". *Quartz*, 14 mar. 2016.

6. Charlotte Fritz, Chak Fu Lam e Gretchen M. Spreitzer, "It's the Little Things That Matter: An Examination of Knowledge Workers' Energy Management". *Academy of Management Perspectives* 25, n. 3, pp. 28-39, 2011.

7. Lesley Alderman, "Breathe. Exhale. Repeat: The Benefits of Controlled Breathing". *The New York Times*, 9 nov. 2016.

8. Kristen M. Finkbeiner, Paul N. Russell e William S. Helton, "Rest Improves Performance, Nature Improves Happiness: Assessment of Break Periods on the Abbreviated Vigilance Task". *Consciousness and Cognition* 42, pp. 277-85, 2016.

9. Angela Duckworth, *Grit: The Power of Passion and Perseverance*. Nova York: Scribner, 2016, p. 118. [Ed. bras.: *Garra: O poder da paixão e da perseverança*. Rio de Janeiro: Intrínseca, 2016.]

10. Stephanie Pappas, "As Schools Cut Recess, Kids' Learning Will Suffer, Experts Say". *Live Science*, 2011. Disponível em: <https://www.livescience.com/15555-schools-cut-recess-learning-suffers.html>. Acesso em: 16 fev. 2018.

11. Claude Brodesser-Akner, "Christie: 'Stupid' Mandatory Recess Bill Deserved My Veto". NJ.com, 20 jan. 2016. Disponível em: <http://www.nj.com/politics/index.ssf/2016/01/christie_stupid_law_assuring_kids_recess_deserved.html>. Acesso em: 16 fev. 2018.

12. Olga S. Jarrett et al., "Impact of Recess on Classroom Behavior: Group Effects and Individual Differences". *Journal of Educational Research* 92, n 2, pp. 121-6, 1998.

13. Catherine N. Rasberry et al., "The Association Between School-Based Physical Activity, Including Physical Education, and Academic Performance: A Systematic Review of the Literature". *Preventive Medicine* 52 , 2011. S10-20.

14. Romina M. Barros, Ellen J. Silver e Ruth E. K. Stein, "School Recess and Group Classroom Behavior". *Pediatrics* 123, n. 2, pp. 431-6, 2009; Anthony D. Pellegrini e Catherine M. Bohn, "The Role of Recess in Children's Cognitive Performance and School Adjustment". *Educational Researcher* 34, n. 1, pp. 13-9, 2005.

15. Sophia Alvarez Boyd, "Not All Fun and Games: New Guidelines Urge Schools to Rethink Recess". National Public Radio, 1 fev. 2017.

16. Timothy D. Walker, "How Kids Learn Better by Taking Frequent Breaks Throughout the Day". *KQED News Mind Shift*, 18 abr. 2017; Christopher Connelly, "More Playtime! How Kids Succeed with Recess Four Times a Day at School". *KQED News*, 4 jan. 2016.

3. INÍCIOS [pp. 87-103]

1. Anne G. Wheaton, Gabrielle A. Ferro e Janet B. Croft, "School Start Times for Middle School and High School Students — United States, 2011-12 School Year". *Morbidity and Mortality Weekly Report* 64, n. 3, pp. 809-13, 7 ago. 2015.

2. Karen Weintraub, "Young and Sleep Deprived". *Monitor on Psychology* 47, n. 2, p. 46, 2016, citando Katherine M. Keyes et al., "The Great Sleep Recession: Changes in Sleep Duration Among US Adolescents, 1991-2012". *Pediatrics* 135, n. 3, pp. 460-8, 2015.

3. Finley Edwards, "Early to Rise? The Effect of Daily Start Times on Academic Performance". *Economics of Education Review* 31, n. 6, pp. 970-83, 2012.

4. Reut Gruber et al., "Sleep Efficiency (But Not Sleep Duration) of Healthy School-Age Children Is Associated with Grades in Math and Languages". *Sleep Medicine* 15, n. 12, pp. 1517-25, 2014.

5. Adolescent Sleep Working Group, "School Start Times for Adolescents". *Pediatrics* 134, n. 3, pp. 642-9, 2014.

6. Kyla Wahlstrom et al., "Examining the Impact of Later High School Start Times on the Health and Academic Performance of High School Students: A Multi-Site Study", Center for Applied Research and Educational Improvement, 2014. Ver também Robert Daniel Vorona et al., "Dissimilar Teen Crash Rates in Two Neighboring Southeastern Virginia Cities with Different High School Start Times". *Journal of Clinical Sleep Medicine* 7, n. 2, pp. 145-51, 2011.

7. Pamela Malaspina McKeever e Linda Clark, "Delayed High School Start Times Later than 8:30 AM and Impact on Graduation Rates and Attendance Rates". *Sleep Health* 3, n. 2, pp. 119-25, 2017; Carolyn Crist, "Later School Start Times Catch on Nationwide". *District Administrator*, 28 mar. 2017.

8. Anne G. Wheaton, Daniel P. Chapman e Janet B. Croft, "School Start Times, Sleep, Behavioral, Health, and Academic Outcomes: A Review of the Literature". *Journal of School Health* 86, n. 5, pp. 363-81, 2016.

9. Judith A. Owens, Katherine Belon e Patricia Moss, "Impact of Delaying School Start Time on Adolescent Sleep, Mood, and Behavior". *Archives of Pediatrics & Adolescent Medicine* 164, n. 7, pp. 608-14, 2010; Nadine Perkinson-Gloor, Sakari Lemola e Alexander Grob, "Sleep Duration, Positive Attitude Toward Life, and Academic Achievement: The Role of Daytime Tiredness, Behavioral Persistence, and School Start Times". *Journal of Adolescence* 36, n. 2, pp. 311-8, 2013; Timothy I. Morgenthaler et al., "High School Start Times and the Impact on High School Students: What We Know, and What We Hope to Learn". *Journal of Clinical Sleep Medicine* 12, n. 12, pp. 168-89, 2016; Julie Boergers, Christopher J. Gable e Judith A. Owens, "Later School Start Time Is Associated with Improved Sleep and Daytime Functioning in Adolescents". *Journal of Developmental & Behavioral Pediatrics* 35, n. 1, pp. 11-7, 2014; Kyla Wahlstrom, "Changing Times: Findings from the First Longitudinal Study of Later High School Start Times". *NASSP Bulletin* 86, n. 633, pp.

3-21, 2002; Dubi Lufi, Orna Tzischinsky e Stav Hadar, "Delaying School Starting Time by One Hour: Some Effects on Attention Levels in Adolescents". *Journal of Clinical Sleep Medicine* 7, n. 2, pp. 137-43, 2011.

10. Scott E. Carrell, Teny Maghakian e James E. West, "A's from Zzzz's? The Causal Effect of School Start Time on the Academic Achievement of Adolescents". *American Economic Journal: Economic Policy* 3, n. 3, pp. 62-81, 2011.

11. M. D. R. Evans, Paul Kelley e Johnathan Kelley, "Identifying the Best Times for Cognitive Functioning Using New Methods: Matching University Times to Undergraduate Chronotypes". *Frontiers in Human Neuroscience* 11, p. 188, 2017.

12. Finley Edwards, "Early to Rise? The Effect of Daily Start Times on Academic Performance". *Economics of Education Review* 31, n. 6, pp. 970-83, 2012.

13. Brian A. Jacob and Jonah E. Rockoff, "Organizing Schools to Improve Student Achievement: Start Times, Grade Configurations, and Teacher Assignments". *Education Digest* 77, n. 8, pp. 28-34, 2012.

14. Anne G. Wheaton, Gabrielle A. Ferro e Janet B. Croft, "School Start Times for Middle School and High School Students — United States, 2011-12 School Year". *Morbidity and Mortality Weekly Report* 64, n. 30, pp. 809-13, 7 ago. 2015; Karen Weintraub, "Young and Sleep Deprived". *Monitor on Psychology* 47, n. 2, p. 46, 2016.

15. O termo originalmente veio de Michael S. Shum, "The Role of Temporal Landmarks in Autobiographical Memory Processes". *Psychological Bulletin* 124, n. 3, p. 423, 1998. Shum, que obteve um phD. em psicologia na Northwestern University, largou a ciência comportamental, obteve um segundo ph.D. em inglês e hoje é romancista.

16. Hengchen Dai, Katherine L. Milkman e Jason Riis, "The Fresh Start Effect: Temporal Landmarks Motivate Aspirational Behavior". *Management Science* 60, n. 10, pp. 2563-82, 2014.

17. Ibid.

18. Johanna Peetz e Anne E. Wilson, "Marking Time: Selective Use of Temporal Landmarks as Barriers Between Current and Future Selves". *Personality and Social Psychology Bulletin* 40, n. 1, pp. 44-56, 2014.

19. Hengchen Dai, Katherine L. Milkman e Jason Riis, "The Fresh Start Effect: Temporal Landmarks Motivate Aspirational Behavior". *Management Science* 60, n. 10, pp. 2563-82, 2014.

20. Jason Riis, "Opportunities and Barriers for Smaller Portions in Food Service: Lessons from Marketing and Behavioral Economics". *International Journal of Obesity* 38, 2014. S19-24.

21. Hengchen Dai, Katherine L. Milkman e Jason Riis, "The Fresh Start Effect: Temporal Landmarks Motivate Aspirational Behavior". *Management Science* 60, n. 10, pp. 2563-82, 2014.

22. Sadie Stein, "I Always Start on 8 January". *Paris Review*, 8 jan. 2013; Alison Beard, "Life's Work: An Interview with Isabel Allende". *Harvard Business Review*, maio 2016.

23. Hengchen Dai, Katherine L. Milkman e Jason Riis, "Put Your Imperfections Behind You: Temporal Landmarks Spur Goal Initiation When They Signal New Beginnings". *Psychological Science* 26, n. 12, pp. 1927-36, 2015.

24. Jordi Brandts, Christina Rott e Carles Sola, "Not Just Like Starting Over: Leadership and Revivification of Cooperation in Groups". *Experimental Economics* 19, n. 4, pp. 792-818, 2016.

25. Jason Riis, "Opportunities and Barriers for Smaller Portions in Food Service: Lessons from Marketing and Behavioral Economics". *International Journal of Obesity* 38, 2014. S19-24.

26. John C. Norcross, Marci S. Mrykalo e Matthew D. Blagys, "Auld Lang Syne: Success Predictors, Change Processes, and Self-Reported Outcomes of New Year's Resolvers and Nonresolvers". *Journal of Clinical Psychology* 58, n. 4, pp. 397-405, 2002.

27. Lisa B. Kahn, "The Long-Term Labor Market Consequences of Graduating from College in a Bad Economy". *Labour Economics* 17, n. 2, pp. 303-16, 2010.

28. Essa ideia é a pedra angular da teoria do caos e da complexidade. Ver, por exemplo, Dean Rickles, Penelope Hawe e Alan Shiell, "A Simple Guide to Chaos and Complexity". *Journal of Epidemiology & Community Health* 61, n. 11, pp. 933-7, 2007.

29. Philip Oreopoulos, Till von Wachter e Andrew Heisz, "The Short-and Long-Term Career Effects of Graduating in a Recession". *American Economic Journal: Applied Economics* 4, n. 1, pp. 1-29, 2012.

30. Antoinette Schoar e Luo Zuo, "Shaped by Booms and Busts: How the Economy Impacts CEO Careers and Management Styles", *Review of Financial Studies* (no prelo). Disponível em SSRN: ou <http://dx.doi.org /10.2139/ssrn.1955612>. Acesso em: 15 mar. 2018.

31. Paul Oyer, "The Making of an Investment Banker: Stock Market Shocks, Career Choice, and Lifetime Income". *Journal of Finance* 63, n. 6, pp. 2601-28, 2008.

32. Joseph G. Altonji, Lisa B. Kahn e Jamin D. Speer, "Cashier or Consultant? Entry Labor Market Conditions, Field of Study, and Career Success". *Journal of Labor Economics* 34, n. S1, 2016. S361-401.

33. Jaison R. Abel, Richard Deitz e Yaqin Su, "Are Recent College Graduates Finding Good Jobs?" *Current Issues in Economics and Finance* 20, n. 1, 2014.

34. Paul Beaudry e John DiNardo, "The Effect of Implicit Contracts on the Movement of Wages over the Business Cycle: Evidence from Micro Data". *Journal of Political Economy* 99, n. 4, pp. 665-88, 1991; ver também Darren Grant, "The Effect of Implicit Contracts on the Movement of Wages over the Business Cycle: Evidence from the National Longitudinal Surveys", *ILR Review* 56, n. 3, pp. 393-408, 2003.

35. David P. Phillips e Gwendolyn E. C. Barker, "A July Spike in Fatal Medication Errors: A Possible Effect of New Medical Residents". *Journal of General Internal Medicine* 25, n. 8, pp. 774-9, 2010.

36. Michael J. Englesbe et al., "Seasonal Variation in Surgical Outcomes as Measured by the American College of Surgeons-National Surgical Quality Improvement Program (ACS-NSQIP)". *Annals of Surgery* 246, n. 3, pp. 456-65, 2007.

37. David L. Olds et al., "Effect of Home Visiting by Nurses on Maternal and Child Mortality: Results of a 2-Decade Follow-up of a Randomized Clinical Trial". *JAMA Pediatrics* 168, n. 9, pp. 800-6, 2014; David L. Olds et al., "Effects of Home Visits by Paraprofessionals and by Nurses on Children: Follow-up of a Randomized Trial at Ages 6 and 9 Years". *JAMA Pediatrics* 168, n. 2, pp. 114-21, 2014; Sabrina Tavernise, "Visiting Nurses, Helping Mothers on the Margins". *The New York Times*, 8 mar. 2015.

38. David L. Olds, Lois Sadler e Harriet Kitzman, "Programs for Parents of Infants and Toddlers: Recent Evidence from Randomized Trials". *Journal of Child Psychology and Psychiatry* 48, n. 3-4, pp. 355-91, 2007; William Thorland et al., "Status of Breastfeeding and Child Immunization Outcomes in Clients of the Nurse-Family Partnership". *Maternal and Child Health Journal* 21, n. 3, pp. 439-45, 2017; Nurse-Family Partnership, "Trials and Outcomes". 2017.

Disponível em: <http://www.nursefamily partnership.org/proven-results/published-research>. Acesso em: 16 fev. 2018.

MANUAL DO PROGRAMADOR DO TEMPO III [pp. 105-14]

1. Gary Klein, "Performing a Project Premortem". *Harvard Business Review* 85, n. 9, pp. 18-9, 2007.

2. Marc Meredith e Yuval Salant, "On the Causes and Consequences of Ballot Order Effects". *Political Behavior* 35, n. 1, pp. 175-97, 2013; Darren P. Grant, "The Ballot Order Effect Is Huge: Evidence from Texas", 9 maio 2016. Disponível em: <https://ssrn.com/abstract=2777761>. Acesso em: 16 fev. 2018.

3. Shai Danziger, Jonathan Levav e Liora Avnaim-Pesso, "Extraneous Factors in Judicial Decisions". *Proceedings of the National Academy of Sciences* 108, n. 17, pp. 6889-92, 2011.

4. Antonia Mantonakis et al., "Order in Choice: Effects of Serial Position on Preferences". *Psychological Science* 20, n. 11, pp. 1309-12, 2009.

5. Uri Simonsohn e Francesca Gino, "Daily Horizons: Evidence of Narrow Bracketing in Judgment from 10 Years of MBA Admissions Interviews". *Psychological Science* 24, n. 2, pp. 219-24, 2013.

6. Shai Danziger, Jonathan Levav e Liora Avnaim-Pesso, "Extraneous Factors in Judicial Decisions". *Proceedings of the National Academy of Sciences* 108, n. 17, pp. 6889-92, 2011.

7. Lionel Page e Katie Page, "Last Shall Be First: A Field Study of Biases in Sequential Performance Evaluation on the Idol Series". *Journal of Economic Behavior & Organization* 73, n. 2, pp. 186-98, 2010; Adam Galinsky e Maurice Schweitzer, *Friend & Foe: When to Cooperate, When to Compete, and How to Succeed at Both*. Nova York: Crown Business, 2015, p. 229.

8. Wändi Bruine de Bruin, "Save the Last Dance for Me: Unwanted Serial Position Effects in Jury Evaluations". *Acta Psychologica* 118, n. 3, pp. 245-60, 2005.

9. Steve Inskeep e Shankar Vedantan, "Deciphering Hidden Biases During Interviews". National Public Radio's *Morning Edition*, 6 mar. 2013, entrevista com Uri Simonsohn, citando Uri Simonsohn e Francesca Gino, "Daily Horizons: Evidence of Narrow Bracketing in Judgment from 10 Years of MBA Admissions Interviews". *Psychological Science* 24, n. 2, pp. 219-24, 2013.

10. Michael Watkins, *The First 90 Days: Critical Success Strategies for New Leaders at All Levels*, lido por Kevin T. Norris (Flushing, NY: Gildan Media LLC, 2013). Audiolivro.

11. Ram Charan, Stephen Drotter e James Noel, *The Leadership Pipeline: How to Build the Leadership Powered Company*, 2. ed. San Francisco: Jossey-Bass, 2011.

12. Harrison Wellford, "Preparing to Be President on Day One". *Public Administration Review* 68, n. 4, pp. 618-23, 2008.

13. Corinne Bendersky e Neha Parikh Shah, "The Downfall of Extraverts and the Rise of Neurotics: The Dynamic Process of Status Allocation in Task Groups", *Academy of Management Journal* 56, n. 2, pp. 387-406, 2013.

14. Brian J. Fogg, "A Behavior Model for Persuasive Design". In: *Proceedings of the 4th International Conference on Persuasive Technology*. Nova York: ACM, 2009. Para uma explicação sobre ondas motivacionais, ver <https://www.youtube.com/watch?v=fqUSjHjIEFg>. Acesso em: 15 mar. 2018.

15. Karl E. Weick, "Small Wins: Redefining the Scale of Social Problems". *American Psychologist* 39, n. 1, pp. 40-9, 1984.

16. Teresa Amabile e Steven Kramer, *The Progress Principle: Using Small Wins to Ignite Joy, Engagement, and Creativity at Work*. Cambridge, MA: Harvard Business Review Press, 2011.

17. Nicholas Wolfinger, "Want to Avoid Divorce? Wait to Get Married, but Not Too Long". *Institute for Family Studies*, 16 jul. 2015, que analisou dados de Casey E. Copen et al., "First Marriages in the United States: Data from the 2006-2010 National Survey of Family Growth". *National Health Statistics Reports*, n. 49, 22 mar. 2012.

18. Scott Stanley et al., "Premarital Education, Marital Quality, and Marital Stability: Findings from a Large, Random Household Survey", *Journal of Family Psychology* 20, n. 1, pp. 117-26, 2006.

19. Andrew Francis-Tan e Hugo M. Mialon, "'A Diamond Is Forever' and Other Fairy Tales: The Relationship Between Wedding Expenses and Marriage Duration". *Economic Inquiry* 53, n. 4, pp. 1919-30, 2015.

4. PONTOS MÉDIOS [pp. 115-30]

1. Elliot Jaques, "Death and the Mid-Life Crisis". *International Journal of Psycho-Analysis* 46, pp. 502-14, 1965.

2. A popularidade foi ajudada por Gail Sheehy, autor de um livro de tremendo sucesso em 1974, *Passages: Predictable Crises of Adult Life*, que descreve variações da crise da meia-idade, mas só dá o crédito a Jaques na página 369.

3. Elliot Jaques, "Death and the Mid-Life Crisis". *International Journal of Psycho-Analysis* 46, pp. 502-14, 1965.

4. Arthur A. Stone et al., "A Snapshot of the Age Distribution of Psychological Well-Being in the United States". *Proceedings of the National Academy of Sciences* 107, n. 22, pp. 9985-90, 2010.

5. David G. Blanchflower e Andrew J. Oswald, "Is Well-Being U-Shaped over the Life Cycle?" *Social Science & Medicine* 66, n. 8, pp. 1733-49, 2008.

6. Ver também Terence Chai Cheng, Nattavudh Powdthavee e Andrew J. Oswald, "Longitudinal Evidence for a Midlife Nadir in Human Well-Being: Results from Four Data Sets". *Economic Journal* 127, n. 599, pp. 126-42, 2017; Andrew Steptoe, Angus Deaton e Arthur A. Stone, "Subjective Well-being, Health, and Ageing". *Lancet* 385, n. 9968, pp. 640-8, 2015; Paul Frijters e Tony Beatton, "The Mystery of the U-Shaped Relationship Between Happiness and Age". *Journal of Economic Behavior & Organization* 82, n. 2-3, pp. 525-42, 2012; Carol Graham, *Happiness Around the World: The Paradox of Happy Peasants and Miserable Millionaires*. Oxford: Oxford University Press, 2009. Alguma pesquisa mostrou que embora o U permaneça consistente nos países, varia de nação para nação no "ponto de virada" — quando o bem-estar chega ao seu ponto mais baixo e começa a subir. Ver Carol Graham e Julia Ruiz Pozuelo, "Happiness, Stress, and Age: How the U-Curve Varies Across People and Places". *Journal of Population Economics* 30, n. 1, pp. 225-64, 2017; Bert van Landeghem, "A Test for the Convexity of Human Well-Being over the Life Cycle: Longitudinal Evidence from a 20-Year Panel". *Journal of Economic Behavior & Organization* 81, n. 2, pp. 571-82, 2012.

7. David G. Blanchflower e Andrew J. Oswald, "Is Well-Being U-Shaped over the Life Cycle?" *Social Science & Medicine* 66, n. 8, pp. 1733-49, 2008.

8. Hannes Schwandt, "Unmet Aspirations as an Explanation for the Age U-Shape in Wellbeing", *Journal of Economic Behavior & Organization* 122 (2016), pp. 75-87.

9. Alexander Weiss et al., "Evidence for a Midlife Crisis in Great Apes Consistent with the U-Shape in Human Well-Being". *Proceedings of the National Academy of Sciences* 109, n. 49, pp. 19 949-52, 2012.

10. Maferima Touré-Tillery e Ayelet Fishbach, "The End Justifies the Means, but Only in the Middle". *Journal of Experimental Psychology: General* 141, n. 3, pp. 570-83, 2012.

11. Ibid.

12. Niles Eldredge e Stephen Jay Gould, "Punctuated Equilibria: An Alternative to Phyletic Gradualism". In: Thomas Schopf (Org.), *Models in Paleobiology*. San Francisco: Freeman, Cooper and Company, 1972, pp. 82-115; Stephen Jay Gould e Niles Eldredge, "Punctuated Equilibria: The Tempo and Mode of Evolution Reconsidered". *Paleobiology* 3, n. 2, pp. 115-51, 1977.

13. Connie J. G. Gersick, "Time and Transition in Work Teams: Toward a New Model of Group Development". *Academy of Management Journal* 31, n. 1, pp. 9-41, 1988.

14. Ibid.

15. Connie J. G. Gersick, "Marking Time: Predictable Transitions in Task Groups". *Academy of Management Journal* 32, n. 2, pp. 274-309, 1989.

16. Connie J. G. Gersick, "Pacing Strategic Change: The Case of a New Venture". *Academy of Management Journal* 37, n. 1, pp. 9-45, 1994.

17. Malcolm Moran, "Key Role for Coaches in Final". *The New York Times*, 29 mar. 1982; Jack Wilkinson, "UNC's Crown a Worthy One". *New York Daily News*, 20 mar. 1982; Curry Kirkpatrick, "Nothing Could Be Finer". *Sports Illustrated*, 5 abr. 1982.

18. Curry Kirkpatrick, "Nothing Could Be Finer". *Sports Illustrated*, 5 abr. 1982.

19. Malcolm Moran, "North Carolina Slips Past Georgetown by 63-62". *The New York Times*, 30 mar. 1982.

20. Jonah Berger e Devin Pope, "Can Losing Lead to Winning?" *Management Science* 57, n. 5, pp. 817-27, 2011.

21. Ibid.

22. "Key Moments in Dean Smith's Career". *Charlotte Observer*, 8 fev. 2015.

MANUAL DO PROGRAMADOR DO TEMPO IV [pp. 131-40]

1. Andrea C. Bonezzi, Miguel Brendl e Matteo De Angelis, "Stuck in the Middle: The Psychophysics of Goal Pursuit". *Psychological Science* 22, n. 5, pp. 607-12, 2011.

2. Ver Colleen M. Seifert e Andrea L. Patalano, "Memory for Incomplete Tasks: A Re-Examination of the Zeigarnik Effect", *Proceedings of the Thirteenth Annual Conference of the Cognitive Science Society*. Mahwah, NJ: Lawrence Erlbaum Associates, 1991, p. 114.

3. Brad Isaac, "Jerry Seinfeld's Productivity Secret". *Lifehacker*, pp. 276-86, 24 jul. 2007.

4. Adam Grant, *2 Fail-Proof Techniques to Increase Your Productivity* (Inc. Video). Disponível em: <https://www.inc.com/adam-grant/productivity-playbook-failproof-productivity-techniques.html>. Acesso em: 16 fev. 2018.

5. Minjung Koo e Ayelet Fishbach, "Dynamics of Self-Regulation: How (Un)Accomplished Goal Actions Affect Motivation". *Journal of Personality and Social Psychology* 94, n. 2, pp. 183-95, 2008.

6. Cameron Ford e Diane M. Sullivan, "A Time for Everything: How the Timing of Novel Contributions Influences Project Team Outcomes". *Journal of Organizational Behavior* 25, n. 2, pp. 279-92, 2004.

7. J. Richard Hackman e Ruth Wageman, "A Theory of Team Coaching". *Academy of Management Review* 30, n. 2, pp. 269-87, 2005.

8. Hannes Schwandt, "Why So Many of Us Experience a Midlife Crisis". *Harvard Business Review*, 20 abr. 2015. Disponível em: <https://hbr.org/2015/04/why-so-many-of-us-experience--a-midlife-crisis>. Acesso em: 16 fev. 2018.

9. Minkyung Koo et al., "It's a Wonderful Life: Mentally Subtracting Positive Events Improves People's Affective States, Contrary to Their Affective Forecasts". *Journal of Personality and Social Psychology* 95, n. 5, pp. 1217-24, 2008.

10. Juliana G. Breines e Serena Chen, "Self-Compassion Increases Self-Improvement Motivation". *Personality and Social Psychology Bulletin* 38, n. 9, pp. 1133-43, 2012; Kristin D. Neff e Christopher K. Germer, "A Pilot Study and Randomized Controlled Trial of the Mindful Self--Compassion Program". *Journal of Clinical Psychology* 69, n. 1, pp. 28-44, 2013; Kristin D. Neff, "The Development and Validation of a Scale to Measure Self-Compassion". *Self and Identity* 2, n. 3, pp. 223-50, 2003; Leah B. Shapira e Myriam Mongrain, "The Benefits of Self-Compassion and Optimism Exercises for Individuals Vulnerable to Depression". *Journal of Positive Psychology* 5, n. 5, pp. 377-89, 2010; Lisa M. Yarnell et al., "Meta-Analysis of Gender Differences in Self-Compassion". *Self and Identity* 14, n. 5, pp. 499-520, 2015.

5. FINS [pp. 141-58]

1. Running USA, *2015 Running USA Annual Marathon Report*, 25 maio 2016. Disponível em: <http://www.runningusa.org/marathon-report-2016>. Acesso em: 16 fev. 2018; Ahotu Marathons, *2017-2018 Marathon Schedule*. Disponível em: <http://marathons.ahotu.com/calendar/marathon>. Acesso em: 16 fev. 2018; Skechers Performance Los Angeles Marathon, *Race History*. Disponível em: <http://www.lamarathon.com/press/race-history>. Acesso em: 16 fev. 2018; Andrew Cave e Alex Miller, "Marathon Runners Sign Up in Record Numbers". *Telegraph*, 24 mar. 2016.

2. Adam L. Alter e Hal E. Hershfield, "People Search for Meaning When They Approach a New Decade in Chronological Age". *Proceedings of the National Academy of Sciences* 111, n. 48, pp. 17 066-70, 2014. Para uma crítica de alguns dados e conclusões de Alter e Hershfield, ver Erik G. Larsen, "Commentary On: People Search for Meaning When They Approach a New Decade in Chronological Age". *Frontiers in Psychology* 6, p. 792, 2015.

3. Adam L. Alter e Hal E. Hershfield, "People Search for Meaning When They Approach a New Decade in Chronological Age". *Proceedings of the National Academy of Sciences* 111, n. 48, pp. 17 066-70, 2014.

4. Jim Chairusmi, "When Super Bowl Scoring Peaks — or Timing Your Bathroom Break". *The Wall Street Journal*, 4 fev. 2017.

5. Clark L. Hull, "The Goal-Gradient Hypothesis and Maze Learning". *Psychological Review* 39, n. 1, p. 25, 1932.

6. Clark L. Hull, "The Rat's Speed-of-Locomotion Gradient in the Approach to Food". *Journal of Comparative Psychology* 17, n. 3, p. 393, 1934.

7. Arthur B. Markman e C. Miguel Brendl, "The Influence of Goals on Value and Choice". *Psychology of Learning and Motivation* 39, pp. 97-128, 2000; Minjung Koo e Ayelet Fishbach, "Dynamics of Self-Regulation: How (Un)Accomplished Goal Actions Affect Motivation". *Journal of Personality and Social Psychology* 94, n. 2, pp. 183-95, 2008; Andrea Bonezzi, C. Miguel Brendl e Matteo De Angelis, "Stuck in the Middle: The Psychophysics of Goal Pursuit". *Psychological Science* 22, n. 5, pp. 607-12, 2011; Szu-Chi Huang, Jordan Etkin e Liyin Jin, "How Winning Changes Motivation in Multiphase Competitions". *Journal of Personality and Social Psychology* 112, n. 6, pp. 813-37, 2017; Kyle E. Conlon et al., "Eyes on the Prize: The Longitudinal Benefits of Goal Focus on Progress Toward a Weight Loss Goal". *Journal of Experimental Social Psychology* 47, n. 4, pp. 853-5, 2011.

8. Kristen Berman, "The Deadline Made Me Do It". *Scientific American*, 9 nov. 2016. Disponível em: <https://blogs.scientificamerican.com/mind-guest-blog/the-dead line-made-me-do-it/>. Acesso em: 16 fev. 2018.

9. John C. Birkimer et al., "Effects of Refutational Messages, Thought Provocation, and Decision Deadlines on Signing to Donate Organs". *Journal of Applied Social Psychology* 24, n. 19, pp. 1735-61, 1994.

10. Suzanne B. Shu e Ayelet Gneezy, "Procrastination of Enjoyable Experiences". *Journal of Marketing Research* 47, n. 5, pp. 933-44, 2010.

11. Uri Gneezy, Ernan Haruvy e Alvin E. Roth, "Bargaining Under a Deadline: Evidence from the Reverse Ultimatum Game". *Games and Economic Behavior* 45, n. 2, pp. 347-68, 2003; Don A. Moore, "The Unexpected Benefits of Final Deadlines in Negotiation". *Journal of Experimental Social Psychology* 40, n. 1, pp. 121-7, 2004.

12. Szu-Chi Huang e Ying Zhang, "All Roads Lead to Rome: The Impact of Multiple Attainment Means on Motivation". *Journal of Personality and Social Psychology* 104, n. 2, pp. 236-48, 2013.

13. Teresa M. Amabile, William DeJong e Mark R. Lepper, "Effects of Externally Imposed Deadlines on Subsequent Intrinsic Motivation". *Journal of Personality and Social Psychology* 34, n. 1, pp. 92-8, 1976; Teresa M. Amabile, "The Social Psychology of Creativity: A Componential Conceptualization". *Journal of Personality and Social Psychology* 45, n. 2, pp. 357-77, 1983; Edward L. Deci e Richard M. Ryan, "The 'What' and 'Why' of Goal Pursuits: Human Needs and the Self--Determination of Behavior". *Psychological Inquiry* 11, n. 4, pp. 227-68, 2000.

14. Ver, por exemplo, Marco Pinfari, "Time to Agree: Is Time Pressure Good for Peace Negotiations?" *Journal of Conflict Resolution* 55, n. 5, pp. 683-70, 2011.

15. Ed Diener, Derrick Wirtz e Shigehiro Oishi, "End Effects of Rated Life Quality: The James Dean Effect". *Psychological Science* 12, n. 2, pp. 124-8, 2001.

16. Daniel Kahneman et al., "When More Pain Is Preferred to Less: Adding a Better End". *Psychological Science* 4, n. 6, pp. 401-5, 1993; Barbara L. Fredrickson e Daniel Kahneman, "Duration Neglect in Retrospective Evaluations of Affective Episodes". *Journal of Personality and Social Psychology* 65, n. 1, pp. 45-55, 1993; Charles A. Schreiber e Daniel Kahneman, "Determinants of the Remembered Utility of Aversive Sounds". *Journal of Experimental Psychology: General* 129, n. 1, pp. 27-42, 2000.

17. Donald A. Redelmeier e Daniel Kahneman, "Patients' Memories of Painful Medical Treatments: Real-Time and Retrospective Evaluations of Two Minimally Invasive Procedures". *Pain* 66, n. 1, pp. 3-8, 1996.

18. Daniel Kahneman, *Thinking, Fast and Slow*. Nova York: Farrar, Straus and Giroux, 2011, p. 380. [Ed. bras.: *Rápido e devagar: duas formas de pensar*. Rio de Janeiro: Objetiva, 2012.]

19. George F. Loewenstein e Dražen Prelec, "Preferences for Sequences of Outcomes". *Psychological Review* 100, n. 1, pp. 91-108, 1993; Hans Baumgartner, Mita Sujan e Dan Padgett, "Patterns of Affective Reactions to Advertisements: The Integration of Moment-to-Moment Responses into Overall Judgments". *Journal of Marketing Research* 34, n. 2, pp. 219-32, 1997; Amy M. Do, Alexander V. Rupert e George Wolford, "Evaluations of Pleasurable Experiences: The Peak-End Rule". *Psychonomic Bulletin & Review* 15, n. 1, pp. 96-8, 2008.

20. Andrew Healy e Gabriel S. Lenz, "Substituting the End for the Whole: Why Voters Respond Primarily to the Election-Year Economy". *American Journal of Political Science* 58, n. 1, pp. 31-47, 2014; Andrews Healy e Neil Malhotra, "Myopic Voters and Natural Disaster Policy". *American Political Science Review* 103, n. 3, pp. 387-406, 2009.

21. George E. Newman, Kristi L. Lockhart e Frank C. Keil, "'End-of-Life' Biases in Moral Evaluations of Others". *Cognition* 115, n. 2, pp. 343-9, 2010.

22. Ibid.

23. Tammy English e Laura L. Carstensen, "Selective Narrowing of Social Networks Across Adulthood Is Associated with Improved Emotional Experience in Daily Life". *International Journal of Behavioral Development* 38, n. 2, pp. 195-202, 2014.

24. Laura L. Carstensen, Derek M. Isaacowitz e Susan T. Charles, "Taking Time Seriously: A Theory of Socioemotional Selectivity". *American Psychologist* 54, n. 3, pp. 165-81, 1999.

25. Ibid.

26. Outra pesquisa resultou em descobertas parecidas. Ver, por exemplo, Frieder R. Lang, "Endings and Continuity of Social Relationships: Maximizing Intrinsic Benefits Within Personal Networks When Feeling Near to Death". *Journal of Social and Personal Relationships* 17, n. 2, pp. 155-82, 2000; Cornelia Wrzus et al., "Social Network Changes and Life Events Across the Life Span: A Meta-Analysis". *Psychological Bulletin* 139, n. 1, pp. 53-80, 2013.

27. Laura L. Carstensen, Derek M. Isaacowitz e Susan T. Charles, "Taking Time Seriously: A Theory of Socioemotional Selectivity". *American Psychologist* 54, n. 3, pp. 165-81, 1999.

28. Angela M. Legg e Kate Sweeny, "Do You Want the Good News or the Bad News First? The Nature and Consequences of News Order Preferences". *Personality and Social Psychology Bulletin* 40, n. 3, pp. 279-88, 2014; Linda L. Marshall e Robert F. Kidd, "Good News or Bad News First?" *Social Behavior and Personality* 9, n. 2, pp. 223-6, 1981.

29. Angela M. Legg e Kate Sweeny, "Do You Want the Good News or the Bad News First? The Nature and Consequences of News Order Preferences". *Personality and Social Psychology Bulletin* 40, n. 3, pp. 279-88, 2014.

30. Ver, por exemplo, William T. Ross, Jr. e Itamar Simonson, "Evaluations of Pairs of Experiences: A Preference for Happy Endings". *Journal of Behavioral Decision Making* 4, n. 4, pp. 273-82, 1991. Essa preferência não é uniformemente positiva. Por exemplo, as pessoas tendem a apostar mais em azarões na última corrida do dia. Elas esperam terminar em grande estilo, mas em geral apenas terminam com os bolsos vazios. Craig R. M. McKenzie et al., "Are Longshots Only for

Losers? A New Look at the Last Race Effect". *Journal of Behavioral Decision Making* 29, n. 1, pp. 25-36, 2016. Ver também Martin D. Vestergaard e Wolfram Schultz, "Choice Mechanisms for Past, Temporally Extended Outcomes". *Proceedings of the Royal Society B* 282, n. 1810, 2015. 20141766.

31. Ed O'Brien e Phoebe C. Ellsworth, "Saving the Last for Best: A Positivity Bias for End Experiences". *Psychological Science* 23, n. 2, pp. 163-5, 2012.

32. Robert McKee, *Story: Substance, Structure, Style, and the Principles of Screenwriting*. Nova York: ReaganBooks/HarperCollins, 1997, p. 311.

33. John August, "Endings for Beginners", *Scriptnotes* podcast 44, 3 jul. 2012. Disponível em: <http://scriptnotes.net/endings-for-beginners>. Acesso em: 16 fev. 2018.

34. Hal Hershfield et al., "Poignancy: Mixed Emotional Experience in the Face of Meaningful Endings". *Journal of Personality and Social Psychology* 94, n. 1, pp. 158-67, 2008.

MANUAL DO PROGRAMADOR DO TEMPO v [pp. 159-68]

1. Jon Bischke, "Entelo Study Shows When Employees Are Likely to Leave Their Jobs", 6 out. 2014. Disponível em: <https://blog.entelo.com/new-entelo-study-shows-when-employees-are--likely-to-leave-their-jobs>. Acesso em: 16 fev. 2018.

2. Robert I. Sutton, *Good Boss, Bad Boss: How to Be the Best... and Learn from the Worst*. Nova York: Business Plus/Hachette, 2010. Esse chefe horrível também pode se sentir péssimo. Ver Trevor Foulk et al., "Heavy Is the Head That Wears the Crown: An Actor-Centric Approach to Daily Psychological Power, Abusive Leader Behavior, and Perceived Incivility". *Academy of Management Journal* 60 (no prelo).

3. Patrick Gillespie, "The Best Time to Leave Your Job Is...". *CNN Money*, 12 maio 2016. Disponível em: <http://money.cnn.com/2016/05/12/news/economy/best-time-to-leave-your--job/>. Acesso em: 16 fev. 2018.

4. Peter Boxall, "Mutuality in the Management of Human Resources: Assessing the Quality of Alignment in Employment Relationships". *Human Resource Management Journal* 23, n. 1, pp. 3-17, 2013; Mark Allen Morris, "A Meta-Analytic Investigation of Vocational Interest-Based Job Fit e Its Relationship to Job Satisfaction, Performance, and Turnover". Universidade de Houston, 2003 (dissertação de doutorado); Christopher D. Nye et al., "Vocational Interests and Performance: A Quantitative Summary of over 60 Years of Research". *Perspectives on Psychological Science* 7, n. 4, pp. 384-403, 2012.

5. Deborah Bach, "Is Divorce Seasonal? uw Research Shows Biannual Spike in Divorce Filings". *UW Today*, 21 ago. 2016. Disponível em: <http://www.washington.edu /news/2016/08/21/is--divorce-seasonal-uw-research-shows-biannual-spike-in-divorce-filings/>. Acesso em: 16 fev. 2018.

6. Claire Sudath, "This Lawyer Is Hollywood's Complete Divorce Solution". *Bloomberg Businessweek*, 2 mar. 2016.

7. Teresa Amabile e Steven Kramer, *The Progress Principle: Using Small Wins to Ignite Joy, Engagement, and Creativity at Work*. Boston: Harvard Business Review Press, 2011.

8. Jesse Singal, "How to Maximize Your Vacation Happiness". *New York*, 5 jul. 2015.

6. RÁPIDO E DEVAGAR [pp. 171-91]

1. Suketu Mehta, *Maximum City: Bombay Lost and Found*. Nova York: Vintage, 2009, p. 264. [Ed. bras.: *Bombaim: cidade máxima*. São Paulo: Companhia das Letras, 2011.]

2. Ian R. Bartky, *Selling the True Time: Nineteenth-Century Timekeeping in America*. Stanford, CA: Stanford University Press, 2000.

3. Deborah G. Ancona e Chee-Leong Chong, "Timing Is Everything: Entrainment and Performance in Organization Theory". *Academy of Management Proceedings* 1992, n. 1, pp. 166-9, 1992. Essa linha de raciocínio foi pressagiada por Joseph McGrath, psicólogo social da Universidade de Michigan, em Joseph E. McGrath, "Continuity and Change: Time, Method, and the Study of Social Issues". *Journal of Social Issues* 42, n. 4, pp. 5-19, 1986; Joseph E. McGrath e Janice R. Kelly, *Time and Human Interaction: Toward a Social Psychology of Time*. Nova York: Guilford Press, 1986; e Joseph E. McGrath e Nancy L. Rotchford, "Time and Behavior in Organizations". In: L. L. Cummings e Barry M. Staw (Orgs.), *Research in Organizational Behavior* 5. Greenwich, CT: JAI Press, 1983, pp. 57-101.

4. Ken-Ichi Honma, Christina von Goetz e Jürgen Aschoff, "Effects of Restricted Daily Feeding on Freerunning Circadian Rhythms in Rats". *Physiology & Behavior* 30, n. 6, pp. 905-13, 1983.

5. Ancona define o *entrainment* organizacional como o "ajuste ou moderação de um comportamento para sincronizar ou ficar no ritmo de outro comportamento" e sustenta que ele pode "ser consciente, subconsciente ou instintivo".

6. Till Roenneberg, *Internal Time: Chronotypes, Social Jet Lag, and Why You're So Tired*. Cambridge, MA: Harvard University Press, 2012, p. 249.

7. Ya-Ru Chen, Sally Blount e Jeffrey Sanchez-Burks, "The Role of Status Differentials in Group Synchronization". In: Sally Blount, Elizabeth A. Mannix e Margaret Ann Neale (Orgs.), *Time in Groups*, v. 6. Bingley, Reino Unido: Emerald Group Publishing, 2004, pp. 111-3.

8. Roy F. Baumeister e Mark R. Leary, "The Need to Belong: Desire for Interpersonal Attachments as a Fundamental Human Motivation". *Psychological Bulletin* 117, n. 3, pp. 497-529, 1995.

9. Ver C. Nathan DeWall et al., "Belongingness as a Core Personality Trait: How Social Exclusion Influences Social Functioning and Personality Expression". *Journal of Personality* 79, n. 6, pp. 1281-314, 2011.

10. Dan Monster et al., "Physiological Evidence of Interpersonal Dynamics in a Cooperative Production Task". *Physiology & Behavior* 156, pp. 24-34, 2016.

11. Michael Bond e Joshua Howgego, "I Work Therefore I Am". *New Scientist* 230, n. 3079, pp. 29-32, 2016.

12. Oday Kamal, "What Working in a Kitchen Taught Me About Teams and Networks". *The Ready*, 1 abr. 2016. Disponível em: <https://medium.com/the-ready/schools-don-t-teach-you--organization-professional-kitchens-do-7c6cf5145c0a#.jane98bnh>. Acesso em: 16 fev. 2018.

13. Michael W. Kraus, Cassy Huang e Dacher Keltner, "Tactile Communication, Cooperation, and Performance: An Ethological Study of the NBA". *Emotion* 10, n. 5, pp. 745-9, 2010.

14. Björn Vickhoff et al., "Music Structure Determines Heart Rate Variability of Singers". *Frontiers in Psychology* 4, pp. 1-16, 2013.

15. James A. Blumenthal, Patrick J. Smith e Benson M. Hoffman, "Is Exercise a Viable Treatment for Depression?" *ACSM's Health & Fitness Journal* 16, n. 4, pp. 14-21, 2012.

16. Daniel Weinstein et al., "Singing and Social Bonding: Changes in Connectivity and Pain Threshold as a Function of Group Size". *Evolution and Human Behavior* 37, n. 2, pp. 152-8, 2016; Bronwyn Tarr, Jacques Launay e Robin I. M. Dunbar, "Music and Social Bonding: 'Self-Other' Merging and Neurohormonal Mechanisms". *Frontiers in Psychology* 5, pp. 1-10, 2014; Björn Vickhoff et al., "Music Structure Determines Heart Rate Variability of Singers". *Frontiers in Psychology* 4, pp. 1-16, 2013.

17. Stephen M. Clift e Grenville Hancox, "The Perceived Benefits of Singing: Findings from Preliminary Surveys of a University College Choral Society". *Perspectives in Public Health* 121, n. 4, pp. 248-56, 2001; Leanne M. Wade, "A Comparison of the Effects of Vocal Exercises/Singing Versus Music-Assisted Relaxation on Peak Expiratory Flow Rates of Children with Asthma". *Music Therapy Perspectives* 20, n. 1, pp. 31-7, 2002.

18. Daniel Weinstein et al., "Singing and Social Bonding: Changes in Connectivity and Pain Threshold as a Function of Group Size". *Evolution and Human Behavior* 37, n. 2, pp. 152-8, 2016; Gene D. Cohen et al., "The Impact of Professionally Conducted Cultural Programs on the Physical Health, Mental Health, and Social Functioning of Older Adults". *Gerontologist* 46, n. 6, pp. 726-34, 2006.

19. Christina Grape et al., "Choir Singing and Fibrinogen: VEGF, Cholecystokinin and Motilin in IBS Patients". *Medical Hypotheses* 72, n. 2, pp. 223-5, 2009.

20. R. J. Beck et al., "Choral Singing, Performance Perception, and Immune System Changes in Salivary Immunoglobulin A and Cortisol". *Music Perception* 18, n. 1, pp. 87-106, 2000.

21. Daisy Fancourt et al., "Singing Modulates Mood, Stress, Cortisol, Cytokine and Neuropeptide Activity in Cancer Patients and Carers". *Ecancermedicalscience* 10, pp. 1-13, 2016.

22. Daniel Weinstein et al., "Singing and Social Bonding: Changes in Connectivity and Pain Threshold as a Function of Group Size". *Evolution and Human Behavior* 37, n. 2, pp. 152-8, 2016; Daisy Fancourt et al., "Singing Modulates Mood, Stress, Cortisol, Cytokine and Neuropeptide Activity in Cancer Patients and Carers". *Ecancermedicalscience* 10, pp. 1-13, 2016; Stephen Clift e Grenville Hancox, "The Significance of Choral Singing for Sustaining Psychological Wellbeing: Findings from a Survey of Choristers in England, Australia and Germany". *Music Performance Research* 3, n. 1, pp. 79-96, 2010; Stephen Clift et al., "What Do Singers Say About the Effects of Choral Singing on Physical Health? Findings from a Survey of Choristers in Australia, England and Germany". In: 7ª Conferência Trienal da European Society for the Cognitive Sciences of Music, Jyväskylä, Finlândia, 2009.

23. Ahmet Munip Sanal e Selahattin Gorsev, "Psychological and Physiological Effects of Singing in a Choir". *Psychology of Music* 42, n. 3, pp. 420-9, 2014; Lillian Eyre, "Therapeutic Chorale for Persons with Chronic Mental Illness: A Descriptive Survey of Participant Experiences". *Journal of Music Therapy* 48, n. 2, pp. 149-68, 2011; Audun Myskja e Pal G. Nord, "The Day the Music Died: A Pilot Study on Music and Depression in a Nursing Home". *Nordic Journal of Music Therapy* 17, n. 1, pp. 30-40, 2008; Betty A. Baily e Jane W. Davidson, "Effects of Group Singing and Performance for Marginalized and Middle-Class Singers". *Psychology of Music* 33, n. 3, pp. 269-303, 2005; Nicholas S. Gale et al., "A Pilot Investigation of Quality of Life and Lung Function Following Choral Singing in Cancer Survivors and Their Carers". *Ecancermedicalscience* 6, n. 1, pp. 1-13, 2012.

24. Jane E. Southcott, "And as I Go, I Love to Sing: The Happy Wanderers, Music and Positive Aging". *International Journal of Community Music* 2, n. 2-3, pp. 143-56, 2005; Laya Silber,

"Bars Behind Bars: The Impact of a Women's Prison Choir on Social Harmony". *Music Education Research* 7, n. 2, pp. 251-71, 2005.

25. Nick Alan Joseph Stewart e Adam Jonathan Lonsdale, "It's Better Together: The Psychological Benefits of Singing in a Choir". *Psychology of Music* 44, n. 6, pp. 1240-54, 2016.

26. Bronwyn Tarr et al., "Synchrony and Exertion During Dance Independently Raise Pain Threshold and Encourage Social Bonding". *Biology Letters* 11, n. 10, 2015.

27. Emma E. A. Cohen et al., "Rowers' High: Behavioural Synchrony Is Correlated with Elevated Pain Thresholds". *Biology Letters* 6, n. 1, pp. 106-8, 2010.

28. Daniel James Brown, *The Boys in the Boat: Nine Americans and Their Epic Quest for Gold at the 1936 Berlin Olympics*. Nova York: Penguin Books, 2014, p. 48. [Ed. bras.: *Meninos de ouro: Nove americanos e sua busca épica pela vitória nas Olimpíadas de Hitler*. Rio de Janeiro: Sextante, 2014.]

29. Sally Blount e Gregory A. Janicik, "Getting and Staying In-Pace: The 'In-Synch' Preference and Its Implications for Work Groups". In: Harris Sondak, Margaret Ann Neale e E. Mannix (Orgs.), *Toward Phenomenology of Groups and Group Membership*, v. 4. Bingley, Reino Unido: Emerald Group Publishing, 2002, pp. 235-66; ver também Reneeta Mogan, Ronald Fischer e Joseph A. Bulbulia, "To Be in Synchrony or Not? A Meta-Analysis of Synchrony's Effects on Behavior, Perception, Cognition and Affect". *Journal of Experimental Social Psychology* 72, pp. 13-20, 2017; Sophie Leroy et al., "Synchrony Preference: Why Some People Go with the Flow and Some Don't". *Personnel Psychology* 68, n. 4, pp. 759-809, 2015.

30. Stefan H. Thomke e Mona Sinha, "The Dabbawala System: On-Time Delivery, Every Time", Harvard Business School, 2012. (Estudo de caso) Disponível em: <http://www.hbs.edu/faculty/Pages/item.aspx?num=38410>. Acesso em: 16 fev. 2018.

31. Bahar Tunçgenç e Emma Cohen, "Interpersonal Movement Synchrony Facilitates Pro-Social Behavior in Children's Peer-Play". *Developmental Science* (no prelo).

32. Bahar Tunçgenç e Emma Cohen, "Movement Synchrony Forges Social Bonds Across Group Divides". *Frontiers in Psychology* 7, p. 782, 2016.

33. Tal-Chen Rabinowitch e Andrew N. Meltzoff, "Synchronized Movement Experience Enhances Peer Cooperation in Preschool Children". *Journal of Experimental Child Psychology* 160, pp. 21-32, 2017.

MANUAL DO PROGRAMADOR DO TEMPO vi [pp. 193-201]

1. Duncan Watts, "Using Digital Data to Shed Light on Team Satisfaction and Other Questions About Large Organizations". *Organizational Spectroscope*, 1 abr. 2016. Disponível em: <https://medium.com/@duncanjwatts/the-organizational-spectroscope-7f9f239a897c>. Acesso em: 16 fev. 2018.

2. Gregory M. Walton e Geoffrey L. Cohen, "A Brief Social-Belonging Intervention Improves Academic and Health Outcomes of Minority Students". *Science* 331, n. 6023, pp. 1447-51, 2011; Gregory M. Walton et al., "Two Brief Interventions to Mitigate a 'Chilly Climate' Transform Women's Experience, Relationships, and Achievement in Engineering". *Journal of Educational Psychology* 107, n. 2, pp. 468-85, 2015.

3. Lily B. Clausen, "Robb Willer: What Makes People Do Good?" *Insights by Stanford Business*, 16 nov. 2015. Disponível em: <https://www.gsb.stanford.edu/insights/robb-willer-what-makes-people-do-good>. Acesso em: 15 mar. 2018.

7. PENSANDO EM TEMPOS VERBAIS [pp. 202-9]

1. Não é 100% de certeza que Groucho Marx disse isso tampouco. Ver Fred R. Shapiro, *The Yale Book of Quotations*. New Haven, CT: Yale University Press, 2006, p. 498.

2. Anthony G. Oettinger, "The Uses of Computers in Science". *Scientific American* 215, n. 3, pp. 161-6, 1966.

3. Frederick J. Crosson, *Human and Artificial Intelligence*. Nova York: Appleton-Century-Crofts, 1970, p. 15.

4. Fred R. Shapiro, op. cit., p. 498.

5. "The Popularity of 'Time' Unveiled". *BBC News*, 22 jun. 2006. Disponível em: <http://news.bbc.co.uk/2/hi/5104778.stm>. Acesso em: 16 fev. 2018. Alan Burdick também defende esse ponto de vista em seu perspicaz livro sobre o tempo. Ver Alan Burdick, *Why Time Flies: A Mostly Scientific Investigation*. Nova York: Simon & Schuster, 2017, p. 25.

6. Para um relato fascinante da história da nostalgia e as fontes dessas citações, ver Constantine Sedikides et al., "To Nostalgize: Mixing Memory with Affect and Desire". *Advances in Experimental Social Psychology* 51, pp. 189-273, 2015.

7. Tim Wildschut et al., "Nostalgia: Content, Triggers, Functions". *Journal of Personality and Social Psychology* 91, n. 5, pp. 975-93, 2006.

8. Clay Routledge et al., "The Past Makes the Present Meaningful: Nostalgia as an Existential Resource". *Journal of Personality and Social Psychology* 101, n. 3, pp. 638-42, 2011; Wijnand A. P. van Tilburg, Constantine Sedikides e Tim Wildschut, "The Mnemonic Muse: Nostalgia Fosters Creativity Through Openness to Experience". *Journal of Experimental Social Psychology* 59, pp. 1-7, 2015.

9. Wing-Yee Cheung et al., "Back to the Future: Nostalgia Increases Optimism". *Personality and Social Psychology Bulletin* 39, n. 11, pp. 1484-96, 2013; Xinyue Zhou et al., "Nostalgia: The Gift That Keeps on Giving". *Journal of Consumer Research* 39, n. 1, pp. 39-50, 2012; Wijnand A. P. van Tilburg, Eric R. Igou e Constantine Sedikides, "In Search of Meaningfulness: Nostalgia as an Antidote to Boredom". *Emotion* 13, n. 3, pp. 450-61, 2013.

10. Xinyue Zhou et al., "Heartwarming Memories: Nostalgia Maintains Physiological Comfort". *Emotion* 12, n. 4, pp. 678-84, 2012; Rhiannon N. Turner et al., "Combating the Mental Health Stigma with Nostalgia". *European Journal of Social Psychology* 43, n. 5, pp. 413-22, 2013.

11. Matthew Baldwin, Monica Biernat e Mark J. Landau, "Remembering the Real Me: Nostalgia Offers a Window to the Intrinsic Self". *Journal of Personality and Social Psychology* 108, n. 1, pp. 128-47, 2015.

12. Daniel T. Gilbert e Timothy D. Wilson, "Prospection: Experiencing the Future". *Science* 317, n. 5843, pp. 1351-4, 2007.

13. M. Keith Chen, "The Effect of Language on Economic Behavior: Evidence from Savings Rates, Health Behaviors, and Retirement Assets". *American Economic Review* 103, n. 2, pp. 690-731, 2013.

14. Ibid.

15. A conversa começou com Edward Sapir, "The Status of Linguistics as a Science". *Language* 5, n. 4, pp. 207-14, 1929. Esse ponto de vista foi desacreditado por, entre outros, Noam Chomsky, *Syntactic Structures*, 2. ed., Berlim e Nova York: Mouton de Gruyter, 2002, apenas para ser reconsiderado outra vez mais recentemente. Ver, por exemplo, John J. Gumperz e Stephen C. Levinson, "Rethinking Linguistic Relativity". *Current Anthropology* 32, n. 5, pp. 613-23, 1991; Martin Pütz e Marjolyn Verspoor (Orgs.), *Explorations in Linguistic Relativity*, v. 199, Amsterdam e Filadélfia: John Benjamins Publishing, 2000.

16. Ver Hal E. Hershfield, "Future Self-Continuity: How Conceptions of the Future Self Transform Intertemporal Choice". *Annals of the New York Academy of Sciences* 1235, n. 1, pp. 30-43, 2011.

17. Daphna Oyserman, "When Does the Future Begin? A Study in Maximizing Motivation". *Aeon*, 22 abr. 2016. Disponível em: <https://aeon.co/ideas/when-does-the-future-begin-a-study-in-maximising-motivation>. Acesso em: 16 fev. 2018. Ver também Neil A. Lewis, Jr. e Daphna Oyserman, "When Does the Future Begin? Time Metrics Matter, Connecting Present and Future Selves". *Psychological Science* 26, n. 6, pp. 816-25, 2015; Daphna Oyserman, Deborah Bybee e Kathy Terry, "Possible Selves and Academic Outcomes: How and When Possible Selves Impel Action". *Journal of Personality and Social Psychology* 91, n. 1, pp. 188-204, 2006; Daphna Oyserman, Kathy Terry e Deborah Bybee, "A Possible Selves Intervention to Enhance School Involvement". *Journal of Adolescence* 25, n. 3, pp. 313-26, 2002.

18. Ting Zhang et al., "A 'Present' for the Future: The Unexpected Value of Rediscovery". *Psychological Science* 25, n. 10, pp. 1851-60, 2014.

19. Dacher Keltner e Jonathan Haidt, "Approaching Awe, a Moral, Spiritual, and Aesthetic Emotion". *Cognition & Emotion* 17, n. 2, pp. 297-314, 2003.

20. Melanie Rudd, Kathleen D. Vohs e Jennifer Aaker, "Awe Expands People's Perception of Time, Alters Decision Making, and Enhances Well-Being". *Psychological Science* 23, n. 10, pp. 1130-6, 2012. A ajuda aos outros também expande nossa percepção de tempo, aumentando nosso senso de "afluência do tempo"; ver Cassie Mogilner, Zoë Chance e Michael I. Norton, "Giving Time Gives You Time". *Psychological Science* 23, n. 10, pp. 1233-8, 2012.

Índice remissivo

1º de janeiro e buscas de "dieta" no Google, 93-5
"9-enders", 142-4

Aaker, Jennifer, 207
abordagem de equipe: avaliando, 136; exemplo
    da Nurse-Family Partnership, 101; para di-
    minuir o "efeito julho", 101-2
acender as velas de Chanucá: como sinal de
    virtude religiosa, 122; padrão de participação
    em forma de U, 121; participantes por noite
    do feriado, 120-1
acidentes de trânsito, 57
Adeus às armas (Hemingway), 161-2
Adhav, Ahilu, 171, 173, 180, 182, 184, 189-91
afeto negativo, 18-9, 23
afeto positivo, 18-9, 21, 23
Allende, Isabel, 95
Alter, Adam, 142-4
Amabile, Teresa, 112
Ancona, Deborah, 177
Animal Crackers (filme), 208
Ano-Novo, 93-7
antibióticos, prescrição, 56
Aronson, Elliot, 200
atendimento ao consumidor, 167
atividade física ver exercício; esportes

August, John, 157
autocompaixão, 139-40
autonomia, 66

Bache, Swapnil, 183-4
Barber, Lydia, 178-9
basquete: decisão da NCAA de 1982, 127-30;
    estudo do ponto médio de um jogo, 128-9;
    exemplo de sincronização e tato, 185-6
Baumeister, Roy, 181
Bendersky, Corinne, 112
benefícios para a saúde: de cochilos, 68; de
    intervalo, 82-3
Berger, Jonah, 128-9
Bingham, John Charles ver Lord Mersey
Bishop, Cindy, 142
Blanchflower, David, 118
Boys in the Boat, The (Brown), 188
Brady, Vanessa, 167
Brines, Julie, 164
Brown, Brené, 137
Brown, Daniel James, 188
Buffett, Warren, 137-8

café, cafeína, 50, 69
café da manhã, 64-5

Campbell Soup Company, teleconferências trimestrais sobre lucros da, 24-7

canto coral, 187-8, 195

capacidade cognitiva, efeitos dos cochilos, 67

Carstensen, Laura, 151-4, 158

casamento: terminando, 164-5; timing ideal do, 113-4

charada da moeda antiga, 30-1, 37

Charan, Ram, 111

Chen, M. Keith, 206

ciclos de emoções positivas e negativas, 17-9

"Cinco Grandes" traços de personalidade, 36

cochilos: benefícios de, 66, 68; combinação de cafeína e soneca ("nappuccino"), 70, 76; estudo da Nasa, 67; estudo da UC Berkeley, 67; ideal, 68-9, 75-6; na cultura espanhola, 70; na cultura muçulmana, 71; sensação de inércia do sono, 68; ver também sono

Cohen, Emma, 189

colonoscopias, 55-6

começos: abordagem de equipe, 101-2; começando o dia letivo muito cedo, 88-92; começando uma carreira, 98-100; dificuldades na carreira para jovens adultos, 97-8; "efeito julho" nos hospitais universitários, 100, 102; horários de início da faculdade, 91; marcos temporais, 93-7

começos de carreira, 97 dificuldades de jovens adultos, 88-9; efeito da economia em, 98-9; experiência do autor, 97; graduados com MBA em Stanford, 99; ver também sucesso no trabalho

competições, posição ideal em, 109-11

complicações de anestesia, 55

Conant, Doug, 24-5

Coral do Congresso, exemplo de sincronização, 175-6, 186

corredores de maratona, 141-4

cortisol, 50-1

"cotovias e corujas" ver cronótipos

cronobiologia, 20, 177

cronótipos: corujas, 33-8; cotovias, 33-6; determinando o seu próprio, 33, 43; diferenças de gênero, 35; efeito da idade em, 35-6, 90-1; papel da genética em, 35; "terceiros pássaros", 34-6

Crosson, Frederick, 203

cuidados médicos: antibióticos, prescrição, 56; colonoscopias, 55-6; complicações de anestesia, 55; "efeito julho", 100-2; estudo sobre lavar as mãos, 56-7; exemplo do Hospital da Desgraça, 52-3; Nurse-Family Partnership, 101; "pedir tempo" para evitar erros, 54; Veterans Health Administration [Gestão da Saúde dos Veteranos], 58

dabbawalas, serviços de entrega de, 172-4, 179-84, 189-91

Dai, Hengchen, 56, 93-4, 96

Daily Rituals: How Artists Work (Currey), 38

Day Reconstruction Method (DRM), 21, 23

Dean, James Byron ("Jimmy"), 147-8

Deaton, Angus, 117-8

DeskTime, 62

dicas da manhã, 50-1

Diener, Ed, 148

diferenças de gênero e cronótipos, 35

distanciamento, 66

divórcio, 164-5

Dunn, Elizabeth, 167

Ebbinghaus, Hermann, 28

Edison, Thomas Alva, 32-3

educação ver escola

efeito de acabar rápido, 146

efeito de moralidade matinal, 38, 57

efeito de "ops", 126

efeito de reinício, 94-7, 108-9

efeito de sincronia, 38

efeito do mercado de ações sobre o potencial de rendimentos na vida, 100

efeito James Dean, 148-9

"efeito julho" nos hospitais universitários, 100-2

efeitos econômicos do timing: ganhos de carreira, 97-100; graduados de MBA de Stanford e o mercado de ações, 99; teleconferências de lucros corporativos, 25-6

Eldredge, Niles, 123-4

Ellsworth, Phoebe, 156-7

emoções: ciclos positivos e negativos, 17-23; Método de Reconstrução do Dia (DRM), 21, 23

English, Tammy, 151-2

entrainment, processo de sincronização de, 20, 177

equilíbrio pontuado, 124-5

Ericsson, Anders, 81-2

Escoffier, Auguste, 185

escola: desempenho, 30-1; duração do dia letivo, 59; encerramento do ano letivo, 166-7; hora de início, 88-92; intervalo, importância de, 82-3; testes na Dinamarca, 30, 58

esportes: estudo de linguagem tátil, 185-6; intervalo, 128-30; pontuação, tempo de, 145; remo competitivo, 178-9, 187, 195

estudo de comparecimento à academia de ginástica, 94

estudo de degustação de chocolate, 156-7

estudo de jogo rítmico, exemplo de sincronização, 190

estudo sobre lavar as mãos, 56-7

Ewing, Patrick, 127-9

exemplo de decisão judicial, 60-1

exemplo de desempenho do ponto médio em competição de teclado, 129

exemplo de estereótipos por jurados, 28, 37

exemplo de habilidades com tesoura de padrões relaxados, 122-3

exemplo de Jim de "viés do fim de vida", 149-50

exemplo de projeto de grupo do "efeito de ops", 124-6

exemplo de teste de estudantes dinamarqueses, 30, 58

exercício: benefícios de, 186; encontrando o seu próprio barato de sincronizador e, 195-6; estudo de comparecimento à academia de ginástica, 94; microirrupções de atividade, 62, 78; pausas na atividade, 77; vantagens

do fim da tarde / noite, 49-50; vantagens matinais, 48-9

exercícios de improvisação, 197-9

experiências de codificação, 148, 150, 161

falácia da conjunção: efeito da hora do dia, 28; problema de Linda, 27-9, 37

felicidade não se compra, A (filme), 138

férias, terminando, 167

finais de filme, 157

finais felizes, preferências das pessoas, 155-6

fins: "9-*enders*", 142-4; busca de significado renovada, 144-7; criando melhores, 165-8; de filmes, 157; deixando um emprego, 162-4; divórcio, 164-5; editando escolhas de amizade ao longo do tempo, 152-4; efeito de encerrar rápido, 146; efeito James Dean, 148-9; estudo de degustação de chocolate, 156-7; estudo de pontuação na NFL, 145; estudo de redes de relacionamentos, 150-2; exemplo de corredores de maratona, 141-4; exemplo de empréstimo da Kiva, 146; exemplo de Jim, 149-50; felizes, 154-6; hipótese de gradiente de metas, 145-6; negligência de duração, 149; notícias, entregas e recebimentos, 154-5; prazos, 146; pungência, 158; regra do pico-fim, 148-9; seletividade socioemocional, 152-4; significativos, 157-8; últimas linhas na literatura, 161-2; "viés do fim da vida", 149-50

Fishbach, Ayelet, 120-2, 136

Flaubert, Gustave, 39

Fogg, B. J., 112

Folkard, Simon, 29

Foster, Russell, 29

Francis-Tan, Andrew, 113

Franklin, Benjamin, 36

Fredrickson, Barbara, 148-9

French, Cameron, 38-9

Galilei, Galileu, 174-5

Galinsky, Adam, 110

Georgetown Hoyas, time de basquete, 127, 130

Gersick, Connie, 124-6, 136
Gilbert, Daniel, 205
Gino, Francesca, 30, 59, 110
Golder, Scott, 17-9
Gonzalez, Anthony, 166-7
Good Boss, Bad Boss (Sutton), 163
Gould, Stephen Jay, 123-4
Grant, Adam, 135
grupos de quebra-cabeça, 200-1

habilidades cognitivas, efeitos do momento do dia, 28-9
Hemingway, Ernest, 134-5, 161-2
Hershfield, Hal, 142-3, 158
hipótese de pertencimento, 181
Hoffman, David, 56
hora do dia, efeitos de: desempenho escolar, 30-1; efeito de sincronia, 38; efeito moral da manhã, 38, 57; estudo de estereótipos por jurados, 28, 37; exemplo de teste de estudantes dinamarqueses, 29, 58; habilidades cognitivas, 28-9; problema de Linda, 28, 37; problemas de insight, 30-2
horários: de artistas extraordinários, 81-2; de gênios criativos, 38-9
horários de início da faculdade, 91
Hospital da Desgraça, 52-3
Hull, Clark, 145

idade: *"9-enders"*, 142-4; e casamento, 113; editando escolhas de amizade ao longo do tempo, 152-4; efeito James Dean, 148-9; redes de relações, 150-4

Jaques, Elliott, 116, 118
Jioeva, Alecia, 167
Jordan, Michael, 130

Kahn, Lisa, 97, 99, 100
Kahneman, Daniel, 21, 23, 27, 95, 148-9
Khanbar, Eknath, 184
Kiva, exemplo de poder do deadline em empréstimo, 146

Klein, Gary, 107
Krueger, Alan, 21, 23

Leary, Mark, 181
Linda, problema da falácia da conjunção, 27-9, 37
língua: conexão entre línguas e estudo de comportamento econômico, 206-7; Linguistics Inquiry and Word Count [Investigação Linguística e Contagem de Palavras] (LIWC), 17-9; múltiplos significados de *"time"*, 203-4; *"time flies like an arrow…"*, citação, 202-4; uso de tempos verbais, 204-6
Linguistics Inquiry and Word Count [Investigação Linguística e Contagem de Palavras] (LIWC), 17-9
Lusitania, navio, 10

Macy, Michael, 17-9
Mairan, Jean-Jacques d'Ortous de (experiência de plantas em vaso de), 19-20
manuais do programador do tempo: agendamento de pausas, 75; cinco tipos de pausas restaurativas, 77-80; criando finais melhores, 165-8; dedicando seu trabalho a um beneficiário, 135; deixando uma tarefa incompleta, 134; dicas da manhã, 50-1; diretrizes da soneca, 75-6; emprego, quando sair, 162-4; estabelecendo e comprometendo metas provisórias, 133-4; exercício, tempo de, 48-50; exercícios de improvisação, 197-9; fazendo um rápido começo em um novo emprego, 111-2; horários de artistas extraordinários, 81-2; importância de intervalos, 82-3; introdução, 39; lidando com um cronograma incontrolável, 47-8; lista de verificação de tempo-limite, 80; lutando contra o declínio da meia-idade, 137-40; mantendo a cadeia de tarefas ininterrupta, 134-5; método *form-storm-perform*, 135-7; método tipo-tarefa-tempo, 43-4; oitenta e seis dias efetivos de início, 108-9; pre mortem, 107-8; promovendo o pertencimento ao seu grupo, 200-1; questões

de coordenação de grupo, 197; rastreando seu comportamento, 44-6; sendo primeiro, 109-11; sete maneiras de encontrar o pico do seu próprio sincronizador, 195-6; tabela do quando diário, 43; tempo de casamento, 113-4; terminando o casamento, 164; últimas linhas na literatura, 161-2

marcos temporais: efeito de reinício, 94-7, 108-9; estudo de comparecimento à academia de ginástica, 94; estudo em buscas no Google para "dieta", 93-4; social vs. pessoal, 94-7

Marx, Groucho, 202-3, 208

McKee, Robert, 157

Medding, Jeremy, 141

Medge, Raghunath, 181, 183, 189

Mehta, Diane, 120

meia-idade: combater um declínio, 137-40; crise de, 116-8

Merrow, Martha, 33

Mersey, Lord, 11

Método de Reconstrução do Dia (DRM), 21, 23

método *form-storm-perform*, 135-7

Mialon, Hugo, 113

mídias sociais: limitações de pesquisa, 21; pesquisa do Twitter, 17-9

Milkman, Katherine, 56, 93-6

Morbidity and Mortality Weekly Report (MMWR), 87-8

Morozovsky, Andy, 142-3

motivação, 112, 135

M-Tech, exemplo de transições de ponto médio, 126

Mumbai, Índia, 171-2

Munich Chronotype Questionnaire (MCTQ), 33

música *ver* canto coral

narrow bracketing [agrupamento estreito], 110

natureza e ar livre, 63, 78

Neff, Kristin, 139

negligência de duração, 149

nostalgia, 204-5

notícias, dando e recebendo, 154-5

núcleo supraquiasmático (NSQ), 20

nutrição: almoço, 65-6; café da manhã, 64-5; hidratação, 77

O'Brien, Ed, 156-7

Oates, Joyce Carol, 38

Oettinger, Anthony, 202-3

Oishi, Shigehiro, 148

Oswald, Andrew, 118

padrões da curva U dos pontos médios, 118-23

Pandolpho, Beth, 167

pausas: almoço, 65-6; avaliando, 71; cochilos, 66-71; restauradoras, 58-64; vigilância, 55, 57, 80

pausas restaurativas: cinco tipos, 77-80; de artistas extraordinários, 81-2; exemplo de decisões judiciais, 60-1; intervalo, importância do, 82-3; microirrupções de atividade, 62, 78; mudança de marcha mental, 79-80; natureza e ar livre, 63, 78; pausas sociais, 62-3, 79; princípios orientadores, 61-4; relação trabalho-repouso, 62; sem multitarefa, 63-4; teste de estudantes dinamarqueses, 58

"pedir tempo": durante uma importante tarefa ou projeto, 80; em tratamentos médicos, 53-4

Pentland, Alex, 183

pequenas vitórias, 112

pesquisa do Twitter, 17-9

Pixar, 157

pontos médios: base biológica para declínio, 118-9; declínios e centelhas, 115-6, 130, 133-40; efeito de "ops", 126; equilíbrio pontuado, 124-5; estudo de bem-estar dos primatas, 119; estudo do jogo de basquete, 128-9; exemplo da M-Tech, 126; exemplo de competição de teclado, 129; exemplo de habilidades com tesoura, 122-3; exemplo de iluminação de vela do Chanucá, 120-2; exemplo de projeto de grupo, 124-6; intervalo em esportes, 128-30; jogo de campeonato da NCAA de 1982, 127-30; padrões da curva em U, 118-23; padrões de relaxamento no meio, 121-3

Pope, Devin, 128-9
Pope, Nolan, 30
prazos, 146
pre mortem, 107-8
primeiro, sendo, 109-10
problemas de insight: charada da moeda antiga, 30-1; efeito da hora do dia, 31-2, 37
pungência, 158

queimar a largada, evitando, 107-8
Questionário de Cronótipo de Munique (MCTQ), 33

Redelmeier, Don, 148-9
redes sociais, 150-4
regra do pico-fim, 148-9
relação trabalho-repouso, 62
relacionamentos: casamento, timing ideal para, 113-4; casos extraconjugais, 143; divórcio, 164-5
relógios biológicos: cronótipos, 33-7; experiência de plantas em vaso de Mairan, 19-20; núcleo supraquiasmático (NSQ), 20; processo de *entrainment* de sincronização, 20, 177-8; *zeitgebers*, 177-80
relógios pendulares, 174-5
reverência, 207
Riis, Jason, 93-6
ritmos circadianos, 20
Roenneberg, Till, 33-5, 40, 177
Rudd, Melanie, 207

Salit, Cathy, 197
Schwandt, Hannes, 138
Schweitzer, Maurice, 110
Schwieger, Walther, 10
Sedikides, Constantine, 205
Seinfeld, Jerry, 134-5
seletividade socioemocional, 152-4
sentimentos *ver* emoções
Serafini, Brian, 164
sestas, 70
Shapiro, Fred, 203

Simmons, David, 175-9, 182, 188, 199
Simonsohn, Uri, 110-1
sinalização, 121-2
sincronização: códigos, 182-3; com o coração, 186-91; como uma necessidade, 174; e canto coral, 187-8, 195; *entrainment*, 20, 177; estudo de jogo rítmico, 189; exemplo de remo competitivo, 178-9, 187, 195; exemplo de serviços de entrega de *dabbawala*, 172-4, 179-84, 189-91; exemplo de toque no basquete, 185-6; exemplo do Coral do Congresso, 175-6, 186; exercícios de improvisação, 197-9; grupos de quebra-cabeça, 200-1; hipótese de pertencimento, 181; com outros membros da tribo, 182-6; princípios de, 175; promovendo pertencimento ao grupo, 200; questões de coordenação de grupo, 197; relógios pendulares e contagem do tempo, 175; requisito de chefe, 176-80; sete maneiras de encontrar seu próprio barato de sincronizador, 195-6; tato, 185-6; vestuário, 184-5; *zeitgebers*, 177-80
Smith, Dean, 127, 130
sono: declaração de políticas da Academia Americana de Pediatria (AAP), 90-1; necessidades dos adolescentes, 89-90; *Pediatrics*, artigo no, 90; pesquisa dos Centros de Controle de Doenças dos EUA (CDC), 87-90; *ver também* cochilos
Staats, Bradley, 56
sucesso no trabalho: começando rapidamente em um novo emprego, 111-2; ganhos na carreira, 97-100; orientação profissional, 138; quando deixar um emprego, 162-4; rituais de encerramento do dia de trabalho, 165; *ver também* começos de carreira
Sutton, Robert, 163

Tar Heels, time de basquete da Universidade da Crolina do Norte, 127-9
tarde: acidentes de trânsito, 57; antibióticos, prescrição, 56; colonoscopias, 55-6; complicações de anestesia, 55; estudo sobre

lavar as mãos, 56-7; exemplo do Hospital da Desgraça, 52-3

Tchaikóvski, Pyotr Ilitch, 38

teleconferência sobre lucros corporativos, 24-7

tempo: diferentes significados de, 203-4; efeito de reverência no, 207; estudo da cápsula do tempo, 207; horário de verão, 61; nostalgia, 175; unidades de, 13

tempos verbais, 203-6

Thomke, Stefan, 189

Thompson, John, 127, 130

"time flies like an arrow...", citação, 202-4

timing coletivo ver sincronização

Touré-Tillery, Maferima, 120-3

Tremper, Kevin, 53-4

Tuckman, Bruce, 135-6

Tunçgenç, Bahar, 189

Turakhia, Riyankaa, 171-2

Turner, William Thomas, 9-13, 57

Tversky, Amos, 28

Veterans Health Administration, sistema de treinamento, 58

vigilância: declínio, 56; efeitos de cochilos, 67; modo vigilante da mente, 29

Vohs, Kathleen, 207

Wake County, exemplo de horário de início da escola, 91

Walton, Gregory, 200

Watkins, Michael, 111

Watts, Duncan, 199

Weick, Karl, 112

Wieth, Mareike, 31

Willer, Robb, 200

Wilson, Mildred Marie, 147

Wilson, Timothy, 205

Wirtz, Derrick, 148

Wolfinger, Nicholas, 113

Worthy, James, 127, 130

Yi, Red Hong, 141-3, 147

Zacks, Rose, 31

Zaveri, Hitendra, 190-1

zeitgebers, 177-80

ESTA OBRA FOI COMPOSTA PELA ABREU'S SYSTEM EM INES LIGHT
E IMPRESSA EM OFSETE PELA LIS GRÁFICA SOBRE PAPEL PÓLEN SOFT DA SUZANO
PAPEL E CELULOSE PARA A EDITORA SCHWARCZ EM MAIO DE 2018

A marca FSC® é a garantia de que a madeira utilizada na fabricação do papel deste livro provém de florestas que foram gerenciadas de maneira ambientalmente correta, socialmente justa e economicamente viável, além de outras fontes de origem controlada.